U0499069

衢州文庫 区域文化集成

大匠無名

衢州全國重點文物保護單位

傅振 赵世飞 著

商務印書館
创于1897
The Commercial Press

图书在版编目（CIP）数据

　　大匠无名：衢州全国重点文物保护单位/傅振，赵
世飞著.—北京：商务印书馆，2017
　　（衢州文库）
　　ISBN 978-7-100-12984-8

　　Ⅰ.①大…　Ⅱ.①傅…　②赵…　Ⅲ.①文物保护–概况–
衢州　Ⅳ.①K872.553

　　中国版本图书馆CIP数据核字（2017）第038298号

权利保留，侵权必究。

大 匠 无 名
——衢州全国重点文物保护单位
傅　振　赵世飞　著

商 务 印 书 馆 出 版
（北京王府井大街36号　邮政编码100710）
商 务 印 书 馆 发 行
山东鸿君杰文化发展有限公司印刷
ISBN 978-7-100-12984-8

2017年1月第1版　　　　开本710×1000　1/16
2017年1月第1次印刷　　印张23
定价：98.00元

《衢州文库》编纂指导委员会

名誉主任：

陈　新（中共衢州市委书记）

杜世源（中共衢州市委副书记、衢州市人民政府市长）

主　　任：

诸葛慧艳（中共衢州市委常委、宣传部长）

副 主 任：

童建中（衢州市人大常委会副主任）

陈锦标（衢州市人民政府副市长）

王建华（政协衢州市委员会副主席）

《衢州区域文化集成》编纂委员会

主　　编：

诸葛慧艳　王建华（衢州市文化广电新闻出版局）

副 主 编：

杨苏萍　黄　韬

编　　委（按姓氏笔画排名）：

占　剑　刘国庆　陈　才　周宏波　赵世飞

崔铭先　潘玉光

《衢州文库》总序

陈 新

　　衢州地处钱塘江源头,浙闽赣皖四省交界之处,是一座生态环境一流、文化底蕴深厚的国家历史文化名城。生态和文化是衢州的两张"金名片",让250多万衢州人为之自豪,给众多外来游客留下了美好的印象。

　　文化是一个地方的独特标识,是一座城市的根和魂。衢州素有"东南阙里、南孔圣地"之美誉,来到孔氏南宗家庙,浩荡儒风迎面而来,向我们讲述着孔子第48代裔孙南迁至衢衍圣弘道的历史。衢州是中国围棋文化发源地,烂柯山上的天生石梁状若虹桥,向人们诉说着王质遇仙"山中方一日、世上已千年"的传说。衢州也是伟人毛泽东的祖居地,翻开清漾村那泛黄的族谱,一部源远流长的毛氏家族史渐渐清晰……这些在长期传承积淀中逐渐形成的文化因子,承载着衢州的历史,体现了衢州的品格,成为衢州人心中独有的那份乡愁。

　　丰富的历史文化遗产是衢州国家历史文化名城的根本,是以生态文明建设力促城市转型的基础。失去了这个根基,历史文化名城就会明珠蒙尘、魅力不再,城市转型也就无从谈起。我们要像爱惜自己的生命一样保护历史文化遗产,并把这些重要文脉融入城市建设管理之中,融入经济社会发展之中,赋予新的内涵,增添新的光彩。

　　尊重和延续历史文化脉络,就是对历史负责,对人民负责,对子孙后代负责。对此,我们义不容辞、责无旁贷。近年来,我们坚持在保护中发展、在发展中保护,对水亭门、北门街等历史文化街区进行保护利用,复建了天王塔、文昌阁,创建了国家级儒学文化产业试验园区,儒学文化、古城文化呈现出勃勃生机。我们还注重加强历史文化村落保护,建设了一批农村文化礼堂,挖掘整理了一批非物质文化遗产,留住了老百姓记忆中的乡愁。尤为可喜的是,在优秀传统文化的涤荡和影响下,衢州凡人善举层出不穷,助人为乐蔚然成风,"最美衢州、仁爱之城"已成品牌、渐渐打响。

《衢州文库》对衢州悠久的历史文化进行了收集和汇编,旨在让大家更加全面地了解衢州的历史,更好地认识衢州文化的独特魅力。翻开《衢州文库》,你可以查看到载有衢州经济、政治、文化、社会等沿革的珍贵史料文献,追溯衢州文化的本源。你可以了解到各具特色的区域文化,感悟衢州文化的开放、包容、多元、和谐。你可以与圣哲先贤、仁人志士进行跨越时空的对话,领略他们的崇高品质和人格魅力。它既为人们了解和传承衢州文化打开了一扇窗户,又能激发起衢州人民热爱家乡、建设家乡的无限热情。

传承历史文化,为的是以史鉴今、面向未来。我们要始终坚持继承和创新、传统与现代、文化与经济的有机融合,从优秀传统文化中汲取更多营养,更好地了解衢州的昨天,把握衢州的今天,创造衢州更加美好的明天。

文化传承的历史担当（代序）

由衢州市文化广电新闻出版局组织编撰的《衢州区域文化集成》与《衢州名人集成》出版发行了，这两套集成内容广泛，门类齐全，特色鲜明，涉及衢州的历史文化、民情风俗、文学艺术、乡贤名人等方方面面，是一项浩大的文化工程，是一桩当今的文化盛事，也是近年来一项重要的文化成果。古人说：盛世修志，盛世修书。这两套集成的应运而出，再次见证了今天衢州文化的繁荣和兴旺。

衢州是国家历史文化名城，地处浙、闽、赣、皖四省交界，是多元文化交汇融合的独特地域，承载着九千多年的文明，可谓历史悠久，人文璀璨，有着丰富多样又特色鲜明的地方文化。一方水土养一方人，一方人又创造一方文化，因此，就衢州的文化而言，无论是以儒家文化为核心的主流文化，还是质朴自然的民俗文化，都打上了鲜明的地域印记，有着别具一格的风采和神韵，这就是我们昨天的一道永不凋谢的风景！是衢州人的精神因子与文化内核，是衢州人文精神的源头。

一个地方的文化传统、文化内涵、文化底蕴、文化品位如何，靠的不是笔墨和口水，而是靠我们拥有的那份文化遗存，靠固有的文化资源和独特的人脉传承，靠历史留下的那份无需争辩的文化财富。这两套集成就是要对衢州优秀的文化传统与当代文化进行全面的整理，并进行深入研究，分类撰写，汇编成册,把那些丰富的文化内涵充分地展示出来,让那些久远的同时又是优秀的历史文化走出尘封,让那些就在身边的优秀当代文化更清晰,让它们变得可以亲近,可以阅读,可以欣赏,可以触摸,可以感受,让优秀的地方文化焕发光彩!

优秀的地方文化是我们与前人共同创造的宝贵精神财富,是我们共同的精神家园,是我们共同的文化之根,是我们世代传承的精神血脉。传承优秀文化,是我们今天应有的历史担当,也是当下经济发展社会进步的客观需要。习近平总书记在纪念孔子诞辰2565周年国际学术研讨会暨国际儒学联合会第五届会员大会开幕式上的讲话中指出:"科学对待文化传统。不忘历史才能开辟未来,善于继承才能善于创新。优秀传统文化是一个国家、一个民族传承和发展的根本,如果丢掉了,就割断了精神命脉。我们要善于把弘扬优秀传统文化和发展现实文化有机统一起来,紧密结合起来,在继承中发展,在发展中继承。"我们出这两套集成的最根本目的就是要继承优秀的传统文化,又在继承中发展当下的文化,推进我们的文化强市建设,丰富城市的文化内涵,提升城市的知名度和美誉度,助推衢州经济社会的发展繁荣。

在今天新的历史时期,全市人民正团结一心,意气风发,开拓创新,为实现美丽的中国梦、美丽的衢州梦而奋发努力。在这种时代背景下,更需要有优秀的人文精神来凝聚人心,焕发激情,启迪心智,加油鼓劲!《衢州区域文化集成》与《衢州名人集成》的出版,就是顺应这一需要,通过接地气,通文脉,鉴古今,让昨天的文化经典成为我们今天追梦路上新的历史借鉴和新的精神动力!

衢州区域文化集成 编委会
衢州名人集成

2015年12月

目　录

前　言

　　衢州是国家历史文化名城,历史悠久,文化璀璨。早在9 000多年前,人类就在这里繁衍生息;鲁哀公十三年(公元前482年),衢州确切纪年开始;公元前221年,秦始皇设太末县于今龙游;东汉初平三年(192年),增设新安县于峥嵘山(今衢州市区府山);梁武帝大同年间(535—546年),毛泽东祖先在江山清漾定居;唐武德四年(621年),衢州州治设立;南宋初年,孔子后裔寓家于衢……数千年来,衢州人民在这片热土上,用他们的智慧和才干,创造了灿烂的历史文明。孔氏南宗曾在这里衍圣宏道,鸿儒大将曾在这里励精图治,龙游商帮曾从这里行贾四方……这些曾经的辉煌,有的已经湮灭,有的见诸文字史书,还有的记载在一座座幸存的古建筑上。这些静默不语的古建筑,见证着三衢大地一段段的历史。

　　"夫源远者流长,根深者枝茂",在漫长的历史发展过程中,衢州境内留下了数量众多的不可移动文物。据2012年结束的第三次全国不可移动文物普查数据显示,衢州共登录不可移动文物7 926处,其中,已公布为文物保护单位的有535处:全国重点文物保护单位14处,省级文物保护单位64处,市县级文物保护单位457处。这些不可移动文物宛如一颗颗珍珠星星点点地散落在衢州的城乡之间,尤其是全国重点文物保护单位各具特色,是其中最亮丽的14颗。

　　孔氏南宗家庙为全国众多孔庙中两处家庙之一,代表了衢州儒风浩荡的鲜明文化特色,为衢州境内的第一处"国保";龙游湖镇舍利塔,建于北宋初年,是衢州现存年代最久远的古建筑;衢州城墙,发端于汉,筑成于唐,成形于宋,定制于元明,完善于清,复兴于今,见证了衢州古城1 800多年来的发展变迁,堪称衢城凝固的史诗；三卿口制瓷作坊，全村以制瓷为业，作坊即村落，村落即作坊，风貌保持完整，是家族式古窑村的"活化石"；小南海石室，为规模宏大的地下石室群，始凿年代及用途至今仍是未解之谜，一度有"世界第九大奇迹"之称；周宣灵王庙，为江南地区始建年代最早，规模最大的孝子庙；蓝氏宗祠，为不可多得的少数民族祠堂，是浙江省内规模最大、保存最好的一座畲族祠堂；吴氏宗祠，明代建筑，规模宏大，工艺精湛，保存完整；绍衣堂和横山塔，均为龙游张氏所建，绍衣堂建于明初，是衢州现存年代最早的原貌保持木结构建筑；三门源叶氏民居，三座组群式建筑，门楼27块砖雕，均以婺剧、徽戏为内容，特色鲜明，技艺精湛；鸡鸣山民居苑，苑内迁建明清古建筑26幢，被称为明清古建"大观园"；三槐堂，为三座王氏宗祠群，均建于明代，体量大，质量高；关西世家，为建于明代的杨氏宗祠，山墙梁架采用砖制仿木结构，从山墙上隐出，做法独特；南坞杨氏宗祠，一村中有两个同姓宗祠、两口八角井，极为少见。

这14颗"珍珠"从现在看，是文物，是历史，弥足珍贵；其实早在建成的当时，就是当地顶级的建筑，不但耗费了大量的财力，也凝聚了众多工匠精湛的技艺。"繁华落尽，大匠无名。"在岁月的洗礼中，它们无声讲述着当年的故事，只是故事的主人公，已湮没在历史的尘烟之中，特别是那些能工巧匠，没有更多的信息留给后人。

如今，笔者将这些"珍珠"按照"国保"公布时间的先后顺序，串成一串，作点呈现，权作对"大匠"的一种敬意吧。

傅振　赵世飞

2016年11月24日

南孔圣地

——衢州孔氏南宗家庙

孔庙就是祭祀孔子的场所。据《史记》载,公元前195年,汉高祖刘邦过鲁,以太牢(猪、牛、羊)祀孔,开帝王祭孔之先河。唐开元初,皇帝下诏"各州、县皆立孔庙"。尔后,孔庙遍布中国大江南北。到清末,全国已有孔庙1 500多座。

孔庙可分为三类,第一类是朝廷建立的,京城设在国子监(太学)内,地方上则设在州学、(郡)县学中,是官方祀孔的地方。第二类是民间建立的孔庙,遍布各地,甚至在受中华文化影响的日本、朝鲜、东南亚。上述两类孔庙,俗称文庙。第三类就是孔子世家的家庙(或称"宗庙"),是孔子后裔奉祀孔子等列祖列宗的地方。在所有孔庙里,家庙只有两座,一座在山东曲阜,一座在浙江衢州,人们称之为孔氏北宗和孔氏南宗。衢州孔氏南宗家庙是衢州城最具特色的文化地标之一,1994年1月4日,衢州被国务院公布为中国历史文化名城,在其简介中,除了地理位置,只提到了衢州孔氏南宗家庙和衢州城墙,如果说衢州城墙代表了衢州名城历史文化的长度,那么衢州孔氏南宗家庙则代表了衢州特色文化的广度和深度。因此,可以说这两大"国保",是衢州的镇城之宝。

衢州与孔子结下深缘,缘于北宋末年皇室避金兵南渡。建炎二年(1128年),孔子第四十八世嫡长孙、衍圣公孔端友率部分孔子后裔,奉孔子及亓官夫人楷木像、唐代吴道子所绘先圣遗像等传家珍宝,随宋高宗驻跸扬州。建炎三年(1129年),金兵大举南下,大军渡过黄河、淮河,直逼扬州。宋高宗无奈仓皇南渡至临安(今杭州),孔端友一行毅然扈从随行,赐居衢州。南迁是必然,但为何选择衢州，而不是其他地方，史料上没有明确的记载，总的来说，正宗孔庙安家地的选择不会过于随意，分析原因，可能是基于几点：交通原因，衢州位于钱塘江上游，从水路与杭州往来非常方便；经济原因，衢州是小盆地，大的自然灾害较少，在农业时代有优势，经济比较繁荣，有史料记载，北宋时衢州税收在浙江排第二，仅次于杭州；社会比较安定。衢州由此成为孔子后裔的第二故乡，孔氏大宗一脉及其部分族属在此世居，史称"东南阙里""南孔圣地"，自此，家庙也就有了南北之分。从当时起，衢州孔庙就具有世袭爵位，但到元朝初年，皇帝忽必烈要求孔氏北归曲阜，孔子第五十三代嫡长孙孔洙不愿离开衢州，让位给曲阜的族弟，被忽必烈赞为"宁违荣而不违亲，真圣人之后也"，留下"孔洙让爵"的美谈。现在孔子第七十五世嫡长孙孔祥楷先生就居住在衢州，为家庙管委会主任，所以从严格角度说，衢州是全国唯一既有家庙，又有孔氏

孔氏南宗家庙鸟瞰图

嫡系后裔的地方。

一、家庙沿革

孔氏南宗家庙自南宋初年南渡以来,历经峥嵘山(今府山)州学家庙、城东菱湖家庙、城南家庙及新桥街家庙,四易其址,屡建屡毁,屡毁屡建,随着国家的兴衰,而时兴时衰。

孔子及亓官夫人楷木像

(一)州学家庙

衢州州学位于峥嵘山衢州州署西面,始建于唐武德四年(621年),衢州刺史李钦彝于唐开成四年(839年)重修。北宋宣和二年(1120年),方腊乱衢,焚劫尤甚,尺椽片瓦,荡然无存。高至临来衢主政,主持修建了城墙、州学等。州学动工于宣和三年(1121年)底,竣工于宣和五年(1123年)四月,州学内大成殿、堂斋门阁、庖湢之所,一应俱全,共兴建房舍一百来间,用钱一万缗。[1]绍兴六年(1136年),高宗下诏"权以衢学奉祀",为便于祭祀,将家庙设于衢州州学大成殿内,大成殿位于州学内东侧,此为衢州孔氏家庙之始。南宋初年,局势动荡,政权不稳,朝廷无暇顾及衢州孔氏家庙的建设。在这样的形势下,以重建十余年的州学为家庙,无论从建筑本身还是从功能来看,无疑都是最为理想的选择了。绍兴六年(1136年)、八年(1138年),宋廷两次赐田,免除税赋,供南宗按时祭祀,并赡养南宗在衢族人。然而这一"权宜暂借之计",一借就是近130年,直到南宋宝祐二年(1254年),才有了真正意义上的家庙。

(二)菱湖家庙

南宋宝祐二年(1254年),孔氏南宗家庙在城东风景胜地菱湖之滨建成,结

---

〔1〕民国《衢县志》卷十六《碑碣志》中《宋宣和知州高至临〈重建衢州学记〉》有载。

束了借寓州学百年之久的历史,这是一次具有里程碑意义的家庙建设。这得感谢一位善政有为的知州——孙子秀。[1]宝祐元年(1253年),孙子秀到衢上任,见家庙长期借寓州学,春秋致祭之时,袭封奉祠者率族拜跪于喧闹低洼狭小的祭所,祭者"踧踖"不安,祭品仅供鱼菽,与孔子"素王"之称实不相符,深觉斯文在此,祭典阙如,为大不敬。便毅然上奏朝廷,要求正式建立南宗家庙。

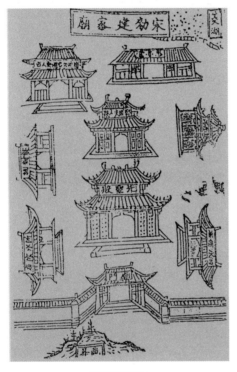

菱湖家庙图

朝廷批准奏请,拨款36万缗。选址城东菱湖芙蓉堤东侧,拆除一座废旧寺庙,新建家庙。该工程开工于上奏当年的仲夏,历时近一年,于次年(1254年)仲春完工,孔子第五十世孙孔元龙负责具体操办。

南宗家庙所处的菱湖,是当时城东的一大胜景,湖光山色,水波潋滟,风景宜人。不少达官贵人沿湖修建亭台楼阁、书院等建筑。南宗家庙位于菱湖南岸,面对龟峰,宋龙图阁大学士、礼部尚书赵汝腾[2]撰《南渡家庙碑记》:"枕平湖,以象洙泗;面龟峰,以想东山",颇似曲阜家庙之景,规制也与曲阜相仿,整座家庙共建有房屋225间,红墙碧瓦,如

---

〔1〕孙子秀(1212—1266年),字元实,越州余姚人。绍定五年进士。《宋史·孙子秀传》载:"衢州寇作,水冒城郭,朝廷择守,属子秀行。"其在衢主政期间,"平盗贼,治桥梁,修堰闸,补城壁,浚水原,葺民庐,赈钱米,奏立家庙"。因政绩显著,迁任太常丞,不久,又迁任大宗正丞、金部郎官。

〔2〕赵汝腾(?—1261年),字茂实,号庸斋,宋太宗八世孙,居福州(今福建),宝庆二年(1226年)进士,礼部尚书兼给事中,拜翰林学士,曾以龙图阁大学士知绍兴府、浙东安抚使。与衢州西安(今衢江)会元徐霖交游甚好,著有《庸斋集》六卷,《宋史》卷四百二十四有《赵汝腾传》。

式宫墙,肃穆壮观。根据《宋敕建家庙图》显示:从南往北为一条纵轴线,由庙门、先圣殿、郓国夫人殿、思鲁堂四进组成,先圣殿前有东西两庑,郓国夫人殿前东为咏春亭、西为袭封祠,另有齐鲁祠一座。除庙门外,主要有8组建筑。

先圣殿 位于正对庙门的中间,为祭祀孔子的场所,内塑有孔子像。《南渡家庙碑记》中称"玄圣殿","玄圣",原指有大德而无爵位的圣人,特指孔子,如:《文选·班固〈典引〉》:"悬象暗而恒文乖,彝伦斁而旧章缺,故先命玄圣,使缀学立制,宏亮洪业。"清钱谦益《恭谒孔林先圣庙恭述一百韵》诗:"玄圣今当宁,群贤旧摄齐",均指孔子。

沂水侯祠 位于先圣殿前东侧,即东庑,为祭祀孔子儿子沂水侯孔鲤的专祠,内塑有孔鲤像。

泗水侯祠 位于先圣殿前西侧,即西庑,为祭祀孔子孙子泗水侯孔伋的专祠,内塑有孔伋像。

郓国夫人殿 即寝殿,位于先圣殿后,为祭祀孔子夫人亓官氏的专祠,内塑有亓官夫人像。

咏春亭 位于郓国夫人殿东侧,《南渡家庙碑记》中称位于思鲁"堂之东亭曰咏春",与图有所出入,此依图。取名"咏春",因家庙竣工于春季,正值花红柳绿,春光明媚之时,同时,该亭为供四方拜谒家庙"仰止高山,低回而不能去者"吟咏落脚之用,故名。

袭封祠 位于郓国夫人殿西侧,此祠成为开后世六代公爵祠、袭封祠的先河。

齐鲁祠 位于郓国夫人殿西北侧,《南渡家庙碑记》中称"对庙门而中为玄圣殿,西则齐鲁",与图不符,此以图为准。为祭祀孔子父亲齐国公叔梁纥、母亲鲁国太夫人颜氏的专祠,内塑有齐国公、鲁国太夫人像。

思鲁堂 位于郓国夫人殿后,"俾之合族讲学,且以志不忘阙里之旧也",为孔氏南宗族人讲学之所,是孔氏南宗家塾教育之滥觞,同时,也以之思念故乡鲁地、先祖孔子林墓及阙里亲族。

宋景炎元年,即元至元十三年(1276年)四月,兰溪人章焴率领农民起义军，攻破衢城，州署所在地峥嵘山、菱湖一带建筑大多被毁，菱湖家庙也未能幸免，毁于一旦。可惜，如此规模宏丽堪比曲阜孔庙的菱湖家庙，从建成至被毁，前后只存在了22年。菱湖家庙被毁时，正处宋末元初战乱时期，衍圣公孔洙将孔子及亓官夫人楷木像等文物移至家中，设坛祭祀，史称"以家为庙"。

（三）城南家庙

元初至元十四年（1277年）到至元十九年（1282年）之间，南孔家庙徙于城南崇文坊（今道贯巷）。关于始建时间有两种不同说法：

一说是建于元初。依据是元末明初胡翰所撰《孔氏家庙碑》。碑文中记载：菱湖家庙"后毁于寇，乃徙城南。宋亡，元氏改物，至元间（1271—1294年），曲阜之宗子斩其后，以端友之孙洙当袭爵，降旨徵之，洙入朝固让，特授国子祭酒，归守江南庙祐，庙故书楼，其制非宝祐之旧。"

孔洙让爵于元至元十九年（1282年），与菱湖家庙被毁相距6年，由上述记载可知，在孔洙让爵前城南已有家庙，又鉴于曾"以家为庙"，因此，该庙设立时间上限为元至元十四年（1277年），下限为元至元十九年（1282年）。从"庙故书楼"句来看，此家庙可能并不是新建的，而是像南宋之初借州学为庙一样，是借一故书楼为庙。其规模当然无法和菱湖家庙相比了。

一说建于明永乐（1403—1424年）初。依据是明弘治洗马罗璟所撰《重修家庙记》，文中记载：

> 庙始建于城北菱塘，规模弘阔，比拟曲阜。元季毁于兵燹，荡无遗宇。永乐初，礼部尚书胡公过衢见之，始命有司迁庙于郡城崇文坊，即今地也。

但据《孔氏南宗考略》作者徐映璞考证，认为应为礼部尚书胡濙命有司"重为修葺"。另外，明初，"儒家学说一度被攻击，明洪武十九年（1386年），南宗祀田也被抄没入官，直至正统十年（1445年）才批准发还。因此，如永乐初迁建家庙，一无祀田收入，二得不到朝廷支持"。因此，永乐初修葺家庙的可能性更大,迁建家庙的可能性不大。

因此,这样看来,此二说,取元初立庙于城南更为可信。城南家庙自元初立庙后,见诸史料记载的修缮主要有三次:

第一次是元至正十九年(1359年)秋,家庙经元末明初兵燹,日益圮坏。衢州军民事总制王恺[1]一到任便下令修缮:

> 至,即明法令,布恩信,与百姓更始,谒拜庙庭,以为水木本源所系,不可无以示衢人,命有司葺而新之。

修缮竣工后,王恺亲自率领孔氏家族长幼,备牲礼,着祭服,到庙祭祀。

第二次是明永乐(1403—1424年)初,礼部尚书胡濙过衢时,命有司修缮。

第三次是明弘治(1488—1505年)初,吏部郎中周近仁在去四川的途中经过衢州,谒拜家庙,见家庙"岁久风雨震凌,不无朽弊",叮嘱衢州同知萧显,修缮孔氏家庙是地方官的职责,要求捐修拓建。萧显当即表态会全力以赴,将家庙修建一新。恰逢新任知府张俊到任,两人同心协力捐俸修建。修建时,

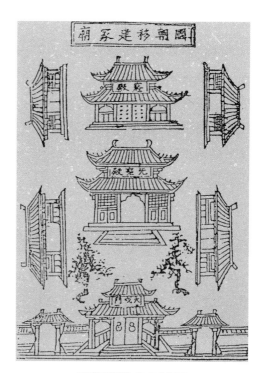

明《国朝移建家庙》图

---

[1] 王恺,字用和,当涂人。在衢主政期间,除修建孔庙外,还增城浚濠,置游击军,募保甲等,治理有方,其事迹民国《衢县志》卷二十名宦志有载。

旧的材料能用则用,不能用的改换新料,屋面盖以筒瓦,修建后家庙"榱题仰板,焕然一新"。共有7组建筑,据《国朝移建家庙图》显示:

大成门:此次新建,与殿相称的大成之门,大成门东西两侧各开一小门。

先圣殿:即今称大成殿,为祭祀孔子的场所。

东厢房:位于前殿东侧,用以接待来庙拜谒的宾客。

西厢房:位于前殿西侧,为孔氏学塾,用以训导孔氏子孙读书之所。

寝殿:位于前殿之后,为供奉孔子夫人亓官氏的专祠。

寝殿东、西各为一厢房。具体功能不详。

城南家庙规模较小,建筑也较简单,从元初立庙,至明正德十五年(1520年)迁建新桥街止,共存在了230余年。

(四)新桥街家庙

1. 明代始建

明正德十五年(1520年),孔氏南宗家庙迁建先义坊西安县学旧址,即今孔氏南宗家庙新桥街址。

衢州知府沈杰[1]曾多次谒拜家庙,作有《题家庙》诗:

六飞随扈已多年,圣系南迁是正传。

怪底宋金分割久,遗留一脉子孙绵。

忆昔皇元召对时,圣公三让荷襃辞。

寥寥二百余年义,帝德汪洋雨露推。

柯城家庙历三朝,思鲁堂高岁月遥。

[1] 沈杰,字良臣,长洲人。弘治十一年(1498年)至弘治十八年(1505年)任衢州知府,在衢主政期间,修城墙,建窝铺,浚内外河,引石室堰水入濠,复建赵清献公祠,其事迹在民国《衢县志》卷二十《名宦志》有载。

独有皇明崇圣裔,翰林主典帝恩绕。

并于明弘治十八年(1505年),向上奏疏,称三衢孔氏家庙,自孔子五十三世孙孔洙让爵后,缺官奉祀,衣冠礼仪,猥同氓庶。请求朝廷添设五经博士一员,以主奉祀,并建议由孔洙六世孙孔彦绳担任。同时,请求恢复明初孔氏祭田轻税制度,以供祭祀之资。正德元年(1506年),朝廷准奏,授孔彦绳翰林院五经博士,子孙世袭,并减其祭田之税。至此,时隔224年,衢州孔氏南宗重获袭封。知府沈杰的这一奏疏,对孔氏南宗地位的提升实现了历史性转折,功同宋宝祐初孙子秀奏疏建庙,可谓彪炳史册。孔彦绳奉袭之后,享祀以诚,联族以恩,操履清白,始终一致,卒于明正德十四年(1519年)。

孔彦绳卒后,其子孔承美(1472—1529年),袭封翰林院五经博士,主奉衢州先圣祠事。孔承美承袭后,前往曲阜省拜阙里林庙,会叙宗族。有感于曲阜家庙的宏伟壮观,并下决心归衢后也要振作南宗家声。正德十五年(1520年),孔承美呈报巡按浙江监察御史唐凤仪:

切缘家庙建造年久,日渐倾圮,况兼子孙繁盛,庭院窄狭,昭穆莫容,难以展礼,查得城内遗有西安县学旧基壹所,见在空闲,愿乞于内起造家庙。[1]

唐凤仪慨然道:“圣人之道,衣被万世,宗祠家庙,尤圣灵所眷注者。庙貌弗严,博士无居,缺典也,是诚在我。”[2]于是请衢州府申准,衢州知府陆钟,带领工匠前去县学旧址实地踏勘,见情况属实,便让工匠对工程所需经费作了预算,约需五百六十八两七钱七分,数亦不多,唐凤仪等具疏请于朝,诏许之。家庙新建工程由衢州府同知陆钟、通判曾伦、推官杨文升及衢属五县知县负责督造。

---

[1] 引自明正德唐凤仪等《呈部记事碑》。
[2] 引自明方豪记明正德《衢州孔氏家庙碑》。

唐凤仪亲自过问筹资、用工、备料等全过程。工程启动于正德十五年（1520年）十一月，历时五个月，竣工于次年（1521年）四月。武英殿大学士谢迁、刑部主事方豪各为碑记。

新建后的家庙"展奠有地，博士有居，斋宿牲庖，燕集弦诵之所，无弗备者。地位崇广，规制壮严，遐瞻阙里，实相辉映"。并"立庙于东，作廨于西，外建二门，以别庙廨"。这是此次家庙新建与以往历次修建最大的不同，此次不但新建了家庙，还在家庙西面辟地新建翰林院五经博士署（即今所称的孔府），首开东为家庙，西为博士署的格局，有《明〈诏建衢州孔氏家庙碑〉图》。

家庙建筑分布在三条纵轴线上。

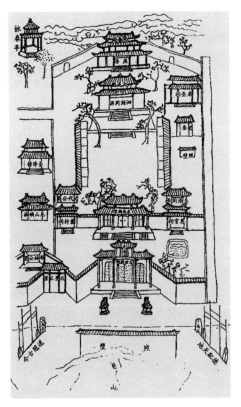

明《诏建衢州孔氏家庙碑》图

主轴线，由南往北依次为：

大照壁，位于家庙主轴线的最南端，又称万仞宫墙，表示孔子学问之博大。照壁与庙门之间隔着新桥街。

牌坊，位于庙门左右两侧各60米处，两座牌坊跨新桥街而立，左为"德配天地"，右为"道冠古今"。牌坊名取自先圣遗像碑上方题字"德配天地，道冠古今，删述六经，垂宪万世"。牌坊内侧各有下马石一块。

先圣庙门，上悬"万世瞻仰"匾额。

大成门，上悬"东南阙里"匾额。

大成殿，上悬"泗浙同源"匾额，殿前两侧为东、西庑。

思鲁阁，上悬"燕居"匾额。"昔为先圣燕居之堂……藏孔子衣冠琴瑟之书。"思鲁阁继承了"燕居堂"的遗风,陈设有关先圣孔子的东西。从这时起,思鲁阁上供奉孔子及亓官夫人楷木像,阁下供奉《先圣遗像碑》。

东轴线,由南往北依次为:

恩官祠,位于大成门东侧,祠祀历代有功于孔氏南宗的官绅。祠后建筑,悬"圣泽同长"匾额。

启圣祠,祠前有启圣门,门前有照壁,祠内祀孔子父母。

西轴线,为一局部短轴线,由南往北主要有两组建筑:

袭封祠,位于大成门西侧,为祠祀历代袭封翰林院五经博士者。

六代公爵祠,为祠祀南宗六代衍圣公。

博士署,即孔府,位于家庙西侧,建筑呈一条纵轴线分布,由南往北依次是:

大门,位于家庙西轴线与孔府主轴线之间,上悬"孔圣正宗"匾额。

二门,上悬"翰林公署"匾额。

大堂,上悬"尼山嫡派"匾额。

圣泽楼,为翰林院五经博士存放御赐诏书,赏赐之物的地方,也是翰林博士私人收藏之地。

咏春亭,原建于家庙东侧,此次移建于孔庙后花园西侧。

2. 明清修缮

明代修缮1次:

万历十六年(1588年),知府廖希元维修家庙,具体规模不详。

清代修缮13次:

顺治三年(1646年),北宗六十三世孙孔贞锐主持修缮。当年,孔贞锐出任西安县知

先圣遗像碑

县，一上任即去孔氏南宗家庙拜谒，"履任，即为趋谒，见栋宇摧残，不胜欷歔。督令修葺，俾为一新"。在重修家庙以外，还捐俸置祭田一区，以"补庙中夏冬二季"。孔贞锐在为任的第三年，即顺治六年（1649年），行将解任之前，亲撰《清顺治恭修祖庙并设祭田碑记》，以记之。

康熙二十一年（1682年），在浙江总督、兵部尚书李之芳的大力支持下，五经博士孔衍桢募捐、衢州同知杨道泰等监修。清康熙十三年（1674年），"三藩之乱"危及浙西，福建耿精忠乱衢三年。为镇压叛乱，十万清军前后集居城区，战争激烈，城内建筑毁之者众，家庙也未能幸免，加上建庙已达150余年，庙屋毁坏较为严重。"三藩之乱"平定后，五经博士孔衍桢、衢州同知杨道泰等募捐修缮，重建了大成殿、廊庑及仪门等，府门上悬的"孔圣先宗"匾很可能就是在这次修缮时改成"孔圣正宗"匾。李之芳亲自撰文《重修孔氏家庙碑》以记，另有康熙二十三年（1684年）叶淑欧[1]撰《孔氏家庙记》记之。

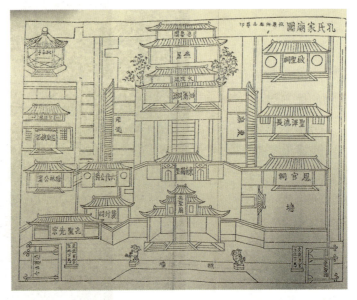

依康熙《西安县志》摹印孔氏家庙图

---

[1] 叶淑欧，康熙间监生，有文名，早卒。

雍正八年（1730年），报部拨款，局部维修。

乾隆四十三年（1778年），又报部拨银八百八十五两八钱四分重修。孔子六十八世孙孔传锦，重建庙前两座跨街牌坊，将"德配天地""道冠古今"改为"德侔天地""道贯古今"。

道光元年（1821年），知府谭瑞东主持倡捐修缮。前任知府周镐报请修缮，尚未启动便已调至漳州任职，继任谭瑞东来衢，即赴孔庙拜谒，见孔庙隳摧凋敝，便将孔庙修缮作为第一要务，倡捐修缮，禀请上级倡议全城官民捐修。官佐及五县士民皆踊跃捐银、米、木料、砖瓦等，其中左营守备刘龙标最为积极，捐款最多——捐银五百八十两，还从深山大谷采来"表丈大木"二十余株，"皆栋梁之材也"，"疏凿之穷经年"，才自深山辗转运至家庙。府学训导姚梦石，贡生徐世寯等具体负责督工，道光元年（1821年）十月开工至道光三年（1823年）四月完工，历时一年半。对家庙进行了较大规模的修缮和改扩建。将大成殿后已倾圯的思鲁阁移建至西北隅的空地上，大成殿北移，建于原思鲁阁旧址，因原殿基浅隘，阴湿气重，遂将殿基增高五尺，改木楹柱为石楹柱，阶墀、门庑也进行了拓建；崇圣、报功诸祠皆"视旧制，进深高广增十之二焉"，在原有的规模上，扩大了二成，"修广深邃，规模益宏"。修建后，整个家庙"庋书有楹，藏器有库，燎庖有所，斋宿有房，内外堂宇，无不毕具，翚飞鸟革，顿易旧观"。浙江巡抚帅承瀛、浙江学政杜堮、知府谭瑞东，均撰文以记。

咸丰二年（1852年），分巡金衢严道刘成万修拓家庙。明弘治十八年（1505年），衢州知府沈杰上疏授孔彦绳五经博士，正德元年（1506年），朝廷准奏后，郡司李刘起宗曾立孔氏家塾于郡城南隅，后遭兵燹，家塾坍圯荡然无存。此次修建将孔氏家塾移建于家庙东厅，易名为"承启家塾"，并劝告邑廪生王炳奎捐田十一亩，以资修脯。

同治六年（1867年），驻衢闽浙总督左宗棠为首倡捐修建。咸丰年间太平天国之乱波及全省，衢城幸完，但大兵云集衢州，家庙亦不免薪木毁伤，加上年久失修，有栋折榱崩之忧。左宗棠驻衢后，首谒家庙，并以六十金周济博士，米五十石赡养孔氏族人，又捐银七百两，赎博士濠田，府县官员也纷纷捐俸倡修，包括江西上饶、弋阳、玉山等县官员和官盐局也捐资修建。修建后"得以庙貌重新,复数仞宫墙之旧"。国子监学录署衢州府教授何汝枚撰有《重修孔氏家庙并赎濠田续置家塾义田记》。

光绪八年(1882年),金衢严道道台桑树勋主持修建。桑树勋于光绪七年(1881年)春来衢,谒圣庙,见殿庑渗漏,祠署久圮,亟宜修建,便饬三府所属官绅集款重修。对大成殿大成门、祠阁廊庑等朽坏的梁柱进行更换等,桑树勋撰有《重修衢郡至圣家庙及建复祠署碑记》。

光绪二十二年(1896年),学政徐致祥主持修建。生员吴炯独资重建博士署。

光绪二十八年(1902年),衢州知府世善主持修缮。光绪二十六年(1900年),因南宗家庙"垣墉倾剥,梁木渐就腐朽,正殿盖常瓦,每当北风紧时,恒致飞揭",博士孔庆仪恐家庙倾圮,禀请重修。郡守洪思亮请帑于大宪,于这一年十月开工。二十七年(1901年)秋,知府世善到任,"急为具牒,得钱一千七百缗,委查令鳌董其役","由是鸠工庀材,土木咸作,败者易之,圮者葺之,正殿上一律更置筒瓦,琉璃映碧,顿异旧观"。家庙修缮于二十八年(1902年)四月完工。世善撰有《重修衢州孔氏家庙碑记》。

3. 民国以来

抗日战争期间和"文革"期间,孔氏南宗家庙遭受了有史以来最大的人为破坏,家庙西轴线建筑和博士署(孔府)全部被毁。所幸自改革开放以后,政府高度重视孔氏南宗家庙的保护,重新复建了被毁建筑,基本恢复了明清时期的家庙格局。

抗日战争期间,日寇两次侵衢,将家庙思鲁阁作为马厩,圣泽楼、奉祀官府内宅等被焚毁。

民国三十五年(1946年),民国政府略有修缮,对局部建筑有所改动。修缮后,用作国民党衢州绥靖公署。中华人民共和国成立后,由军管会接管使用。

1957年10月19日,衢县人民委员会公布孔氏南宗家庙为县级文物保护单位。

1961年12月,因大成殿梁架朽坏,思鲁阁山墙开裂,衢县人民委员会拨款修理。

1965年，衢县人民委员会再次公布孔氏南宗家庙为县级重点文物保护单位。

1966年，"文革"开始，家庙棂星门石坊及家庙历代部分碑刻被砸毁。

20世纪70年代初，孔府及家祠部分仍由驻衢空军部队使用，后家庙西轴线及孔府建筑被拆，改建为简易平房，用作营房。

1982年4月25日，衢州市人民政府公布孔氏南宗家庙为市重点文物保护单位。

1984年，修缮家庙。由浙江省文物局、衢州市（县级市）人民政府先后拨款52万元进行维修。翻修大成殿353平方米，配置槅扇门18扇；修理石台基及台192平方米；大成门176平方米，配大门6扇，抱鼓石3对；修理东面两庑463平方米，更换梁柱44根，翻新屋面，拆除墙壁，重铺地砖，配置槅扇门76扇；修建围墙1 198米，孔塾208平方米，思鲁阁117平方米，更换梁柱14根，新铺楼板，修理楼梯及花格门窗。维修工程于1988年9月完工。

碑墙

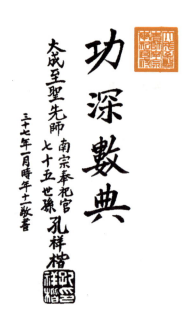

孔祥楷1948年题款

1985年，衢州市博物馆成立，家庙作为博物馆馆舍。

1988年12月28日，修缮后的家庙作为衢州市博物馆正式对外开放。

1989年12月12日，浙江省人民政府公布孔氏南宗家庙为第四批浙江省文物保护单位。

1991年6月至1993年4月，重建圣泽楼。至此家庙占地面积为3 965平方米，建筑面积为1 989平方米，保留了家庙主轴线，东轴线及西轴线部分建筑。

1995年11月8日至10日，衢州市文化局承办"中国孔庙保护协会成立及首届年会"，来自山东、北京、上海等17个省、市42位各地孔庙的专家，共同探讨中国孔庙的地位、作用、保护及开发利用问题。在中国访问的"越南赴中国参观孔庙代表团"一行6人也列席会议。北宗孔子第七十五世孙孔祥林出席会议，并和南宗孔子第七十五世嫡长孙孔祥楷共同举办记者招待会，会上，两人联合签名赠送《论语》作为纪念。

1996年11月20日，国务院公布孔氏南宗家庙为第四批全国重点文物保护单位，成为衢州历史上的第一处"国保"。

1998年7月至12月，浙江省文物考古研究所与衢州市博物馆共同组成的南宗孔府遗址考古发掘队，对孔府遗址进行先后两期的发掘清理，总发掘面积约2 300平方米，基本搞清明、清两代家庙中家祠部分及孔府各建筑的规模、体量及变迁。

1999年1月25日，成立衢州孔氏南宗家庙管理委员会。

1999年5月至2000年3月，衢州市人民政府投资1 700万元，在遗址上复原重建了家庙家祠及孔府各建筑。同时，恢复了孔府后花园。工程完工后，孔氏南宗家庙及其附属建筑总占地达 14 200 平方米。复建竣工后，家庙管委会正式在家庙办公，孔氏南宗家庙管理处为管委会专职机构，承担管委会办公室职能。

2001 年，衢州市人民政府拨款 22 万元，添置了大成殿内的祭器和乐器。

2003 年 9 月，家庙管委会定制孔氏南宗代表人物塑像六尊安置于家庙东庑。

2004 年 9 月 23 日，衢州市博物馆正式搬迁出家庙中、东轴线。

孔子四十八世宗子孔端友塑像

孔子五十三世宗子孔洙塑像

孔子五十九世宗子孔彦绳塑像

孔子七十三世宗子孔庆仪塑像

二、家庙建筑

孔庙作为先贤祠庙的一种,在众多的先贤祠庙当中,是唯一具有皇家宫廷建筑规格的礼制建筑,曲阜孔庙是最为典型的代表。衢州孔氏南宗家庙,作为全国仅有的两座家庙之一,建筑也具有独特的布局和构成。

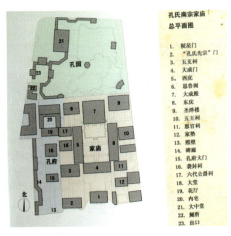

孔氏南宗家庙总平面图

1. 棂星门
2. "孔氏先宗"门
3. 五支祠
4. 大成门
5. 西庑
6. 思鲁阁
7. 大成殿
8. 东庑
9. 圣泽楼
10. 五王祠
11. 恩官祠
12. 家塾
13. 照壁
14. 碑廊
15. 孔府大门
16. 袭封祠
17. 六代公爵祠
18. 大堂
19. 花厅
20. 内宅
21. 大中堂
22. 厕所
23. 出口

孔氏南宗家庙总平面图

(一)布局特色

孔氏南宗家庙的现址为明正德十五年(1520年)迁徙之所,建筑空间基本为清道光年间大规模修建后的格局,家庙、家塾、官署、内宅合而为一。整个建筑群坐北朝南,背靠菱湖(菱湖至清代后期逐渐淤积,改为农田,中华人民共和国成立初成为菜地,现为东门菜市场和迎和住宅区),面对府山公园。

中国传统建筑均呈轴线布局,或南北,或东西,重叠反复,不断扩展,而作为一种礼制建筑,孔氏南宗家庙的建筑更多地体现了儒家的传统思想,家庙建筑布局均反映了儒家的礼治思想和宗法伦理道德的观念。

等级观念是儒家思想的重要内容,反映在建筑上就是要求建筑群空间布局主次分明,秩序井然。衢州孔氏南宗家庙建筑的空间环境是沿数条纵轴线展开的,以中轴线为主,起始于照壁,从庙门、大成门到佾台、大成殿,建筑由低到高,规模自小而大,循序渐进,达到建筑群的高潮。这种层层院落组成的序列,使人产生一种庄严崇敬的心态,感受到严谨和致密的等级制度。其余建筑也严格依轴线布列,东轴线上从孔塾、报功祠到崇圣祠、圣泽楼,西轴线上从五支祠到袭封祠、六代公爵祠,乃至南宗孔府轴线等,均井然有序、有主有从。在总体布局上,家庙追求排列整齐,左右对称,以及直线延伸的格局,从明代至清末家庙三轴线的形成、完善并最终确立也体现了这一点。而且各个单元建筑皆作方整、对称设置,体现儒家"正心""正名""正位""正物"的观念。尊卑观念、三纲五常的宗法伦理在家庙建筑中也表现突出。从祭祀孔氏南宗五房支祖的五支祠,到祭祀南宗十五世翰林院五经博士的袭封祠,再到祭祀南宗六代衍圣公的六代公爵祠,最后是供奉先圣楷像、先圣遗像的思鲁阁,整个西轴线构成完整的家祠系统,显示尊卑有等、长幼有序的道德规范。

五支祠、袭封祠、六代公爵祠、报功祠、思鲁阁和咏春亭,这些建筑是孔氏南宗家庙所独有的,一般文庙,甚至是曲阜孔庙均没有这些建筑。在这些建筑里祭祀孔氏南宗五房支祖(五支祠),孔氏南宗袭封爵位的历代祖先(袭封祠、六代公爵祠),以及有功于孔氏南宗的历代官绅(报功祠),供奉有关孔子及亓官夫人的古物(思鲁阁)。这些祭祀对象是一般文庙,甚至曲阜孔庙所不具备的。大成殿内祭祀孔子祖孙三代更是南宗家庙所独创。

(二)建筑构造

现存孔氏南宗家庙建筑格局完整,多数为晚清及20世纪末复建建筑,总占地14 200平方米,平面呈纵长方形。主要由家庙、孔府及孔府后花园组成。

1. 家庙建筑

家庙主体建筑按三条轴线布局:中轴线上由南至北依次为先圣庙门、大成门、东西两庑、俏台、大成殿;东轴线上由南至北依次为侧门、家塾,家塾西侧为恩官祠,恩官祠之后为报功祠,再进为崇圣门、崇圣祠、圣泽楼,大成殿西侧为思鲁阁。家庙西轴线上主要为家祠部分,由南至北依次为孔圣先宗大门、五支祠、袭封祠、六代公爵祠。

家庙中轴线建筑:

先圣庙门 1984年重建。台基高0.47米,面阔三间计13.5米,进深二间计8.4米,单檐歇山式。梁架采用三柱分心式,前后用五檩。明间梁架为五檩前后双步,前后檐柱头和中柱用穿插枋相连,其下分别施双步梁,月梁式,梁底有颇度,梁底两端回字纹雀替。双步梁背置圆作瓜柱,前后瓜柱头和中柱用穿插枋

孔氏南宗家庙大门正立面

相连,瓜柱头置下金檩,中柱头直接承脊檩。前后檐柱向外施凤纹牛腿,其上施异形斗拱,以承挑檐枋。梢间梁架结构形式与明间相同,唯前后双步梁为扁作穿插枋,交金瓜柱做成垂莲悬柱。前后角檐柱向外斜出凤纹牛腿,其上施异形斗拱,以承挑檐枋。明次间前后檐柱间额枋,月梁式,枋底有顫度,枋底两端置回字纹雀替。檐檩与额枋间置"工"字形隔架件各二个。脊檩缝各间设上槛,其下施中槛,中槛下设实榻大门,上中槛间木板封隔,下槛为石作。大门各扇饰有门钉49(7×7)个,有铜质铺首。大门两侧皆设抱鼓石一对,门顶设门簪四个,次门二个。柱础圆鼓形,其下有覆盆石。台基前后设散水石,并设台阶,前三级、后四级,有垂带石。椽扁作,置望砖,施飞椽、封檐板。筒瓦屋面,檐口有滴水瓦,各脊为花脊,施鸱吻。明间正面额枋上置"衢州孔氏家庙"横匾。

大成门 又称仪门,明弘治年间有记载,一度为重檐歇山顶建筑,清康熙年间已改为单檐,并保持至嘉庆年间,现存应是道光年间重修后的二坡顶硬山式。三开间加两挟屋,通面阔22.47米,通进深8.29米。梁架采用三柱分心式,前后用五檩。明间梁架为五檩前后双步,前后檐柱头和中柱用穿插枋相连,其下分别施双步梁,月梁式,梁底有颐度,梁底双端置卷草纹雀替。双步梁背置圆作瓜柱,前后瓜柱头和中柱的穿插枋相连,瓜柱头置下金檩,中柱头直接承脊檩。次间梁架结构形式与明间相同,唯前后双步梁扁作。前后檐柱皆为方形石作,皆向外施凤纹牛腿以承挑檐枋。明次间前后额枋,月梁式,枋底有颐度,枋底两端花卉纹雀替。额枋与檐檩间设方形隔架件二个。脊檩缝各间设上槛,其下施中槛,中槛下设实榻大门,上中槛间木板封隔,下槛为石作。大门各扇饰有门钉116个,有铜质铺首。大门两侧皆设抱鼓石一对,门顶设门簪正门四、边门二个。中柱、山柱圆鼓形,檐柱方形,柱础下皆有覆盆石。台基前后设散水石,宽0.70米,设台阶,前三组,每路三级,中路台阶总宽3.1米,边路台阶总宽2.30米,步高0.12米、步长0.28米。后设一组三级,总宽3.32米,步高0.14、步长0.25米。有垂带石。方砖墁地。椽扁作,置望砖,施飞椽,封檐板。筒瓦屋面,檐口施滴水瓦。正脊为花脊,两端置鸥吻。明间脊檩缝中槛位置"大成门"金匾。

两挟屋梁架为穿斗式结构,五檩前后双步山柱落地用三柱,圆作垂金瓜柱直接骑在双步梁(扁作)上各柱头直接承檩。前置石库门,宽1.27米、高2.38米,后设槛墙。槛墙上置三扇槛窗,其上再置横披三扇。椽扁作,置望砖,板瓦屋面,花脊。

甬道 长8.8米,宽1.90米,鹅卵石砌成。两边施石板,路心也施石板。由御道上佾台,设阶七级,总宽3.38米,踏高0.10米、踏深0.22米。御路石素面。御路两侧施垂带石,垂带石正反面为浅雕束花纹,四望柱头为八不蹭式。由甬道向两庑设卵石小道各二条,宽2.24米,长7.9米,并设台阶各二组,每组二级,总宽1.76米,步高0.13米、步长0.245米。

东西庑 东西相对而立,结构相同。二坡顶硬山式。面阔九开间计27.8米,进深7.6米,通高7.94米。梁架结构为明次间七檩用三柱,其余各间五檩三柱,向院内设单步廊。明间梁架为七架梁(实为六架梁)插入老檐枋与后檐柱柱身,六架梁上贴垫枋,其上置金瓜柱,五架梁置于老檐柱与后金瓜柱上。

五架梁背上置瓜柱以承三架梁,三架梁上置脊瓜柱以承脊檩,其余各檩直接置于柱头,后金瓜柱与后檐柱以一步穿枋连接。次间梁架为六架梁插入老檐柱与后檐柱柱身,六架梁上贴垫枋,其上置金瓜柱以穿枋连接。金瓜柱头再置穿枋,其穿枋上再置脊瓜柱,柱头以穿枋相连。各檩直接置于柱头。梢诸间梁架结构略同于次间,只设大三步架。各间梁底两端皆施卷草纹雀替。老檐柱缝设上中下槛,上中槛间置横披,中槛下置六抹隔扇门,明间三扇,其余各间皆二扇,下槛为石作。单步廊,月梁式,梁底有颤度,梁底两端施卷草纹雀替。单步梁上置穿插枋以联系檐柱与老檐柱,穿插枋向外部位置异形斗拱以承挑檐枋。廊檐柱位设散水石,宽0.70米,椽扁作,置望砖,施飞椽,封檐板。板瓦屋面,檐口有滴水瓦。正脊为花脊,施鸱吻。壶门,宽1米,高2.35米。

佾台　台基高0.78米。台宽8.30米,深5.15米,计八十块石板铺成,四周绕以高1.05米的石栏杆,望柱头为莲花式。佾台东西各设台阶五级至两庑,设三路五级台阶至大成殿,其中中路有素面御路石。中路台阶宽3.4米,步高0.14米,步长0.28米。边路总宽1.98米、步高0.14米、步长0.26米。

大成殿　台基高1.58米,面阔三间18.7米,进深三间18.7米,重廊重檐歇山式。外围檐柱皆为方形石构,内柱木构。梁架结构,上檐11檩,前后双步廊用四柱,下檐也为双步廊。明间梁架为前后金柱头置圆作七架梁,七架梁背上置圆作二瓜柱,二瓜柱头置圆作五架梁,五架梁背上置圆作二瓜柱,二瓜柱头置圆作三架梁,三架梁背上置圆作脊瓜柱,七架梁头、金柱顶位置短瓜柱,各柱头上直接承檩。前金柱与老檐柱头以扁作底有颤度的穿插枋相连,其下施圆作双步梁,梁底有颤度。双步梁上置圆作瓜柱,瓜柱顶与前金柱顶以扁作底有颤度穿枋相连。后金柱与后老檐柱间梁架结构与双步基本相同,唯穿插枋、穿枋底无颤度。后金柱间柱头施内额枋,其上两瓜柱头有垫枋相连。前金柱间施内额枋,枋底有颤度,其上有垫枋,内额枋与垫枋间置"工"字形隔架件二个。梢间梁架结构为前后金柱、老檐柱以穿枋相连,柱头再以穿枋相连。二穿枋间以编墙封护。明梢间前后金柱以圆作双步梁相连,其上再置垫枋,居中置瓜柱,并以二穿枋与前后金柱相连。此二瓜柱以圆作七架梁相连,七架梁上贴垫枋。

大成殿正立面

大成殿内景

前后金瓜柱直接骑架于七架梁、垫枋上，金瓜柱以圆作五架梁相连，居中置一"工"字形隔架件。五架梁及前后单步再以穿枋相连。其上再置脊瓜柱和前后上金瓜住，五瓜柱间以穿枋相连（此枋即为踩步金），中部三瓜柱间又以穿枋相连。穿枋间皆以竹编墙封护。明梢间前后双步位，金柱与老檐柱柱头之穿枋上居中置圆作双步梁，其上置交金瓜柱，老角梁尾相连此瓜柱。前廊明间双步梁插入前檐柱与老檐柱身。双步梁，月梁式，梁底有颤度，梁底两端施花草纹雀替。梁背上置瓜柱，瓜柱与老檐柱以扁作单步梁相连。前廊梢间老檐柱与角檐柱以斜双步梁相连，双步梁为月梁式，梁底有颤度，梁底两端施花草纹雀替。斜双步梁上有斜穿枋，梁枋间置"工"字形隔架件。前廊老檐柱与角檐柱以扁作双步梁相连，后廊梢间老檐柱与角檐柱以圆作斜双步梁相连，双步梁底有颤度。后廊及边廊之双步梁，单步梁做法相同。前廊檐柱间檐枋，月梁式，枋底有颤度，枋底两端置花草纹雀替。檐枋与檐檩间置"工"字形隔架件，每间各二个。檐柱向外置花草纹牛腿以承挑檐枋。前廊老檐柱缝位柱间设上中下槛，上中槛间设横披，明间三扇，梢间二扇，廊间一扇；中下槛设六抹隔扇门，明间三扇，梢间二扇，廊间一扇，下槛为石作。椽木扁作，筒瓦板瓦顶，檐口滴水施瓦，翼角发戗起翘，其下悬风铃一只。后廊、边廊柱位砖墙封护，周匝散水石铺之。前金柱有联为"德冠生民溯地辟天开咸尊首出，道隆群圣统金声玉振共仰大成"，后金柱有联为"气备四时与天地鬼神日月合共德，教垂万世继尧舜汤文武作之师"，后金柱穿枋上置"万世师表"金匾。前腰脊位置"大成殿"金匾，明间檐枋置"生民未有"金匾。前檐廊东西各设门洞和七级台阶，东至圣泽楼，西至思鲁阁。门洞，宽0.94米、高2.12米。清末殿内塑孔子及伯鱼、子思三像，久圮，现存三塑像，为1993年由浙江美术学院应真华教授设计，美院工艺师祝鹏杭负责重新塑造，皆饰神龛，置供案。

思鲁阁　位于大成殿西侧，为家庙最有特色的建筑，始见于南宋菱湖家庙的思鲁堂建筑，其后一度未见，明代《诏建衢州孔氏家庙碑》中始见思鲁阁，在大成殿后，取代明弘治时寝殿的地位，清康熙年间思鲁阁已变为重檐歇山顶，但保留了五开间的形制。道光元年（1821年）大修时迁至大成殿西北侧现址。明间檐枋上设"思鲁阁"匾。阁上供奉孔子及亓官夫人楷木像,阁下立孔端友勒石吴道子稿本摹刻的《先圣遗像》碑。为二层单檐,二坡顶硬山式。面阔三间计11.5米,进深计8.25米,通高计10.6米。梁架结构,楼下明间缝以四步梁(实为随梁)插入老檐通柱柱身,八檩带前双步后单步用四柱。四步梁,月梁式,梁底有颛度,两端施花纹雀替。四步梁与其上承重梁间设方形隔架件二个。前双步梁,月梁式,梁底有颛度,两端施花纹雀替,与其上承重梁间设方形隔架件一个。后单步施穿枋。后老檐柱间设板壁,下槛石作,其后设东西向二十级木梯上楼,铺木楼板。楼上明间缝老檐通柱间、承重梁上置三柱成四步,前双步廊一穿枋上置瓜柱,后老檐柱间设板壁,各檩直接架于各柱头。次间缝梁架为八檩山柱落地用五柱,承重梁下设穿枋。楼上承重枋上、后老檐柱与山柱、后檐柱间各设一柱,前双步廊一穿枋上置瓜柱,各檩直接架于各柱头。老檐柱缝位明间设六抹隔扇门三扇,次间设槛墙,槛墙上设四抹槛窗三扇。各间上中槛间设横披,明间、次间皆三扇,下槛为石作。楼上老檐柱缝前檐位置

思鲁阁

散水石,宽0.56米,水泥方砖铺地。各间梁,月梁式,梁底有颇度,两端设花纹雀替。楼上廊置木栏杆,檐柱下置挂落。檐枋、檐檩间编墙封护。各檐柱头向外施卷草纹牛腿以承挑檐枋。椽木扁作,设望砖,板瓦顶,正脊、垂脊为花脊,檐口施勾头、滴水瓦。

家庙东轴线建筑:

侧门　坐北朝南,二坡顶硬山式。面阔三间9.8米,进深7.8米,通高6.2米。梁架结构穿斗式,明间七檩用四柱,梁架为金柱与前后檐柱以穿枋相连,金瓜柱、脊瓜柱架于穿枋上,各柱头直接承檩。次间与明间相同。前檐柱向外置拐子纹牛腿,以承挑檐枋。明间缝穿枋下砖墙隔之,次间前檐设槛墙,其上置四抹隔扇窗各二扇。椽扁作,置望砖,施飞椽、封檐板,檐口施勾头、滴水瓦。小青瓦屋面,花脊。前檐设散水石,宽0.36米水泥地面,开后门,为石库门,宽1.53米、高2.74米。

家塾　为南宗私塾教育之地,二坡顶硬山式。两阔三间8.8米,进深6.2米,通高5.3米。明间原来七檩前后单步用四柱,现存后二步被截去。圆作五架梁直接架于金柱头,五架梁背上置圆作瓜柱以承圆作三架梁,三架梁背上置圆作脊瓜柱以承脊檩。前金柱头位五架梁背上置瓜住以承下金檩,上金檩直接架于三架梁上,前金柱与檐柱原有单步梁相连,现不存。次间原来七檩用山柱落地用五柱,现存后二步被截去。金柱与山柱以穿枋相连,其上再用穿枋联结金柱柱头与山柱。在二穿枋上置上金瓜柱,上金瓜柱头与山柱以穿枋相连,前金柱与角檐柱置扁作单步梁。各柱头直接承檩。各檩条底以替木承托。各檐柱向外施牛腿以承挑檐枋。前檐柱位砌砖墙,开板门和现代玻璃窗。椽扁作,置望砖,施飞椽、封椽板,檐口施勾头、滴水瓦。板瓦顶,竖瓦脊。前檐设散水石,宽0.36米,水泥地面。

恩官祠　二坡顶硬山式。面阔三间10米,进深7.1米,通高5.3米。明间梁架为七檩前后单步用四柱,圆作五架梁直接架于金柱头,五架梁背上置圆作瓜柱以承圆作三架梁,三架梁背上置圆作脊瓜柱以承脊檩。前金柱头位、七架梁背上置瓜柱以承下金檩,上金檩直接架于三架梁上。前金柱与檐柱以扁作单

恩官祠

步梁相连,后单步相同。次间梁架为七檩山柱落地用五柱,金柱与山柱以穿枋相连,其上再用穿枋联结金柱柱头与山柱。在二穿枋上置上金瓜柱,上金瓜柱柱头与山柱以穿枋相连,落金柱与角檐柱间置扁作单步梁,后单步相同。各柱头直接承檩,各檩条底以替木承托。前各檐柱向外施牛腿以承挑檐枋。前檐柱位砌砖墙,开板门和现代玻璃窗。椽扁作,置望砖,施飞椽、封椽板,檐口施勾头、滴水瓦,板瓦顶,竖瓦脊。前檐设散水石,宽0.47米,水泥地面。祠前有一方形水池,四壁条石围砌,宽8.1米、长6.1米。

报功祠 又称恩官祠,始见于明《诏建衢州孔氏家庙碑》,三开间硬山式建筑,现存有所改动。恩官祠祀官绅中有功于孔氏南宗者,如南宋宝祐年间衢州知州孙子秀,明正德年间衢州知府沈杰、巡按监察御史唐凤仪,清同治年间浙江巡抚左宗棠等。二坡顶硬山式。祠毁后建为库房。通面阔19.82米,通进深9.52米。人字梁直接架于前后墙上,檩条木构。现内部隔为三间,作临时陈列展厅。前后墙辟现代玻璃窗各四扇。圆作椽木,板瓦顶,竖瓦脊。水泥地面。

崇圣门 二坡顶硬山式。面阔三间12.8米,进深5.2米。明间梁架为四檩前单步后双步用三桩,单步梁、双步梁,月梁式,梁底有颤度,梁底两端设雀替。次间梁架穿斗式,四檩前单步后双步用三柱,梁、枋用,皆扁作。明间前后檐枋,月梁式,梁底有颤度,梁底两端设雀替,前檐枋与檐檩间置"工"字形隔架件二个。次间檐枋,扁作。前后檐柱向外设牛腿以承挑檐枋。椽木圆作,设望砖,板瓦顶,正脊为砖脊。前后檐柱位设散水石,宽0.49米,水泥地面。现前后檐柱位砌砖墙,次间前后各开现代玻璃窗一扇。

崇圣祠 原名启圣祠,始见于明《诏建衢州孔氏家庙碑》。清雍正二年(1724年)追封孔子五世先祖为王,改称崇圣祠,又称五王祠,现存建筑有较大改动。二坡顶硬山式。面阔三间11.71米,进深8.1米,通高7.2米。前檐柱皆为方形石构。明间梁架为九檩前后双步用四柱,圆作五架梁直接架于金柱柱头,五架梁背上置瓜柱,以承三架梁,三架梁背上置脊瓜柱以承脊檩。前檐柱与金柱以双步梁相连,双步梁,月梁式,梁底有颤度,梁底两端设雀替。前檐柱头置坐斗,坐斗上再置瓜柱,瓜柱柱头与金柱以扁作双步梁相连,穿枋背上置瓜柱,瓜柱与金柱头顶之瓜柱以扁作单步梁相连。后双步结构与前双步基本相同,唯双步梁扁作。各檩条直接架于柱头上。各檩条两端皆置替木以承托。次间梁架为九檩山柱落地用五柱。前檐柱头与前后金柱、山柱、后檐柱以穿枋相连。前双步之穿枋下再设扁作双步梁。前檐柱头置坐斗,坐斗上再置瓜柱,瓜柱与金柱、山柱、后檐柱以穿枋相连。前后双步上穿枋上置瓜柱,以扁作单步梁与金柱相连。上金瓜柱架于三穿枋上,以穿枋与山柱相连。各檩条直接架于柱头。各檩条两端皆置替木以承托。前檐柱头坐斗位向外设卷龙纹牛腿以承挑檐枋。明间前檐枋,月梁式,梁底有颤度,梁底两端有雀替。次间檐枋为扁作。椽木扁作,板瓦顶,竖瓦脊。台基明间前设台阶二级,后设天井。前檐位设散水石,宽0.64米,水泥地面。圆鼓形柱础,明间柱础下置覆盆石。现前檐柱位砌砖墙。

圣泽楼 原名御书楼,作陈放朝廷谕文、诏书、赏赐物品之用。始见于明代《诏建衢州孔氏家庙碑》,但当时位于翰林公署轴线上,这种格局至少保持至清嘉庆年间,其后一度未见。民国时改建于崇圣祠后现址,民国三十一年(1942

圣泽楼

年），被日寇烧毁。现存建筑为1992年重建，为仿古钢混结构。二层重檐，二坡顶硬山式。面阔五间16.2米，进深三间11.2米，通高11.4米。前檐楼下设腰檐为双步廊，楼上为单步廊。楼下每间皆四柱，八条楞木，承重梁、楞木皆方作。楼上无柱，楼板浇制，副檐双步梁皆浇制，方作，其下两端设雀替。老檐柱位设六抹隔扇门，用明间三扇，次、梢间各二扇，下槛石作。楼上单步廊设木栏杆，上设挂落。椽木扁作，有望砖，板瓦顶，檐口置勾头、滴水瓦。正脊、垂脊为花脊，正脊两端置鸱吻。柱础圆鼓形，为錾假石。前檐设散水石，宽0.45米，水泥方砖铺地。梯设在梢间。楼上明间檐枋设"圣泽楼"匾。

家庙西轴线建筑（家祠）：

孔氏先宗门厅　为三间挟两屋形式，二坡顶悬山式。面阔五间17.2米，进深9.3米，台基高0.60米，明间前后设台阶二级。明间梁架为七檩前双步用三柱，抬梁式。双步梁下穿插枋为月梁式，两端分别穿插于前檐柱和前金柱柱身，双步梁为直方梁，两侧施井口枋，枋上施天花板。前金柱柱身与后檐柱柱头施圆作五架梁,梁底有颤度。梁背置金瓜柱以承三架梁,三架梁背置脊瓜柱(苏式为金童起脊)以承檩。前金瓜柱顶设草架,草脊瓜柱即五架梁背前金瓜柱,脊檩与金柱额枋上施哑巴椽,上盖望砖。次间梁架穿斗式,为七檩前双步用四柱。梢间梁架穿斗式,为七檩前双步用四柱。前、后檐柱间柱头以檐枋联系,明次间前后檐枋为月梁式,檐枋下有颤度,枋下两端施花鸟纹雀替,檐枋与檐檩之间施"工"字形拱,其中明间2朵,次间1朵。明、次间前后檐柱柱头向外施拐子花卉纹牛腿,以承挑檐枋。明间左右金柱间设棋盘门,两侧置抱鼓石各一,门枋上施门簪四个。明次间金柱间砌清水方砖扇面墙,次间金柱与前檐柱间亦砌筑清水方砖廊墙。墙下施须弥座青石下槛,次间廊前后金柱间砌隔断墙,后檐柱至金柱间设双扇板门。山面砌山墙至穿插枋下,穿插枋上各柱枋间封山花板。梢间前檐砌砖墙,墙上辟一双扇花槅窗。后檐设砖砌槛墙,风槛与中槛之间设四扇花槅窗。明、次间屋顶高出挟屋屋顶,山面各檩向外悬排檩头设搏风板。正脊为砖雕清水脊,屋面盖青灰筒瓦,檐口施瓦当滴水。正脊两端施鳌鱼鸱吻,地面为方砖铺成,柱础为鼓形础。

五支祠 五支祠祀孔氏南宗仁、义、礼、智、信五房支祖,史志、碑刻均不载,始于何时无考,仅民国徐映璞撰《孔氏南宗考略》提及。二坡顶硬山式。面阔五间10米,进深7.2米。明间次间梁架为九檩前后双步用四柱,前后金柱柱头置圆作五架梁,梁下有颤度。梁背置前后金瓜柱以承三架梁,三架梁背置脊瓜柱承脊檩。前后金柱柱身与檐柱柱头施双步梁,梁背置瓜柱。瓜柱头与金柱头施单步梁,前廊双步梁,均为月梁式。梁下两端垫以卷草纹雀替,后双步梁单步梁为扁作,梁下起颤。梢间梁架穿斗式,九檩前后双步山柱落地共五柱,后双步梁、单步梁为扁作,前双步、单步梁为月梁式。各间前檐柱柱头向外均施拐子龙纹牛腿以承挑挑檐枋。前后檐柱柱头均用檐枋联系,前檐枋为月梁形,梁下两端用果蔬纹雀替。后檐枋为扁作。各间后金柱柱头用内额联系,明次间前金柱柱头施上槛、其下与中槛之间设横披。明间中槛之下,设四扇六抹头花槅门,次、梢间中槛下各设四扇四抹头槛窗。槛窗下筑砖砌槛墙。山面及后檐筑砖墙。柱础为鼓形础。地面方砖铺墁。明间前檐设台阶二级。屋顶筑砖雕正脊,两端置鳌鱼鸱吻,屋面盖青灰板瓦,檐口施勾头滴水,椽上盖望砖。西梢间后檐设小门以通后院。

袭封祠 袭封祠祀孔氏南宗十五代世袭翰林院五经博士,始见于明《诏建衢州孔氏家庙碑》。二坡顶硬山式。面阔三间9.8米,进深6.8米,明间梁架为七檩前后单步用四柱,前后金柱柱头架圆作五架梁,梁下起𩊠。梁背施垫枋以承下金檩,梁背前后置金瓜柱承圆作三架梁。三架梁背置脊瓜柱以承脊檩。前后金柱柱头与檐柱柱头施单步梁,前檐柱头向外施拐子幅云纹牛腿以承挑檐枋。次间梁架为七檩前后单步山柱落地用五柱,各间后檐柱柱头以檐枋联系。后檐枋与檐檩之间置工字形隔架,明间二朵、次间一朵。前檐上槛与中槛之间施横披,明间中槛之下设六扇六抹头花槅门,左右次间中槛下设六扇四抹头槛窗,槛窗下筑砖槛墙。两山及后檐筑砖墙,西次间后檐墙辟双扇板门通后院。柱础为鼓形础,地面方砖铺墁。明间前檐设台阶三级。屋顶筑砖雕正脊,两端施鳌鱼鸱吻,屋面盖青灰板瓦,檐口施勾头滴水。

六代公爵祠 祀孔氏南宗六代衍圣公,2000年复原。二坡顶硬山式。面阔三间9.8米,进深6.2米。明间梁架为七檩前后单步用四柱。前后金柱柱头架圆作五架梁,梁背两端置垫枋以承下金檩,梁背前后置金瓜柱,上承三架梁及上金檩。三架梁背置脊瓜柱以承脊檩,前后单步梁,尾端插入金柱柱身,梁头置于檐柱柱头。前檐柱柱头向外施拐子纹牛腿以承挑檐枋。次间梁架为七檩前后单步山柱落地用五柱。明次间后檐檐头及次间前檐柱头用檐枋联系。檐枋与檐檩垫枋之间施工字形拱,其中明间后檐2朵,次间前后檐各1朵。明间前檐檩为月梁式,檩下两端施丁头拱及卷草纹替木。柱础为鼓形础,地面为方砖铺墁。明间设台阶一级。屋顶设正脊,两端置鳌鱼鸱吻,青灰板瓦屋面,檐口施勾头滴水。山墙及后檐筑砖墙。西山墙与孔府花厅东山墙合用。

2. 孔府建筑

家庙西侧为孔府,平面呈纵长方形,建筑按一中轴线左右对称布局,由南至北依次为照壁、大门、大堂、花厅、内宅。

照壁 一字形,宽6.64米,厚0.40米,通高5.1米。须弥底座,宽0.87米,前后鸡素式檐,盖板瓦,檐口施勾头、滴水瓦,竖瓦脊。正面有石刻篆体《大同篇》。

孔府大门 二坡顶硬山式。面阔三间10米,进深5.4米。明间梁架为五檩前后双步用三柱。前后檐柱头和中柱用穿插枋连接,其下分别施月梁式双步梁。梁底两端垫以雀替。梁背置瓜柱,瓜柱头用穿插枋联系,瓜柱头置下金檩。中柱柱头直接承脊檩。前后檐柱向外施草龙纹牛腿,上承挑檐枋。次间梁架为五檩前后双步用三柱,其结构形式与明间相同,唯前后双步梁为扁作(实为穿插枋),即为山柱、前后檐柱的联系构件,又是承托垂金瓜柱的承重构件。前、后檐柱间用檐枋联系,檐枋为月梁式,枋底两端施卷草纹雀替。檐枋与檐檩之间施"工"字形拱隔架,明间为二朵,次间各为一朵。明间中柱与次间山柱柱头间设上槛,其下施中槛。明间中槛上饰有菊花纹门簪两个,中槛下设棋盘门,门下施青灰石质门槛,门两侧安抱鼓石各一。次间中槛与下槛之间施木板扇面墙,各檩之上施方椽,檐口施飞椽,椽上施望砖。屋顶施雕花清水正脊,两端施鳌鱼鸱吻,屋面盖青灰板瓦,檐口施勾头滴水。柱础为鼓形础,地面为方砖铺墁,明间设台阶一级。

大堂 是衢州世袭翰林院五经博士处理家族内部纠纷,管理乐舞生、礼生、庙户、佃户的地方。门上悬"翰林公署"匾额。二坡顶硬山式。面阔三间9.2米,进深4.5米。明间梁架为九檩前后双步用四柱,抬梁式。五架梁两端分别插入前后金柱身,梁底两端施草龙纹雀替,梁背前后置金瓜柱以承三架梁,三架梁底两端草龙纹雀替,梁背置脊瓜柱以承脊檩。前后金柱与五架梁背金瓜柱之间施卷草纹单步梁,檐柱和金柱间施双步梁,梁底两端施卷草纹雀替,梁背施童柱以承单步梁,各梁均为月梁式。次间梁架为九檩前后双步山柱落地用五柱,穿斗式。前后檐柱柱头向外均施云龙纹牛腿,上承挑檐枋,各檐柱间用檐枋联系,下施中槛。中槛与檐枋之间施工字形隔架,明间为两朵,次间各为1朵。明间前后檐中槛之下设六扇六抹头花槅门,次前后檐中槛之下设四扇四抹头花槅窗,窗下为砖砌槛墙,下设石质下槛。明间后金柱间施内额,内额和下金檩之间设横披。内额下设四扇屏门,屏门下施石质下槛。各檩檩底两端均用丁头拱和雀替承托,檩上施圆椽,椽上盖望砖。前后檐口施方飞椽。屋顶为筑砌砖雕如意纹清水正脊,两端施鳌鱼鸱吻,两山筑砖雕如意纹清水垂脊,屋面盖青灰筒瓦、檐口施瓦当滴水。柱础为青石鼓形础,地面为方砖铺墁,明间前后设台阶三级。

花厅 是翰林博士会客之地,厅内悬"世恩堂"金字匾,世恩堂为最后一任翰林博士孔庆仪一支的堂名。

二坡顶硬山式,面阔五间9.6米,进深6.2米。明间梁架为七檩前后单步用四柱,前廊为廊轩。五架梁两端分别插入前后金柱身,梁底两端施卷草纹雀替。梁背前后置方形卷草如意纹垫木,上置方形金瓜柱以承三架梁。梁底两端施卷草纹雀替,梁背置卷草如意纹垫木以承方形脊瓜柱,脊瓜柱头出十字拱承托脊檩。前后金瓜柱身和前后金柱之间施卷草单步梁,前檐柱和金柱之间施廊轩月梁,梁底两端施卷草纹雀替,梁背置方形垫木,以承瓜柱。后金柱为方形柱,其余均为圆柱,前檐柱柱头向外施草龙纹牛腿支托挑檐枋,后檐柱与后金柱用单步梁联系,各梁均为月梁式。次间梁架穿斗式,为七檩前单步中柱落地用四柱,轩后金柱、中柱、檐柱间用穿枋联系,后檐外金瓜柱架于三步扁梁(穿枋)上。中柱直接承托脊檩,前檐柱和金柱之间的月梁之上做法悉同明间梁架廊轩部分。梢间梁架和次间梁架相同。各檩檩底两端均用丁头拱和替木承托。檩上施圆椽,前檐施方形飞椽。前后檐柱间用檐枋联系,唯前檐枋均为月梁式,前檐檐檩之下施承椽枋,承椽枋和檐枋之间施工字形槅架。后檐枋与檩垫枋之中施"工"字形隔架,明间设2朵,次、梢间各设1朵,前后檐相同。明次间各金柱间施月梁式额枋,额枋与承椽枋之间安镂空花板。梢间和次间前金柱间施承椽枋和中槛,两者之间施横披。中槛下设四扇四抹头花隔窗,窗下筑砖砌槛墙。明间左右后金柱柱头施上槛和中槛,两者之间安横披。中槛之下设四扇屏门,其下施青石下槛。次间后檐柱和中柱之间施木板隔断,中柱和前金柱之间设双扇木板门。柱础除明间后金柱用方形础以外,其余均用鼓形础。地面为方砖铺墁。

明间前檐设踏跺一级。屋顶为砖雕清水正脊。屋面盖青灰板瓦,檐口施勾头滴水。山面及后檐筑砖墙,左右稍间后檐墙辟双扇小门,明间后檐墙辟圆门以通后院内宅。

内宅 一楼明间为女眷休息、就餐的公共场所。堂上悬"百龄仁寿"匾。此匾为光绪戊戌年(1898年),孔子第七十一世孙孔昭熙之妻王氏百岁大庆前由浙江学政徐致祥恭送。二层民国时并不住人,而是陈设翰林博士有关服饰及祭孔礼、乐器之地。

现存内宅为一四合院建筑,由倒座、左右两厢及后楼组合而成。

1. 倒座(实为双步廊):单坡顶硬山式。面阔五间11.2米,进深2米。各间梁架均为二檩双步用二柱。檐柱和内柱之间用月梁式随梁枋联系,枋底两端施花卉纹饰的雀替支垫,其上施双步梁。梁背置瓜柱以承单步梁,檐柱柱头施拐子花草纹牛腿承托挑檐枋。内柱各柱间用额枋联系,并紧靠花厅后檐墙。次间檐柱间用月梁式檐枋联系,其上施工字形隔架各2朵。明间檐柱间施上槛和中槛,两者之间设横披。中槛之下设六扇屏门,其下施青石下槛。柱础为鼓形础,地面为方砖铺墁。

2. 厢房:二坡顶硬山式。面阔三间5.8米,进深4米,明间梁架为五檩无廊式用二柱,前后檐柱间施五架梁,梁下有颙度。梁背前后置瓜柱以承三架梁,三架梁背置脊童柱支托脊檩。次间梁架为五檩前后双步用三柱,排山做法。前檐左右角柱和倒座檐柱、后楼檐柱共用。前檐各檐柱柱头向外施拐子花草纹牛腿,其上置挑檐枋。前檐柱柱头设上槛,其下设中槛,两者之间安横披。明间中槛之下设四扇六抹头花隔门,次间中槛之下各设二扇四抹头槛窗,窗下筑砖砌槛墙,门及槛墙下施青石下槛。柱础为青灰石鼓形础,地面为方砖铺墁。

3. 后楼:为重檐二坡顶硬山式。面阔五间11.2米,进深6米。各间梁架均为七檩前副檐后雀宿檐用五柱,穿斗式。前后老檐柱与前后金柱用穿枋连接。前后檐老檐柱柱头向外施拐子龙纹牛腿,上承挑檐枋。前后老檐柱间用老檐枋联系,其下设四抹头格扇窗,明间七扇,次、梢间五扇。窗下施博脊枋和副阶承椽枋,下施承重以承楼板。副檐为轩式廊。副檐柱柱头与老檐柱之间施月梁式轩梁,梁上施穿插枋,两者之间设镂空卷草纹隔板。明、次间前檐柱柱头用月梁式檐枋联系。前老檐柱身承重之下,设六抹头花格门,其中明间为六扇,次稍间为四扇。楼板下设楞木和承重,明间金柱间设照壁板,板后设木楼梯以通楼上。后檐承椽枋承雀宿檐椽,其下施牛腿和檐檩承托,楼下后檐及两山筑砖墙。柱础为青灰石鼓形础,地面为方砖铺墁。

孔氏南宗家庙四周绕以高墙。大门两侧之围墙,底置高0.82米的麻石须弥座,顶置筒瓦,通高4.05米。

3. 孔府后花园

家庙与孔府的后面是孔府后花园,重建于1999年,占地面积4 950平方米,建筑面积670平方米。园内以水面、草坪为主,占全园面积的49%,园内微波荡漾,绿树成荫,亭台楼阁,假山水榭一应俱全,为江南典型园林特色。建筑采用传统木结构形式,形制简洁古朴。主要建筑有大中堂、咏春亭、太和亭、扇面亭、半山亭、水榭、拱桥等。

大中堂 为后花园的主要建筑,二坡顶硬山式。面阔13.9米,进深7.8米,高8.35米,明间梁架为九檩前后双步用四柱,抬梁式。柱础为青石鼓形础,地面为方砖铺墁,明间前后设台阶三级。明间梁架为九檩前后双步用四柱,抬梁式。五架梁两端分别插入前后金柱身,梁底两端施草龙纹雀替,梁背前后置金瓜柱以承三架梁,三架梁底两端草龙纹雀替,梁背置脊瓜柱以承脊檩。前后金

孔府后花园全景

柱与五架梁背金瓜柱之间施卷草纹单步梁,檐柱和金柱间施双步梁,梁底两端施卷草纹雀替,梁背施童柱以承单步梁,各梁均为月梁式。次间梁架为九檩前后双步山柱落地用五柱,穿斗式。前后檐柱柱头向外均施云龙纹牛腿,上承挑檐枋,各檐柱间用檐枋联系,下施中槛。明间后金柱间施内额,内额和下金檩之间设横披。内额下设四扇屏门,屏门下施石质下槛。各檩檩底两端均用丁头拱和雀替承托,檩上施圆椽,椽上盖望砖。前后檐口施方飞椽。屋顶为筑砌砖雕如意纹清水正脊,两端施鳌鱼鸱吻,两山筑砖雕如意纹清水垂脊,屋面盖青灰筒瓦、檐口施瓦当滴水。

花园内还有咏春亭、太和亭、如是亭等。

(三)艺术特色

孔氏南宗家庙,始终作为一种家庙建筑存在并发挥作用。南宋礼部尚书赵汝腾称之为"南渡家庙",元末明初金华学者胡翰称之为"孔氏家庙",明代开化方豪称之为"衢州孔氏家庙",清代知府谭瑞东称之为"衢郡至圣家庙",如今定名为"孔氏南宗家庙"。其建筑的艺术特色,主要体现在建筑装饰、环境布置及匾额文化等方面。

1. 装饰特色

简朴无华,是现存孔氏南宗家庙建筑最为突出的特点。从建筑构件上看,孔氏南宗家庙无论从它的等级还是建筑规格来看,都具有重要地位,堪比皇家。但整座建筑,无论是大成殿,还是思鲁阁,均不见斗拱这一堪称礼制建筑标志的建筑构件。这与曲阜孔庙大成殿内外檐的遍施斗拱不同,也与同属江南的海宁盐官海神庙、绍兴禹庙,甚至衢州周宣灵王庙等民间庙宇建筑的遍施斗拱显著不同。从建筑装饰上看,孔氏南宗家庙除檐口略作装饰外,室内几乎不见木雕装饰构件,柱、梁、檩、枋等皆简洁无饰。与衢州、金华地区在明清时民间建筑中大量采用各类木雕艺术构件,使得建筑富丽堂皇、满目生辉,截然不同。或许,这正与孔氏南宗"有教无类"的平民化教育理念暗相契合。

2. 环境氛围

孔氏南宗家庙建筑艺术构思主要是要表现孔子的伟大、亲民及后世对他的崇敬、追念之意。除在建筑布局、构件装饰上加以体现外,在设色、整体环境营造等方面都运用相应的象征手法。所有建筑屋面均为普通建筑一样的灰色,木结构的柱、梁、门、窗及围墙,则为宫廷建筑的红色。既体现了孔庙堪比皇家的规格,又低调地类似于平民,充分体现孔子的民本思想。院内遍植松柏和银杏,因为中国历来运用深绿色的常青松柏代表永恒、长寿、正直、高贵,因此广泛使用在坛庙、陵寝中,从而使深绿色松柏代表崇敬、追念、祈求的象征意义。银杏,取杏坛讲学之义,"银杏多果,象征着弟子满天下。树干挺拔直立,绝不旁逸斜出,象征弟子们正直的品格。果仁既可食用,又可入药治病,象征弟子们学成后可以有利于社稷民生"。家庙中轴线第一进院落内原有植于明正德年间的银杏树8株,2株毁于"文革"时期,现存6株,挺拔参天。孔氏南宗家庙整体呈现出一种既肃穆安静又高贵亲民的环境氛围。

3.建筑匾额

孔氏南宗家庙建筑上的匾额也极富特色。其中匾额主要分为两种,一种为御题匾额,主要是清代自康熙至溥仪九位皇帝的亲笔御题匾额及民国时期北洋政府总统黎元洪手书匾额;另一种为孔氏南宗族人为表达对故里的思念之情自设匾额。

御题匾额:

"万世师表"匾额,康熙二十二年(1683年),清圣祖手书。

"生民未有"匾额,雍正六年(1728年),清世宗手书。

"与天地参"匾额,乾隆三年(1738年),清高宗手书。

"圣集大成"匾额,嘉庆三年(1798年),清仁宗手书。

"圣协时中"匾额,道光元年(1821年),清宣宗手书。

清皇帝题匾额

"德齐帱载"匾额,咸丰二年(1852年),清文宗手书。

"圣神天纵"匾额,同治三年(1864年),清穆宗手书。

"斯文在兹"匾额,光绪七年(1881年),清德宗手书。

"中和位育"匾额,宣统元年(1909年),溥仪手书。

"道洽大同"匾额,民国六年(1917年),北洋政府总统黎元洪手书。

以上10块匾额均为楷书,尽管出自不同执政者之手,但风格极为接近,笔画浑厚,有雍容之气。

自设匾额:

"万世瞻仰"匾额,悬于先圣庙门。

"东南阙里"匾额,悬于大成门。

"泗浙同源"匾额,悬于大成殿。

"燕居"匾额,悬于思鲁阁。

"圣泽同长"匾额,悬于恩官祠后建筑。

"孔圣正宗"匾额,悬于孔府大门。

"翰林公署"匾额,悬于孔府二门。

"尼山嫡派"匾额,悬于孔府大堂。

这些匾额始见于明《诏建衢州孔氏家庙碑》图,具体书者不详,均表达了孔氏南宗是孔氏家族南渡嫡派后裔,孔氏南北两宗同宗同源、共同发展等深刻含义。至迟在清嘉庆年间,家庙、孔府仍悬挂着这些匾额。

三、南宗祭孔

孔氏南宗家庙自建立以来,一直是孔子嫡系子孙祭祀圣祖孔子的家庙,同时也是官方介入祭祀及"州县文臣初至官"时祗谒孔子先圣的官庙,兼具孔庙和家庙二庙的功能。

(一)历史沿革

南宗祭孔礼仪,自南宋绍兴年间(1131—1162年)开始兴起,年年进行,代代延续,至民国时期经久不衰,最盛时每年有大小祭祀50多次。后曾在抗日战争和"文革"至20世纪末期间一度中断,2004年得以恢复。

1. 南宋时期

绍兴六年(1136年),高宗诏孔子四十九世嫡长孙、南渡衍圣公孔玠及其族属,"暂居衢学揭虔",于衢州州学内行祭祀之礼,此为南宗祭孔之始。

绍兴八年(1138年),赐田五顷,以供祀事。

绍兴十年(1140年),"复释奠文宣王为大祀"。

绍兴十四年(1144年),"诏,州县文臣初之官,诣学祗谒先圣,乃许视事","后遂著为令(典)"。从此时起,凡到衢州任职的官员,都要先到孔庙行拜谒之礼。

绍兴十五年(1145年),"诏,自今太学及州县释奠先圣,并令宗子侍祠"。

绍兴二十六年(1156年),高宗亲制并书《宣圣及七十二弟子赞》,命勒之于石。

2. 元明时期

从元初到清末,基本沿袭宋代确定的祭祀格局,随着家庙的屡迁屡建,祭品祭器的不断完善而不断有所增益。

元代为每年春秋二祭,于春秋季的仲月举行。元中统、至元年间(1260—1294年),元世祖忽必烈定春秋二仲上丁释奠孔子,执事官员各按品序身着公服陪位,诸儒衣襕衫戴唐巾行礼的制度。元成宗铁穆耳继宋高宗之后,亦制定了乡官到任,先拜谒先圣庙,然后才可依次祗谒其他神庙的法令。

明洪武二年(1369年),朱元璋定春秋仲月上丁日,以太牢并降香释奠孔,行香之礼始于此。

明洪武四年(1371年),对祭祀时必备的祭品、礼物、乐器名称与数量都作了明确的规定。

洪武十五年(1382年),重新颁发祭奠礼仪的要求和说明,强调孔子是"百世帝王师","于先师之礼,宜加尊重",规模较之前更为盛大。

洪武二十六年(1393年),又颁大成乐器、释奠规格与"祀帝王同"。

成化十二年(1476年),祭器中增加笾、豆等,佾舞增加舞生数目,"增乐舞为八佾,笾豆各十二",仪式盛大。

3. 清代

有清一代对孔子尤为尊崇,从康熙至宣统九位皇帝先后为孔氏南宗家庙大成殿题写匾额可见一斑。对祭孔的礼仪也作了进一步增益。

清顺治元年(1644年),明确规定祭祀日为每年春秋季的仲月(农历二月、八月)上丁之日,并制定每月初一释菜、十五行香的制度。

雍正三年(1725年),颁布制造祭器、乐器的式样,统一规格。

乾隆八年(1743年),规定丁祭乐章(即祭祀的乐曲典谱),颁发天下。此后,乾隆皇帝先后八次到阙里释奠孔子。这样,祭祀的礼仪日益繁多复杂,祭祀的器具配套也逐渐增多。这一整套祭祀规定从此成为确定的制度,此后整个清代长盛不衰。

光绪三十二年(1906年),祭孔国祭祀典达到了顶峰。

4. 民国时期

民国政府,明令全国祭孔,但在礼仪和程序上删减了先前的繁文缛节,对祭祀仪式作了很大改变。

余绍宋题孔子及亓官夫人楷木像照片

民国十七年(1928年)曾举行过一次盛大的祭孔活动,此后规模不大。

民国三十五年(1946年)8月27日(夏历孔子诞辰),为迎回孔子夫妇楷木像,衢州家庙(抗战期间为避日寇掳掠,孔氏夫妇楷木像曾避藏于浙南山区)举行了奉迎仪式,并举行了盛大的祭孔活动。此次纪念活动定名为"衢县各界庆祝孔圣诞辰暨教师节纪念大会"。8月27日上午在孔府家庙首先举行孔子夫妇楷木像还庙典礼,并进行公祭。典礼共分15项,包括主席致词、讲述孔圣言行等。

楷木圣像还庙典礼主祭摄影

由绥署主任主祭，省府主席派专员代表致祭。此次祭孔活动有千余人参加，仪式极为隆重，是衢州在中华人民共和国成立前所举行的最后一次盛大祭孔活动。

民国三十六年（1947年）、民国三十七年（1948年）均举行过祭孔祀典。

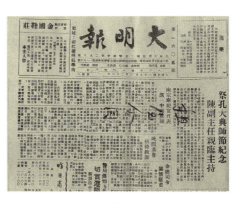

民国《大明报》祭孔大典报道

5. 2004年以来

2004年以来，孔氏南宗家庙恢复了中断56年的祭孔仪式，至今已举行了十三次纪念孔子诞辰祭祀典礼。每五年中，有一年是"社会各界公祭"，参祭人员范围大，有两年是"祭孔大典暨文化节"，其实也属"社会各界公祭"，只是主祭者、参祭人员略有不同，还有两年是"学祭"。三种方式轮流交替祭祀孔子，使祭祀活动不局限于一种形式,并能让更多阶层的代表参与祭祀孔子的活动。

2004年9月28日,即孔子诞辰2 555周年,孔氏南宗家庙举行中华人民共和国成立以来首次祭孔大典。衢州市及各县党政领导、社会各界代表,以及来自美国、韩国、新加坡、中国香港、广东、广西、湖南、江西、山东、北京、江苏、上海、浙江等地嘉宾和孔氏族人代表,广泛参与了祭祀典礼,被称为"社会各界公祭"。孔子第七十五代嫡长孙孔祥楷先生对祭祀仪式作了较大改变和创新,开创了当代人祭孔的新模式。

2005年5月18日,"南宗祭孔",由浙江省政府公布列入第一批省级非物质文化遗产代表性项目名录。9月28日,衢州市人民政府主办"学祭"。衢州本地教育官员和师生代表参祭。

2006年9月28日,社会各界公祭,并举办了"2006中国·衢州国际儒学论坛"。

2007年9月28日,学祭,由浙江省教育厅与衢州市人民政府联合举办,由浙江省教育厅主祭,衢州市及全省各地教育界代表参祭。

2004年衢州国际孔子文化节开幕式

2004年孔子诞辰纪念晚会

衢州国际儒学论坛

　　2008年9月28日,社会各界公祭,祭祀中增加了"主祭人上香、敬酒"仪式,并开启了邀请世界各国孔子学院外方院长、教授参祭的先例。

　　2009年9月28日,社会各界公祭,为孔子诞辰2 560周年逢十大祭。由浙江

孔子学院代表在南孔祭典仪式上敬献花篮

省人民政府主办,国际儒学联合会、国家汉办和中国孔基金会支持,衢州市人民政府、浙江省教育厅、浙江省文化厅承办。为十余次祭祀典礼中规模最大、规格最高的一次。

此后,以五年为一周期,开展三次公祭二次学祭,循环往复,年年祭祀,持续开展孔氏南宗祭祀活动。

2011年5月23日,"南孔祭典",由国务院公布列入第三批国家级非物质文化遗产代表性项目名录。

（二）祭祀种类

按仪制规定,祭孔有多种规格,根据规格的不同,祭孔的种类也分好多种,主要有:

四大丁祭　在每年的春夏秋冬四季的仲月上丁之日举行祭仪,所以又名"四大丁"。这是一年内最隆重的祭仪,尤以春祭、秋祭最为隆重。大祭前夕,除了主祭官员和执事人员忙于大祭的准备工作外,衢州乡下的沟溪、孔家、马伯淤、慈姑垄等地的孔子后裔也都沐浴后换上干净整洁的衣服,参加大祭礼仪。

四中丁祭　大祭后的第十天进行祭仪,这是"四大丁祭"的余波,其规格大逊于"四大丁祭"。

八小祭　不祠太牢而祠以少牢,谓之"小"。每年清明节、端阳节、六月初一、中秋节、重阳节、十月初一、腊八、除夕举行祭仪,共八次,所以叫"八小祭"。

节气祭　在每年二十四节气举行祭仪,仪式简单,不邀宾客、族众,不祠太牢、少牢,只设祭品于簠簋笾豆之中,行三叩首礼。

祭拜　每月初一、十五举行,不设任何祭品,只行简单的三叩首礼。

特别祭　孔子生日、忌日逢十年、百年之祭仪,隆重于"八小祭"的生、忌日之祭。遇有重要事变,如清初平"三藩之乱"后,兵部尚书李之芳与巡抚陈秉直驻辖衢州,孔府举行隆重祭仪,奠祭孔子,庆祝胜利。又如清道光年间,家庙拓建而成,举行隆重祭仪。

(三)祭祀管理

不同规格的祭祀均有相应的礼仪,并建有相应的机构管理祭孔事宜。包括正献官(主祭)、分献官、典仪官、监祭官,还有引赞、鸣赞、乐舞等礼生以及执事人员的确定,祭品、祭器的准备,佾舞的排练等。

主祭

祭孔时孔府委派正献官(主祭),其主要职责是代表帝王、执政者祭祀孔子。南渡初,孔氏南宗家庙以衍圣公主祭。自孔洙让爵后,由族长主祭。族长的确认,以贤而不以长,即以贤德为首认标准,排行位长、年龄辈分大的不一定能担任族长,故历任南宗家庙族长的,都是品学兼优者。自孔子五十九世孙孔彦绳开始恢复承袭制之后,就由翰林院五经博士主祭,并由执事官助祭。而以行辈最尊、年龄最高的族长主祭崇圣祠。报功祠由五经博士主祭,但不着朝服,意为"以孔姓之情谢恩官之德"。其他各祠,均以族属有爵位且德高望重者担任主祭,如五支祠由值年之房的长者主祭,袭封祠和六代公爵祠由袭封支派员主祭。这一规定,至清末仍如此。民国时期,改由奉祀官主祭。

执事、礼生

孔氏南宗家庙祭孔执事4—8人。每逢丁祭大典,大成殿需鸣赞、引赞、读

清道光年间礼生招聘书

祝礼生12人，四配需8人，两庑需8人，崇圣祠需4人，其余8人以司陈设盥洗等项，共用礼生40人。礼生人员之增补，照阙里惯例，本氏族内尽数选充，如不够，则挑选西安附近之俊秀补足。

在孔府内所设的司乐丁，专门管理祭孔事宜，具体有：掌管祭孔乐章，排练八佾舞、六佾舞，保存乐器、舞具、祭器，训练乐舞生等。

祭器

根据仪注，孔府有许多祭器，主

大成殿内祭器、乐器

要有：

盛酒浆器皿：爵、壶、尊、瓶、杯。

盛食品器具：簠、簋、笾、豆、铏、勺、俎、登。

盛织物器皿：筐、篚。

乐器：龠、琴、瑟、笙、笛、篪、埙、钟、鼓、磬、柷、节、拊。

舞具：干、麾幡。

还有香炉、烛擎、祝文版，等等。

礼器以铜、锡、铁制作。几经战乱，失而复制。光绪（1875—1908年）末年，第十五世五经博士孔庆仪，依式增置使之完整。计有：铜爵52只，锡铏10个，锡勺5个，锡簠22个，锡簋22个，锡笾44个，锡豆88个，锡尊10个，锡登10个，锡壶3个，锡尊3个，竹筐3个，木俎3架，铜炉10个，锡烛擎11对，锡瓶1对，木帛盝10个，祝文版1座。后毁于民国三十一年（1942年）日寇攻陷衢州之时。

祭品

放于登中的：

名曰"太羹"。煮肉成肉汁尚未成糊状即可。

放于铏中的：

名曰"和羹"。用猪膋肉加五味烧煮成羹汁。

放于簠中的：

黍，又称"芗合"。选择颗粒完好者，煮汤捞成饭。

稷，又称"明粢"。选拣圆好之颗粒，煮汤捞成饭。

放于簋中的：

稻，又称"嘉疏"。用粳米煮成汤，捞上，蒸熟成饭。

粱。取似粟而颗粒大者，煮成汤并捞起蒸熟而成饭。

以上四粮全用则黍稷盛于簠，稻粱盛于簋。如仅用一簠一簋，则黍盛于簠，稷盛于簋。

放于笾中的：

形盐。刻盐如虎形。

枣。拣圆洁甘美者。

栗。拣圆洁者去皮用其肉。

稿鱼。将鱼剖腹去鳞，以盐搓后晒干。用时，以温水洗净，切成片，用酒浸泡。

鹿脯。用干鹿肉煮熟切片。

榛。拣洁净之仁，按颗粒堆砌，下丰上锐。

芡。拣洁净之实，如砌榛法堆砌。

菱。用之如砌榛法。

黑饼。以荞面做成饼，以糖食为馅，印饼如掌心大小，约二十枚。

白饼。以白面做成饼，如作黑饼法。

放于豆中的：

菁菹，又名蔓菁。形如萝卜，切小片以汤笔之，淡用。

芹菹，又名芹菜。以汤笔之，切成段，淡用。

韭菹。拣韭菜细嫩者，切去本末，取中一段，淡用。

笋菹。用干笋，盐水煮过切成段。

醓醢。用猪脊肉切成小块，加五味调酱油烹煮成羹汁。

鱼醢。用鲜鱼去鳞切成小块，如制醓醢法。

鹿醢。用鲜鹿肉切作小块，如制醓醢法。

兔醢。用鲜兔肉切作小块，如制醓醢法。

豚舶。用猪肩膊肉，取方大块抹以油、酱、盐、蜜、醋、酒蒸熟。

脾析。用牛羊肚子百叶，刷去黑皮，切成细条，放于沸汤中焯过，加油、盐、醋、蜜、葱、姜、酒拌匀再炒。

放于尊中的：

酒。以香冽为上等。

祝文

祭祀时所读祝文，内容大体相同。孔氏南宗家庙祝文原件已无查，现据文庙录之。

正献祝文：

  维先师德隆千圣,道冠百王,揭日月以常行,自生民所未有。属文教昌明之会,正礼节乐和之,时辟雍钟鼓咸恪,荐以馨香泮水,胶庠益致,严于笾豆。兹当仲春(秋),祗率彝章,肃展微忱,聿彰祀典,以复圣颜子、宗圣曾子、述圣子思子、亚圣孟子配,尚飨。

崇圣祠致祭祝文：

  维王奕叶钟祥,光开圣绪,盛德之后,积久弥昌,凡声教所,覃敷率循,原而溯本,宜肃明烟之典,用申守土之忱,兹届仲春(秋),聿修祀典以先贤颜氏、先贤曾氏、先贤孔氏、先贤孟氏配,尚飨。

(四)祭祀程序

祭孔时间定在每年的春秋两季的仲月丁日。月用仲,仲即每季的第二个月,亦即中间之月,含有"正"之意。日用丁,丁为"阴火"之意,以火为文明的象征。

祭祀前十天,考核、确定、落实乐生、舞生人员,进行教演,务使纯熟。合格之后,再进一步集中学习乐、舞、礼等各项技艺和规范,随时听候管理和调遣。乐生、舞生务必用心演习,不出差错,以免祭祀时出现闪失,影响礼仪。

祭祀前五天,将祭祀用的钟、磬、篪、笙、箫、鼓、笛等乐器和尊、爵、豆等器具洗刷干净。

祭祀前三天的卯时或辰时(早上六时或八时),主祭乘大轿,在吹打乐中由分献官、典仪官以及礼生、乐舞生相拥进入家庙居住,并沐浴、习礼,以示"心正意诚"。孔府和家庙仅一墙之隔,相互间有小门可通,平日不必从大门出入。习礼期间,主祀官及其他官员等人有时也可以离开家庙归府,但一定不能从大门出进,只能从小门离庙归府,这叫"明进暗出"。离府回家庙习礼,也是从小门进的。

祭祀前一天，执事人员忙于准备祭品。至当天未时（下午四时），将盐、猪血、炗米、稷谷、菱角、果脯、束脩放于簠簋笾豆之中，灌浆酒于爵壶之内，陈织帛于筐篚之上。同时在与大成殿相接的东庑之端，搭设起象征性的帛坊、酒肆。至深夜亥时（晚上十时）前后，屠夫操刀宰杀牛、羊、猪三牲（由于孔子可以享受太牢之礼，因而三牲需用整牛、整羊、整猪）。

祭祀当日子时（晚上十二时）许，三牲宰杀完毕，陈于俎上。大成殿前东西两侧的钟鼓齐鸣，报告大祭之日已到，"神""圣"将至，于是大成门、大成殿及东西两庑焚香点灯燃烛，一时青烟缭绕，灯火通明。与此同时，掌馔者将祭品一一分放和摆设在大成殿及东西两庑的神龛前，并由执事者逐一检查，以免遗漏或错放。上述事情在丑时前完毕。接着全体人员包括前来参加祭祀的朝廷官员易服换装，准备迎"神"接"圣"。

寅卯之时，钟鼓三鸣其声，参祭人员按制就位，乐舞生起舞（跳六佾舞），赞礼生唱礼，敬迎"天神""社神""稷神"和孔子及其昭穆以及中兴祖、南渡祖等先祖的降临。接着举行"三献礼"，初献、亚献、终献。主祭者从东阶上神座，从西阶下复位，每次行三跪九叩之礼。助祭者分献也是这样。初献时献奠帛、献爵、读祝文。三献之后，意味着"神""圣"已受食收帛，于是送"神"别"圣"，再行九叩首之礼。尔后主祭、助祭在丹墀下各自就位，至礼毕。此仪式大约需要一个多时辰。

在大祭之日，除了上述在大成殿的祭仪外，还要分派人员对崇圣祠、五支祠、六代公爵祠、袭封祠、报功祠进行祭奠，祭式较简单。在大成殿祭孔，是代表朝廷，对各祠的祭奠是家祭。对各祠的祭仪大致是能"献之爵尊，爱之心诚，一跪三拜"就行了。

祭日参祭人员也"饮福受胙"一餐。从衢州四乡赶来的孔姓子孙，在晚上分享俎上之肉，尊中之酒后，还分到一份束脩和馒头。

民国之后，在礼仪和程序上均作了调整，民国时期由午夜子时开祭改为早晨7时开祭，2004年恢复祭祀后，改为9时开祭；献爵献胙，民国时改为献花圈，

南孔祭典现场诵读《论语》章句

2004年后改为献花篮,还将"献三牲"改成了"献五谷";佾舞,民国时改为唱国歌、纪念歌,2004年后改为"颂礼"。

2004年以来,南宗祭孔对传统祭孔典礼进行了合理简化,融入地方时代特色,形成了独具特色的当代人祭孔规范模式,被称为"南孔祭典",其祭祀程序分为礼启、祭礼、颂礼、礼成四个部分,具体如下:

第一章　礼启

第二章　祭礼

祭礼第一　奏乐　敬香　献五谷(钟、鼓、磬、编钟齐鸣)

祭礼第二　向孔子像行鞠躬礼(三鞠躬)

祭礼第三　向孔子像敬献花篮

祭礼第四　主祭人、陪祭人进位

南孔祭典进香、献五谷

　　祭礼第五　主祭人敬香、敬酒
　　祭礼第六　主祭人诵《祭孔子文》
　　祭礼第七　主祭人、陪祭人复位
　第三章　颂礼
　　颂礼第一　朗诵《论语》章句
　　颂礼第二　全体唱《大同颂》
　第四章　礼成
　　同时，根据社会各界公祭和学祭对象的不同，分别颂读不同的《祭孔子文》。

社会各界公祭《祭孔子文》

洪荒蛮夷，天下混沌；

存赖以天,命制于人;

万木竞发,鲁林独尊;

道孕尼山,振聩万民;

昭昭仁德,穆穆诚信;

以仁治世,以德育人;

修齐治平,孝义衷亲;

中和有序,公正为钧;

春风化雨,滋润万根;

惟我先师,德昭苍生。

汉唐以降,奉祀为尊;

素王之称,从古至今;

祖龙坑儒,百经被焚;

鲁壁堂堂,师训幸存;

谆谆教诲,熠熠宏论;

泽被帝宫,惠及黎民;

暴虐被诛,仁善长春;

和衷共济,友爱人伦;

巍巍五岳,鼎立崇峻;

惟我先师,教政以仁。

习习儒风,华夏灵魂;

仁义礼信,万代不泯;

煌煌烨语,世界遵循;

我道不孤,四海有邻;

融融德法,滔滔河新;

万众一心,和如瑟琴;

改革开放,跨越飞进;
国泰民安,九州欢欣;
东方巨龙,驾雾腾云;
惟我先师,道贯古今。

遥想当年,曲阜罹乱;
孔氏大宗,扈跸南迁;
赐家寓衢,生息繁衍;
兴建家庙,儒林风范;
莘莘学子,芸芸少年;
叩谒圣像,参商共瞻;
筚路蓝缕,施教黾勉;
弘道乡里,教化民间;
如林密密,似水涓涓;
文化名城,赖为中坚。

东南阙里,嫡裔故乡;
三衢葳蕤,儒风浩荡。

元元情怀,拳拳心香;
祈灵大吉,伏惟尚飨。

学祭《祭孔子文》

日月轮仁兮星转半移,至圣先师兮万代不替;
金秋五彩兮风物相宜,莘莘学子兮沐浴恭祭。

遥想华夏之初兮洪荒蛮夷,芸芸耕牧渔樵兮众心不一;
发端治世之术兮学说济济,承袭三皇旧礼兮林木丛立;
惟先师出东鲁兮光耀天地,掌儒林之大纛兮雄傲四极。

倡仁义礼智之心兮儒林飘扬旌旗,教文行忠信之行兮竖子远离痴迷;
华夏由之而文明兮万方仰慕,大中平和倡国运兮与天同齐。

先师弘道兮辗转万里,驱车列国兮颠沛流离;
儒风浩荡兮吹拂四隅,杏坛巍峨兮固根奠基。

倡我有教无类兮勿问显贵黔首,行我诲人不倦兮学子见贤思齐;
志于道兮据于德,依于仁兮游于艺;
修身以成君子兮勿忘苦其心志,齐家以求治国兮诸端行之以礼。

开国家簧序之首兮,弟子三千桃李成蹊;
树万民同心之本兮,德才兼备代代相继。

惟我先师兮心系大同,惟我先师兮教我庶黎;
惟我先师兮德育世界,惟我先师兮道播天地。

巍巍岱岳兮滔滔河济,洋洋洙泗兮坦坦阙里;
三衢师生兮沐浴致祭,虔虔我心兮祈灵大吉!
——伏惟尚飨!

宋塔之美

——龙游湖镇舍利塔

舍利塔，即佛塔，最早起源于印度，印度梵文称"Stupa"，巴利文称
"Thupo"，所以，舍利塔被译为"窣堵坡""堵坡""浮屠"等。"救人一命，胜造
七级浮屠"的"七级浮屠"指的就是七层佛塔。舍利塔首要功能是作为收藏
佛舍利以资纪念的坟墓。佛舍利藏于塔，塔便如佛身，见塔如见佛，塔便成了
佛教信徒精神崇拜的圣物，朝拜者纷纷而来，顶礼膜拜。为便于朝圣者从事佛
事、修行，寺庙僧院也便随之出现。因此，最早是先有佛，然后再有塔，最后才
有寺。

至于佛塔传入我国的时间，学界较为公认的是在两汉之间（1世纪左右），
即东汉明帝时期。当时，佛塔根据印度梵文音译称为"浮屠"，直到隋唐时期翻
译家才创造出"塔"字，统一了名称，逐渐代替了"浮屠"，沿用至今。塔传入中
国后，形制和功能逐渐形成了"中国化""世俗化"特色。平面由圆形变为正方
形和正多边形，立面出现了楼阁式、密檐式等；规模由小变大；内部出现空心，
甚至建起楼梯；材料由纯石料丰富为石、木、砖、铁、铜、琉璃以及混搭等。功能
上脱离了单一的高僧坟墓，融进了儒家的事功思想、道教的仙人居高楼理念以
及军事、风水等功能，各种纪念塔、风水塔、料敌塔遍布祖国大地，据专家不完
全统计，自东汉迄今2 000多年来，全国曾建造3 000余座塔，构成了一道独特的
风景，龙游湖镇舍利塔就是其中宋代佛塔的一个经典之作。

龙游湖镇舍利塔，是衢州境内现存年代最为久远的一座佛塔，坐落于湖镇
所在地的舍利塔院内。湖镇地处浙西盆地腹部，距龙游县城19公里，为龙游县

东部重镇,是衢州的东大门。唐名湖镇里,宋名白革湖镇,清以后始称湖镇。明清时期均设有巡司,为兵家要地。东西和南面与兰溪市、金华婺城区毗连。46省道(兰贺线)公路穿境而过,现杭金衢高速公路横贯镇北,浙赣铁路在湖镇设站,衢江水运也穿境内,水陆交通十分便利。

湖镇舍利塔全景

一、历史沿革

湖镇舍利塔,始建年代不详,重建于北宋嘉祐三年(1058年),经历代修葺,现保存完好。

(一)始建猜想

湖镇舍利塔,始建年代现在还是一个未解之谜。

据北宋庆历五年(1045年)赵抃[1]撰《大宋衢州龙游县白革湖新修舍利塔院记》记载:

太末之地,有舍利塔院,年祀弥远,栋败梁仆。

龙游自"(秦)始皇二十六年(前221年),始置县,名太末"[2]。后屡废屡设,

〔1〕赵抃(1008—1084年),字阅道,号知非,衢州西安(今衢州市柯城区沙湾村)人。北宋名臣,官至参知政事(副宰相),弹劾不避权幸,时称"铁面御史"。常以一琴一鹤相随,为政简易,谥号"清献",著有《清献集》。
〔2〕引自民国《龙游县志》卷一《通纪》。

后于唐贞观八年（634年），废縠州和太末、白石两县，置龙丘县，又于五代吴越宝正六年（931年）改龙丘县为龙游县。按这样推算的话，"古太末之地有舍利塔院"，应该至迟在唐代贞观八年此地就有舍利塔院；从"舍利塔院"名称来看，院因以塔得名，说明先有塔后有院，或至少是塔和院同时建成，因此，舍利塔至迟在唐代贞观八年就已经存在了。

另外，从舍利塔佛龛中发现的四方形七层楼阁式铜塔模型来看，该塔建造时间当不晚于唐代。

佛教传入中国后曾一度兴盛：

> 浮图氏法始汉明帝时入中国，茨茨乎魏晋，煌煌乎宋齐，恒赫炽炎乎梁、陈、周、隋之间。王公卿士上焉而倡导，豪贾大姓下焉而服从。父提子手不释不归，兄诏弟耳不佛不师。货贝玉帛怿乐弃施，肤发肢体无所爱吝。州供里养，家擎户煦。析利益，怖罪苦，心诚力勤，一以宗乎其教，如趋市然。故金璧丹刻制拟王者，不为僭；炎而凉，寒而燠，鼓而食，不为之泰。[1]

赵清献公生动地描写了东汉以来至隋唐时期，上至王公卿士，下至平民百姓，对佛教的崇信有加。随着佛教的发展，全国的寺庙和塔的建设也经历了几个高潮期，如魏晋南北朝时期，杜牧的千古名句"南朝四百八十寺，多少楼台烟雨中"，写的就是当时的盛况。隋文帝杨坚，曾打算在全国建83座舍利塔，后因故建了一半左右。唐朝时期，佛教进入了全盛时期，尤其是在唐太宗贞观年间（627—649年）；唐宪宗、唐懿宗时期，在陕西扶风法门寺屡次迎接佛骨，规模宏大，声势浩大。由于佛教过分扩张，影响了国库收入，唐武宗于会昌年间开展了灭佛运动，至会昌五年（845年）达到高峰，共毁寺庙44 000余座。可想而知，寺庙中佛塔应也难以幸免。

---

[1] 引自赵抃《大宋衢州龙游县白革湖新修舍利塔院记》。

尽管佛塔随着佛教的兴衰而兴废,但是塔的形制从东汉至唐代,一直未有大的变化。印度最早的塔是圆形的,塔顶像一个倒扣的化缘钵,称之为"覆钵",其典型代表就是今印度中央邦首府博帕尔附近的桑奇大塔。中国佛塔尽管源于印度,但在东汉一传入中国时,便呈现出了"中国化"的特色,与讲究中正平和、以"方"为贵的中国传统观念相融合,建成了四四方方的正方形楼阁式塔。至唐代一直还是以四方形塔为主流,只是材质由初期的木塔,逐渐向砖石塔转变,形制上有了变化,由楼阁式塔,又增加了密檐式塔,如西安著名的唐代大小雁塔,分别是四方形楼阁式和密檐式砖塔的代表。

到了宋代,为了防火防震,塔的建筑材料由木头改为砖石的为多,方形结构对于砖石塔的建造来说,并不是很好处理,像大小雁塔这样的皇家之塔,也都曾坍塌,地震开裂。因此,工匠们在实践中不断总结经验,为分散塔身侧面承重,使塔更为稳固,开始建造六边形或八边形的仿木砖石塔,湖镇舍利塔应该就是一个典型实例。

舍利塔佛龛中发现的四方形七层楼阁式铜塔模型当为该塔前身的"小样",如果是这种情况话,该塔始建年代至迟应在唐代,结合上文中"古太末之地"推测,至迟在唐贞观八年(634年)已经存在的可能性极大。

也有专家从佛教禅宗达摩祖师的踪迹来考证舍利塔的始建年代,认为少林禅宗的菩提达摩曾于金华、龙游一带传法,后于南朝陈光大二年(568年)入灭于龙丘寺,即建于南朝梁天监年间(502—519年)的龙游九峰寺。按理,依达摩的级别,当建塔藏其真身舍利,但龙丘寺却没有关于舍利塔的相关记载或传说。在古太末境内,除湖镇舍利塔外没有任何佛塔称"舍利塔",因此,菩提达摩的舍利极有可能存放于湖镇舍利塔。先有舍利塔后才有舍利塔院,这也与民间传说其供奉达摩祖师舍利相符。所以,专家推测,舍利塔始建时间应在南朝陈光大二年(568年)或次年,舍利塔院始建于建塔同时或迟几年,但最迟不会迟于唐贞观元年。

综合以上分析,舍利塔始建时间当为南朝陈光大二年(568年)至唐贞观八年(634年)之间,究竟为哪一年,只能待更多的史料或考古发现来证实了。

（二）宋代重建

北宋明道二年（1033年），当地人江延厚[1]出资新修舍利塔院。据《大宋衢州龙游县白革湖新修舍利塔院记》记载：

> 邑人江延厚遽新其废，建释伽殿与其像，崇崇耽耽，轮奂繁靡。因而增葺之，曰法堂、曰方丈、曰门、曰廊、曰官院，无虑用四百万钱。起明道二年九月九日，迄庆历四年六月十九日。院成明年十月十二日，始为记。

该工程于明道二年（1033年）九月九日动工，至庆历四年（1044年）六月十九日竣工，历时近11年。新建了释迦殿和释迦像，并增修法堂、方丈、山门、厢房等建筑，占地面积约4 000平方米，用资400万钱。在此记中，未提及舍利塔，当时塔是不是存在，未可知。

"嘉祐三年戊戌七月江迖重造宝塔"铭文砖

北宋嘉祐三年（1058年），当地人江迖捐资重建舍利塔。在塔的第二层、第六层等有多块铭文砖，砖上阳刻楷书"嘉祐三年戊戌七月江迖重造宝塔"等十四字，纪年确切。赵抃所撰《新建舍利塔铭》也有记载：

> 修身治心，得佛之深；清净慈智，乃佛之事。相好颙颙，金碧穹穹；虽曰外饰，俾人内恭。斯庙有塔，是瞻是崇；完坚弗癨，永焉无穷。嘉祐三祀，素秋之季，建者江氏，铭以为识。

---

[1] 据民国《龙游县志》载，江延厚应为湖镇江氏始祖景谐的曾孙，生平事迹不详。景谐，山阴人，于五代时期，随其父宦游衢州，卜居湖镇。

时间与铭文砖纪年相吻合，在舍利塔院复建完成14年后，同是当地江氏后人出资新建了舍利塔，根据"斯庙有塔，是瞻是崇"句推测，当年复建塔院时，该塔应已不存，是此次才重建的。至于江迲为何许人，史料均不载，根据时间和姓氏来推测，江迲应是江延厚的子孙辈，也许建塔是子承父业，为了完成父辈当初建塔院时未了的心愿吧。

（三）明代修缮

明嘉靖三十二年（1553年）冬，舍利寺僧人周普满曾对塔作了大修。在塔刹顶部的青铜宝瓶上，阴刻有"大明嘉靖三十二年冬本寺僧周普满重修宝塔钱钦刊岂"字样。明代维修记录，见于史料的仅此一次。

（四）清代修缮

清康熙十九年（1680年），知县庐灿主持对塔院进行重修。

道光年间（1821—1850年），僧人维悲对大殿进行维修。

咸丰十一年（1861年），舍利塔院前殿毁于兵火。

光绪二十六年（1900年），铸造并悬挂于各层腰檐角上的42只风铃。

光绪二十九年（1903年），舍利寺住持周普登对该塔进行了重修，对舍利塔、大殿、山门进行了修复，并在一至六层的佛龛内供设汉白玉释迦牟

风铃

尼佛像。在第四层及以上各佛龛内的佛像后均立有薄砖一块，砖上墨书："倍士（女）××供奉白玉佛像于×层，为祈求……"，最后落款均为"大清光绪二十九年十月本寺住持普登重修"。

（五）1981年前大破坏

抗日战争期间，舍利塔院山门部分损坏。

1950年，大殿佛像被毁，舍利塔院建筑改作粮库。

1958年,"大炼钢铁"时,舍利塔院山门全毁。

1964年,寺东方丈部分建筑被学校拆除,改建成教室。

1965年,湖镇粮管所将大殿柱子截去1.5米,大殿原貌遭到严重破坏。

1979年,寺东方丈建筑被学校拆除,寺后菜园被学校占用,建成三层宿舍楼。前殿和山门屋基被农民占为己有,建房屋数幢。

(六)改革开放后保护修缮

1981年5月,浙江省人民政府公布湖镇舍利塔为浙江省重点文物保护单位。

1987年初,龙游县政府同意龙游县文管会和湖镇区公所提出的收回时为湖镇粮库的舍利寺的建议,并由县政府拨款两万元给湖镇粮管所新建粮库。

1989年1月30日,舍利塔第五层两尊汉白玉佛像被盗,于是年6月3日案件告破,三名罪犯被捕归案,被盗文物追回。

1989年4月3日,龙游县文化局与龙游县旅游局将作为粮库的舍利塔院无偿交给龙游县博物馆管理使用,达成协议,并办理了移交手续。至此,舍利塔回归文物部门管理,结束了人为肆意破坏的处境。

1990年5月3日晚,舍利塔第四层一尊无头汉白玉佛像被盗;5月23日晚,第六层两尊汉白玉佛像,第七层四尊铜佛像,一座铜方塔被盗。两案于是年6月3日同时告破,除无头汉白玉佛像外,其他文物均被追回。四名罪犯,其中一名主犯被判处有期徒刑10年,三名从犯分别被判处有期徒刑1—2年。

1991年10月14日,国家文物局专家组组长罗哲文考察舍利塔,并指出舍利塔急需维修。

1992年3月12日,集资约两万元,对舍利塔进行维修,该工程由临海古建公司施工。此次维修主要对各层出檐顶部三合土进行清理修复,增加防漏,加固松动的砖块,修复被敲坏的佛龛、石台阶等,塔刹构件断裂部分进行焊接加固,纠偏塔刹的倾斜,塔身的彩绘、补壁则保持原貌未作粉刷,同时,补齐缺失的风铎23只,原佛龛中的汉白玉佛像和青铜佛像全部更换仿制为无釉莹白瓷佛像。维修历时一个月。

2001年6月,国务院公布湖镇舍利塔为第五批全国重点文物保护单位,成为衢州历史上继孔氏南宗家庙之后的第二处"国保"。

二、建筑构造

湖镇舍利塔,占地面积30平方米,是七层六面仿木楼阁式实心砖塔,由塔基座、塔身、塔刹组成,总高27.31米。塔身每层每面隐出倚柱、阑额、斗拱,每面设壶门,壶门内摆设汉白玉释迦牟尼像一尊,腰檐用菱角牙叠涩出檐,菱角牙子一层为六重,二三层为五重,四五六层为四重,七层为三重,翼角起翘较大,每角各悬铁铸风铎一只。

塔刹由覆钵、仰钵七重相轮(现存六重)、宝顶、宝瓶组成,有六根垂链与六角相连。整塔塔体逐层收分,比例适度,有峻秀挺拔之感,是浙江省现存较少的宋塔典范之作。塔的各部分详述如下:

湖镇舍利塔近景

湖镇舍利塔远景

(一)塔基座

台基　即舍利寺院的正殿门口地坪,由于周围配殿、厢房等损毁严重,地坪面积不详。

基座　青砖实砌,六面形,直壁,每边长233厘米,高152厘米。地宫形制不明,未发现扰动痕迹。每面有清晚期的彩绘莲花图案。

(二)塔身

塔身为该塔的主体部分,六面形,七层,每层由平座、正身和腰檐组成。每层平座均为六边形,彩绘莲花图案。每层正身呈六边形,每面正中设有一壶门式佛龛,佛龛为矩形,上部两角为抹角,佛龛内供释迦牟尼佛像。佛龛两边有方形柱,转角处隐出八边形倚柱,柱头施转角铺作。每两倚柱间施阑额一道(第七层无阑额),用补间斗拱一朵。单拱四铺作。斗拱制作规整,卷刹皆为五瓣。泥道拱为抚壁拱上托素枋。令拱上托撩檐枋,两端逐渐升起,使各层腰檐檐口呈弧线状。腰檐用菱角牙子叠涩出檐,檐顶覆盖三合土,各角上悬挂铁铸风铎一只。每层平座、正身、腰檐等做法大致相同,只是尺寸略有不同。

第一层:层高4.60米。

平座:平面为六边形,每边长2.32米,高0.96米。

正身:平面呈六边形,每边长1.93米,高1.44米。佛龛长1.19米,宽0.42米,深度为0.43米。

两边方形襻柱,高1.13米,宽0.14米,把壁面分为三间,转角处隐出八边形倚柱,高1.34米,宽0.16米,柱间施阑额一道,高0.12米,阑额下边与壶门顶距为0.09米。

明间宽0.42米,中有一壶门佛龛,高1.13米,宽0.42米,深0.43米。

左右次间面宽为0.47米,地栿高0.12米。

腰檐:菱角牙子为六重。

第二层:层高3.35米。

平座:平面为六边形,每边长1.81米,高0.64米。

正身:平面呈六边形,每边长1.79米,高1.29米。佛龛长1.22米,宽0.40米,深度为0.43米。

两边有方形槏柱,高1.17米,宽0.13米,把壁面分为三间,转角处隐出八边形倚柱,高1.29米,宽0.16米,柱间施阑额一道,高0.12米,阑额下边与壶门顶距为0.07米。

明间宽0.40米,中有一壶门式佛龛,高1.22米,宽0.40米,深0.43米。

左右次间面宽为0.42米,地栿高0.22米。

腰檐:菱角牙子为五重。

第三层:层高3.26米。

平座:平面为六边形,每边长1.68米,高0.57米。

正身:平面呈六边形,每边长1.67米,高1.27米。佛龛长1.09米,宽0.41米,深度为0.43米。

两边有方形槏柱,高1.15米,宽0.13米,把壁面分为三间,转角处隐出八边形倚柱,高1.27米,宽0.16米,柱间施阑额一道,高0.12米,阑额下边与壶门顶距为0.06米。

明间宽0.41米,中有一壶门式佛龛,高1.09米,宽0.41米,深0.43米。

左右次间面宽为0.39米,地栿高0.23米。

腰檐:菱角牙子为五重。

第四层:层高2.86米。

平座:平面为六边形,每边长1.51米,高0.50米。

正身:平面呈六边形,每边长1.53米,高1.13米。佛龛长0.97米,宽0.38米,深度为0.41米。

两边有方形槏柱,高1.03米,宽0.13米,把壁面分为三间,转角处隐出八边形倚柱,高1.13米,宽0.14米,柱间施阑额一道,高0.10米,阑额下边与壶门顶距为0.06米。

明间宽0.38米,中有一壶门式佛龛,高0.97米,宽0.38米,深0.41米。

左右次间面宽为0.30米,地栿高0.14米。

腰檐:菱角牙子为四重。

第五层:层高2.80米。

平座：平面为六边形，每边长1.43米，高0.42米。

正身：平面呈六边形，每边长1.48米，高1.10米。每面正中设有一壶门式佛龛，佛龛为矩形，上部两角为抹角，佛龛长0.90米，宽0.38米，深度为0.41米。

两边有方形槏柱，高1.05米，宽0.12米，把壁面分为三间，转角处隐出八边形倚柱，高1.10米，宽0.14米，柱间施阑额一道，高0.10米，阑额下边与壶门顶距为0.10米。

明间宽0.38米，中有一壶门式佛龛，高0.90米，宽0.38米，深0.41米。

左右次间面宽为0.28米，地栿高0.18米。

腰檐：菱角牙子为四重。

第六层：层高2.65米。

平座：平面为六边形，每边长1.30米，高0.42米。彩绘莲花图案。

正身：平面呈六边形，每边长1.34米，高0.87米。佛龛长0.82米，宽0.35米，深度为0.39米。

两边有方形槏柱，高0.87米，宽0.10米，把壁面分为三间，转角处隐出八边形倚柱，高0.97米，宽0.12米，柱间施阑额一道，高0.10米，阑额下边与壶门顶距为0.05米。

明间宽0.35米，中有一壶门式佛龛，高0.82米，宽0.35米，深0.39米。

左右次间面宽为0.25米，地栿高0.17米。

腰檐：菱角牙子为四重。

第七层：层高2.34米。

平座：平面为六边形，每边长1.24米，高0.34米。

正身：平面呈六边形，每边长1.27米，高0.85米。佛龛长0.69米，宽0.39米，深度0.38米，壶门顶至素枋底为0.16米，无槏柱和阑额。

腰檐：菱角牙子为三重。

斗拱主要尺寸：

拱臂总长：34.5厘米；拱臂高：10厘米；厚：50厘米。

　　栌斗：宽14厘米；平部高：2厘米；欹部高：5厘米；下宽：10厘米。

　　齐心斗：宽8厘米；平部高：2厘米；欹部高：2厘米；下宽：6厘米。

　　小斗：宽7厘米；平部高：2厘米；欹部高：2厘米；下宽：5厘米。

（三）塔刹

　　塔刹总高491厘米，刹座砖砌，下半部为直圆桶形，中起向上内收，刹杆上依次套有铁铸莲花覆钵、瓜楞形宝球、莲花仰钵、七重镂花相轮（现存六只）和宝盖，刹顶为青铜宝瓶（葫芦状），有六根铁质垂链连接宝盖与六角。塔刹构件各部分尺寸如下表（单位：厘米）：

名称	覆钵	宝球	仰钵	相　　　　轮							宝盖	宝瓶	刹尖
				一	二	三	四	五	六	七			
高	26	19	25	10	10	10	10	10	10	/	12	50	75
直径	60	35	47	49.5	46	43	40	30	34	/	50	20 30	/

　　另外，在舍利塔北面尚保存有舍利塔院大殿的主体建筑，以明代风格为主，总面积约480平方米，一进五间，面阔22.34米，进深21.48米。20世纪五六十年代改建为粮库时，建筑屋面部分被降低，面貌改变较大，其余梁架保存完好。

三、艺术特色

（一）建筑艺术

　　舍利塔造型完美，是浙江北宋仿木砖塔较为突出的实例，保存状况良好，保留有丰富的建筑艺术信息。其外部结构完全仿造木楼阁式结构、斗拱、平座、壸门等一应俱全，而且相当精致，特别是灵巧的塔身，大弧度起翘的腰

覆钵、宝球、仰钵及宝盖

宝瓶及刹尖   相轮

檐，更给人一种玲珑俊巧、轻灵秀丽的感觉。斗拱的做法也十分细致，砖制的拱刹十分清晰。这为研究宋代木建筑斗拱做法提供了翔实的例子，极有研究价值。塔刹保存相当完好，有铁铸莲花覆钵、瓜楞形宝球、莲花仰钵及七重镂花相轮(现存六只)和宝盖，顶刹青铜宝瓶(葫芦状)上镌刻"大明嘉靖三十二年冬本寺僧周普满重修宝塔钱钡刊"字样。保存如此完好的塔刹，在浙江宋塔中并不多见。

(二)文物特色

佛像　原先在舍利塔佛龛中陈列的文物，现存的主要有莲花座青铜观音像、荷叶座青铜观音像、青铜方塔、莲花座青铜释迦牟尼像、无座青铜释迦牟尼像、青铜立像各1尊，还有青铜坐像3尊、清代汉白玉释迦牟尼佛9尊。青铜造像面庞丰润，容貌端庄秀美，神情慈爱祥和，佛像头顶肉髻，身材匀称，服饰的衣褶流畅，背光镂空，体态匀称，与现实生活中的人更较为接近，这与宋代

青铜释迦牟尼坐像

青铜龙女献珠像　　　　　　青铜观音像　　　　　　青铜方塔

铜佛最具艺术性、最富现实生活趣味相契合。因此，从风格上判断这些青铜造像应为宋代文物。

碑刻　清献公赵抃曾先后为舍利塔院和舍利塔撰文作记，并有碑刻。舍利塔院碑记全文如下：

夫源已深日加浚，根已固月加培。彼培浚千万人，一二人焉将堙筑拔绝，俾派涸枝槁，闭窒颠踣，吾不识其为可也。浮图氏法始汉明帝时入中国，荧荧乎魏晋，煌煌乎宋齐，恒赫炽炎乎梁、陈、周、隋之间。王公卿士上焉而倡导，豪贾大姓下焉而服从。父提子手不释不归，兄诏弟耳不佛不师。货贝玉帛怿乐弃施，肤发肢体无所爱吝。州供里养，家擎户愚。祈利益，怖罪苦，心诚力勤，一以宗乎其教，如趋市然。故金璧丹刻制，拟王者，不为之僭；炎而凉，寒而燠，鼓而食，不为之泰。唐高祖念其如是也，用傅奕益兵蓄生术，武德中将持断力行，会建成之变，禅代已书于中道。明皇开元初，宰相姚崇籍其徒无状者，发男女二万人。武宗听罗浮道士议，会昌五年，诏坏寺招提兰若合四万四千，还其人二十六万。宣宗即位，愤道士议者戮于市数人，遂复成树。逮巢贼兵火，五代乱离，既涸而浮，既窒而流,既槁而荣,既踣而兴,其何故哉?源素深,根素固也。国朝四圣,垂八十年,又日浚而月培之,今四海九州其居、其人之数,复不减于会昌前。于乎其盛矣乎!虽所谓一二人焉,其亦如之何哉?古太末之地有舍利塔院,年祀弥远,栋坏梁仆。邑人江延厚遽新其废,建释伽殿与其像,崇崇耽耽,轮奂繁靡。因而增葺之,曰法堂、曰方丈、曰门、曰廊、曰官院,无虑用四百万钱。起明道二年九月九日,迄庆历四年六月十九日。院成,明年十月十二日,始为记。

此文依原碑录入,原碑已断,但字尚完整,共十五行,行四十二字。款题"承奉郎守秘书丞会稽赵抃撰"。末题"嘉祐壬寅春三月,景寅京兆慎东美书"。嘉靖《衢州府志·隐逸传》:"慎伯筠,字东美,豪于诗有盛名,尝为韩琦所荐,与林逋俱至京师,有《东美诗集》。"

舍利塔院记撰于庆历五年(1045年),碑刻于嘉祐壬寅年即嘉祐七年(1062年),两者相距17年,不知何故。笔者推测,很可能是与嘉祐三年(1058年)赵清献公所撰的《新建舍利塔铭》一道刻就。

舍利塔铭碑,又称为"九支碑"(九之碑),清嘉庆间(1796—1820年)九支江氏从湖中打捞到,已断为三截。有人称之为"九支碑",意谓九支江氏捐资建塔院及塔,又由九支江氏从湖中获得;也有人称之为"九之碑",意谓碑中九个"之"字的写法殊为不同。不知哪种说法是正解,有待考证。

(三)文人诗篇

舍利塔院及舍利塔重建以后,历代均留下了著名的吟咏诗篇。最具代表性有南宋著名爱国诗人陆游和明代王守仁[1]的《舍利寺》,以及清代吴枫[2]的《次韵陆放翁舍利寺题壁》,现录之,均选自民国《龙游县志》:

---

〔1〕王守仁(1472年10月31日—1529年1月9日),字伯安,号阳明。浙江余姚人,明代著名思想家、文学家、哲学家和军事家,心学之集大成者,精通儒、释、道,与孔子、孟子、朱熹并称为孔、孟、朱、王。

〔2〕吴枫,清代,生卒事迹不详。

舍利寺

陆游

卧载篮舆黄叶村,疏钟隐隐隔溪闻。

清霜十里伴微月,断雁半行穿淡云。

去国不堪心破碎,平戎空有胆轮囷。

泗滨乐石应如旧,谁勒中原第一勋?

该诗原题为《夜行宿湖头寺》,湖头寺即舍利寺,第二句为"疏钟杳杳隔溪闻",可能是《龙游县志》编者略有改动,该诗作于何年不详。

舍利寺

王守仁

经行舍利寺,登眺几徘徊。

峡转滩声急,雨晴江雾开。

颠危知往事,飘泊长诗才。

一段沧洲兴,沙鸥莫浪猜。

所作年代不详,衢州龙游驿是阳明先生南行北返的必经之路,衢州知府李遂为阳明先生门人,曾于嘉靖十三年建衢麓讲舍,并分为龙游、水南及兰溪会,阳明先生也经常往来讲会,经常路过舍利寺,因此遣怀感兴。

次韵陆放翁舍利寺题壁

吴枫

只今古刹镇湖村,惟此名诗可洽闻。

溪籁已无声入梵,塔铃空有语凌云。

九支碑记几埋草,百亩田禾少贮囷。

最是放翁题壁句,曾为君国策奇勋。

该诗史料价值较高,记录了舍利塔的相关历史。"溪籁已无",自清康熙间,溪水不入白革湖,舟楫由此不通;"九支碑"指的就是舍利塔铭碑记;"百亩田禾省贮困",舍利寺中曾有僧田二百亩以供云游客僧,至作者当时疑已典出过半;"最是放翁题壁句,曾为君国策奇勋",引用陆游诗中"谁勒中原第一勋"句,以表怀念陆游之情。

千年史诗

——衢州城墙

　　城墙是中国城市文化的标志性建筑之一,衢州城墙也不例外。1994年1月4日,在国务院批准衢州为中国历史文化名城的批复简介中这样写道:"衢州,位于浙江省西部。东汉始为县治,唐至清历为州、路、府治。现存的城墙为明代所建,保存有城门、城垣和钟楼。清代所建的孔氏家庙为全国两个孔氏家庙之一,庙内存有唐代吴道子绘'先圣遗像碑'、明代'孔氏家庙'图碑刻等珍贵的

水亭门城楼外立面
夜景

文物。"可见,衢州城墙和孔氏家庙是衢州之所以能荣列国家级历史文化名城之榜的重要因素,可以说是衢州的两大镇城之宝。相对于孔氏家庙而言,从时间上来说,衢州城墙的历史则更为悠久,她与衢州城相伴相生,同呼吸共命运,千百年来,屡建屡毁,屡毁屡建,见证了衢州的发展历史,堪称衢州古城凝固的史诗。时至今日衢州仍保存6座城门,2 800多米城墙及遗址,还有格局完整的护城河和古钟楼,实属难能可贵。

一、历史沿革

衢州城墙究竟始建于何时,至今还是个未解之谜。但根据衢州城市发展历史,可以发现衢州城墙的发展脉络大致为:发端于汉,筑成于唐,成形于宋,定制于元明,完善于清,衰落于民国后,复兴于今。纵观历代衢州城墙的兴废,与各时期中央的执政理念密切相关,所以,衢州城墙的发展历史其实也是我国自汉以来历史的一个缩影。

(一)发端于汉

一般来说,封建社会的城墙总是在城市建立以后,出于军事、防洪等需要而修筑的。如果按照这样推理的话,衢州城墙始建年代当在东汉以后。东汉献帝初平三年(192年),于太末县(县治在今龙游境内)西部分设新安县,这是衢州古城建县之始,县治在峥嵘山(今府山)上。城墙在此时出现的可能性还是挺高的,原因有诸多。一是当时在此处设县及县治,说明这里的政治、经济、军事水平已发展到一定程度。二是东汉末年战乱频仍,城墙对保境安民非常重要。三是东汉时期,城墙的营造技术已较为成熟,郡县筑城已较为普遍。四是峥嵘山自西汉末年汉成帝年间(公元前32—前1年)柴宏屯兵于此,之后就一直是军事要塞。五是县治所在的峥嵘山完全符合城市选址的风水理念。古代城址的选择是非常讲究的,首先要立于"不倾之地,或大山之下,或广川之上",还要"池虽高,但不能缺少水源,有丰富的自然资源可资采取"。作为军事要地,更要易守难攻。峥嵘山四周地势低洼,山顶平旷,山势突兀,居高临下,水源不竭,据说柴宏屯兵时,为防止被围断水,曾令士兵在山上凿井汲水,人称

"蒙泉井",有专家称,直到20世纪末该井还保存完好。最为绝妙的是,峥嵘山的西南面还有一座形似龟状南北走向的"龟峰",作为天然屏障。在我国古代,把龟视为灵物,在筑城之前,往往用龟占卜,城市的形状也往往建成龟形,被称为"龟城",如春秋时伍子胥为吴筑阖闾大城,南宋平江城(苏州)都是"龟城"。所以峥嵘山无论从哪个方面来看,都是筑城的理想场所。但城墙究竟是在东汉设县治后短时期内就修筑了,还是在之后的三国、两晋、南北朝抑或隋唐等时期修筑,尚未发现相关史料记载和实物资料佐证,只能说东汉是衢州城墙的发端之始。

(二)唐筑子城

目前,学界比较公认的观点是,衢州城墙始筑于唐朝,但具体是在唐朝的什么时期,还没有定论。有人认为,是在唐初,也就是唐武德四年(621年)始设衢州州治的时候,依据是"尉迟敬德监造"城砖。民国《衢县志》卷三《建置志上·城池》记载:"今城唐砖犹有存者,上有尉迟敬德监造字,但不多得耳。"说明,衢州曾发现过"尉迟敬德监造"铭文城墙砖。民国《衢县志》中记载的清雍正元年(1723年)举人、世居衢州城区上街的修文书院主讲吴士纪《唐尉迟城砖歌》也作了印证:

> 三衢城阙高巍巍,崇墉始自李唐置。
> 当年监造者为谁?尉迟敬德上有字。
> 唐代遗砖终不磨,风雨剥蚀苔花紫。
> 沧桑今千有百载,字画隐隐可辨识。
> 如何新旧两书中,不见尉迟来此地。
> 遂令载籍失其传,古迹不入郡邑志。
> 反谓有宋高至临,只为青溪防乱事。
> 刺史署踞峥嵘巅,因之筑城凭濣水。
> 吁嗟乎!
> 斯砖足以证讹误,碻然大唐无疑义。

> 我为摩挲三太息,考古当不忘所自。
>
> 斯砖当为考古资,分明六字尉迟记。

但是,目前,除了以上民国《衢县志》中的记载和诗歌,并没有发现"尉迟敬德监造"城砖实物,只能从史书记载、文献资料等方面进行考证推测。

尉迟敬德,就是尉迟恭(585—658年),谥忠武,朔州人,唐朝开国名将。据记载,武德年间尉迟敬德驻兵江苏无锡,首筑无锡城墙;贞观年间,尉迟敬德创建安徽合肥城,在全国各地尉迟姓氏的宗祠中,挂有一些通用的对联,如"望出太原,源自鲜卑""如皋城筑,益州碑留"等,其中"如皋城筑",指的就是尉迟敬德建造江苏如皋城墙之事。可见他在建造城池方面确有非凡的功绩和深远的影响。但是,查考《唐书·尉迟敬德本传》,并未发现尉迟敬德曾到过衢州的记载,当然,也不能排除他确实来过衢州,而史书漏记的可能。但是,就算尉迟敬德曾经到过衢州,并且城墙是尉迟敬德监造的,"尉迟敬德监造"城砖出自尉迟敬德时期的可能性也是比较小的。因为,在唐初,全国各地的城墙以夯土墙为主,哪怕像唐代都城长安城都是泥土夯筑的,直到唐末五代时期,南方的一些大城市才用砖来筑城,如成都、苏州、福州。所以,衢州作为唐初才设州治的城市,在当时就用城砖筑城的可能性几乎为零。那么"尉迟敬德监造"城砖究竟是什么情况呢? 笔者推测有以下两种可能:

一种是尉迟敬德确实监造了衢州城墙,但当时是夯土墙,后人在修筑时,为了纪念他的始筑之功,而烧造了"尉迟敬德监造"城砖。如果是这种情况,那么城砖的具体烧造时间,在没有实物的情况下,比较难确定,但根据上述全国城墙的修筑情况判断,至早应该不会早于唐末。

一种是尉迟敬德并未监造过衢州城墙,而是后人修建城墙时,希望凭借尉迟敬德筑造城池的声望、吉祥避邪的神灵,而烧造了"尉迟敬德监造"的城砖,以祈求镇压邪魔、筑城平安、城墙稳固长存。这种可能性比较大,咸淳《临安志》《太平寰宇记》都提到衢州人特别信奉鬼神、迷信阴阳,鬼神之说深入人心。如果是这种情况的话,城砖烧造的时间可能在元明时期或之后。因为,在元明时期,随着杂剧和评话艺人对隋唐历史的演义和传播,尉迟敬德、秦叔宝"门神故事"才逐渐深入人心,成为民间公认的"门神"。

衢州城墙究竟是否筑于唐武德年间,是否尉迟敬德监造,现还是未解之谜。但无论如何,至迟在唐宪宗元和年间衢州已筑有城墙,这一点是毋庸置疑的。《新唐书·五行志》载:"宪宗元和十一年(816年)五月,衢州山水害稼,深三尺,毁州郭,溺死百余人。""有郭必有城,城郭相依。"说明在这之前,也就是说至迟在816年,衢州已筑有城墙。至于当时城墙的规模,在弘治《衢州府志》中有一篇唐会昌辛酉年(841年),衢州刺史崔耿撰写的《东武楼记》(民国《衢县志》引为《女楼记》),其中第一句写道:"衢之城,成于龟山峥嵘岭上",可知衢州城墙在当时还是围绕龟峰山、峥嵘岭而建的子城,主要保护建在山上的州署。东武楼是州署西北角的一座楼,原名女楼,"木蠹而倾,已无复有","难加补葺,乃重作之"。崔耿便在原址重建了一座新楼,因为他是"清河东武城人"(今河北清河县东北),遂以"东武楼"命名。东武楼的位置景致极佳,"有山在前,有水在下","一邑风景,万井人烟",尽收眼底,"春日暖而花含笑,夏风清而檐度凉,秋气澄明而虑澹,冬景昽通而望远……"子城所在的州署景致由此可见一斑。这是目前发现的第一篇提到衢州"城"的文献资料。更早的像"初唐四杰"之一的杨炯(650—695年),曾在衢州盈川县(县治在今衢江区高家镇)任县令三年(692—695年),明万历中龙游儒商童佩曾编《盈川集》十卷附录一卷所收录的诗文中,没有找到任何与衢州城墙有关的只言片语。还有像唐代著名诗人白居易、孟郊等,都写有较多关于衢州的诗文,但均未见提及衢州城墙的内容,是当时尚无城墙,还是已有夯土墙,但无法登临驰目,未引起诗人关注,现不得而知。

(三)五代修城

据《十国春秋·吴越·陈璋传》载:"武肃王命璋城衢州,赉图献王,王视西门樟树,谓左右:'此树不入城,陈璋当非吾所蓄。'"由此可见,陈璋在衢州任内(901—906年)修建过城墙。从这段记载可以推测城墙修建的情况大概有这么三种情形。一种是修复城墙。就是在原城墙的基础上进行修补和完善。正如民国《衢县志》所言："然'城'之云者，亦多因其旧而缮完之也。"一种是新建城墙。就是原城墙已基本不存，陈璋重新修建，这种可能性比较小，因为尽管衢州割据势力更迭，但多是弃城出逃或不战而降，子城城墙并没有遭受过毁灭性的破坏。还有一种是扩建城墙。陈璋在衢州子城之外修筑了衢州罗城。衢州子城以护卫龟峰、峥嵘一带的官署为主，经过唐朝的发展，子城之外的人口不断集聚、经济不断发展。从唐朝中后期开始，各州级城市已普遍开始在子城之外建造罗城，保护在子城外的大量人口。所以，陈璋修筑衢州罗城，以便在战乱中保存实力，长期割据，这在当时是一种普遍的做法，并不是不可能的事，而且从军事割据的需要来看，这一可能性是极大的。

（四）宋代修建

1. 宋初拆城

宋统一全国后，为防止各地筑城自守、武装割据，宋初政府实行重文轻武政策，收兵权，废武备，甚至下令拆毁江南地区的城墙。《宋史·王禹偁传》："自五季乱离，各据城垒，豆分瓜剖，七十余年。太祖、太宗，削平僭伪，天下一家。当时议者，乃令江淮诸郡毁城隍、收甲兵、撤武备者，二十余年。"北宋朝廷一直奉行不鼓励筑造城墙的消极政策，而且对修城的官员不仅不表彰，反而予以重罚，"城壁守具率皆不治，循习既久，往往以修城壁为生事，建议官吏反受罪责……连南夫以修泉州城委官体究；裴廪以修衡州城重加贬黜……州郡望风畏缩，无敢复议修城者"。至于衢州子城城墙在何时拆毁，至今未发现实物和记载，但从北宋末年蔡襄（1012—1067年）在《乞相度开修城池》中所记载的福州城墙可知一二："自太平兴国中归纳疆土，后壖毁城池，至今四围城墙只高三五尺，可以遮闭牛羊，至于私商小儿皆可踰越。"福州与衢州相隔不远，至北宋末年，衢州城墙"州人谓先止土墙"，因此，衢州城墙估计也在北宋初年就已被拆毁。也许正因为这个原因，在北宋末年之前的衢州文化名人的诗文作品中，均未提及衢州城墙。像官至参知政事（副宰相）的名臣赵抃（1008—1084年），是西安县人（今柯城区，衢州州治所在地），他归隐的住所与峥嵘山近在咫尺。在10卷《清献集》收录的700多篇诗文中，有众多写衢州本地人文自然景观的,像烂柯山、白云庵、龟峰群峰亭等,却唯独不见衢州城墙。

2.宣和建城

北宋宣和二年(1120年)十月,睦州人方腊在安徽歙县举兵起义。《东都事略》:"方腊陷睦、歙、杭,而衢介于三郡之间,贼势张甚,兵力寡弱,众皆奔溃,汝方与郡僚段处约守孤城,城陷,骂贼而死。"衢州知州彭汝方殉职。宣和三年(1121年),高至临接任衢州知州,新建了衢州城墙。据《宋会要辑稿·方域八》记载:"宣和三年闰五月八日,江浙淮南等路宣抚司奏:'浙江被贼六州,睦、歙、杭、衢、婺、处曾经焚劫,秀、越二州经贼围闭。臣勘会秀、越二州昨因凶贼初犯睦、杭州之后,逐州补充城壁,粗可守御。歙州原无城壁,睦州系就旧基,并合创筑城池,虽目今事力未完,缘逐州首被贼扰,居民若无城壁,无缘安居,须着先次筑城。杭州城基四十余里,地步太宽,若全修旧城,不惟目前费功,异日亦难守御。如未修城,民户未尽安乐,不免就其形势缩减,因旧日修完,如此省功,民情乐为。已行下歙、睦州、杭州,依此修筑外,有衢、婺、处州,臣闻皆有旧城,内婺州城内官私舍屋全不经焚烧,衢、处城郭被烧至多,其城各可以因旧增葺。臣闻完城壁,浚池壕,备贼寇,州郡之常事,但东南久不用兵,官司懈弛,是致一日贼发,人不安居。今措置江浙不以曾未修筑城池,如自来未曾招置壮城人兵去处,帅府以三百人、节镇以二百人、支郡以一百人为额,专一修浚城池,不得别兼他役,庶几日久不致颓圮。'诏杭州、江宁府城壁并因旧修完,不得减缩,余依宣抚司措置到事理施行。"从这段记载可见,当时,因方腊之乱,浙江各地掀起一次筑城高潮,衢州在此之前,曾有旧城,但未见修建时间、规模的相关记载,此次筑城,是现存史料中有明确修建时间、规模记载的最早的一次,现存弘治《衢州府志》卷一《城池篇》:"旧经云:宋宣和睦寇方腊陷衢,守高至临始筑□城,后频有盗警,州赖以完。……□至临宣和三年始筑之,高一丈六尺五寸,广一丈一尺,周回四千五十步。为六门,门之上各建楼。城之外三□浚壕,西阻溪。"以宋代的计量单位来换算,据《中国历代度量衡考》通过存世实物尺考证,宋时官方通行的尺度一尺为31.6厘米,一丈为10尺,一步为6尺,但是,除了官方统一制造的尺以外,各地区还根据自己的需要制造了可在地方上通行的尺子。浙尺的一尺约为27.5厘米,按这样计算,则城墙周长约为6 683米,则城墙高约为4.54米,宽约为3.03米。共辟有6座城门,每座城门上都建了城楼。并在东、北、南三面城墙之外,修建了护城河,形成了较完整的环城水系。此次筑城因规定不得在旧城规模上缩减,所以应该是衢州有史以来至宣和年间规模最大的一次。

重建后的衢州城墙,规模宏大,既成为保境安民、防洪御敌的巨大屏障,也成为人们登临远眺的绝佳去处。宋代衢州开化人程俱[1]曾于绍兴七年(1137年)、八年(1138年)留下了两篇登城观景的优美诗篇:

丁巳九日携酒要叔问登通道门楼,而江彦文寄玉友适至,因用己未岁吴下九日诗韵作

凉秋风物正清华,极目高楼不见花。

老境固知无乐事,醉乡聊欲寄生涯。

银钩远寄清桐滑,玉液亲题赤印斜。

笑引壶觞成一醉,歌筵遥想髻堆鸦。

戊午岁九日复与叔问登城楼,再用前韵作

兀坐空哦服九华,衰颜深觉负黄花。

但令无事长相见,敢叹百年生有涯。

雉堞晓登千嶂抱,縠波秋净一溪斜。

归来更展新诗卷,醉墨淋漓似老鸦。

---

[1] 程俱(1078—1144年),衢州开化北源人,字致道,号北山,程宿曾孙。宋绍圣四年(1097年)以祖荫任苏州吴江县主簿,后历任泗州临淮知县、秀州知府、中书舍人兼侍讲、提举江州太平观等职。为人天性伉直,善诗文,为文典雅宏奥。著有《北山小集》《北山律式》《麟台故事》等书。

3. 南宋修城

北宋宣和三年(1121年)衢州城墙重建后,对抵御外敌入侵起到很好的防卫作用,在之后整个南宋时期的历次战事中,发挥了积极的作用。建炎三年(1129年)衢州知州胡唐老守城击退苗傅、刘正彦叛兵;绍兴五年(1135年)衢州芝溪起义军夜袭衢州城败退;绍兴二十四年(1154年)衢州俞七、俞八起义军围攻衢州城失败。虽然经历了数次战事,但多因攻守双方力量悬殊,持续时间短,所以对衢州城墙的破坏并不大。衢州城墙挡得住人祸,却躲不过天灾,屡屡遭受洪水的冲刷,但不管是天灾还是人祸,终究敌不过衢州官民的群策群力。

在整个南宋时期,衢州城墙一直与"大水"作斗争,城墙屡毁屡修,有据可查的城墙修复共有五次。

第一次是在宋绍兴十四年(1144年),《宋史·高宗纪》:"严、信、衢、建四州水",这一年严州、信州、衢州、建州大水,冲毁了部分城墙,郡守林待聘主持修筑,百姓"助役"。

第二次是宋嘉定三年(1210年)修城。这是南宋六次修城中,规模最大,记载最为详尽的一次。自绍兴十四年(1144年)修城后的66年间,史料没有修城记载,但是其间洪水记载有:乾道四年(1168年)大水;淳熙六年(1179年)积雨成灾;庆元五年(1199年)连雨三个月,淹没民房;庆元六年(1200年)衢州、严州、婺州又发洪水,淹没民房农田;嘉定三年(1210年)五月,衢州、严州、婺州、徽州一带连日大暴雨,引发大洪水,共5次。在这5次水灾中,大面积坍塌的有两次,乾道四年塌了"三百余丈",到嘉定三年已经塌了"几五分之一"。时任衢州知州的孙子直以"儒雅平易治衢",但不得已,也要"略用严峻",想方设法,实施衢州城墙修复工程。共修复城墙"几五千三十有二尺",按1尺为今27.5厘米计算,约为1 384米,按照上文"几五分之一"计算,则当时城墙的长度约为6 919米,与宣和年间的长度6 683米相差不大,还是比较吻合的。除修筑城墙外,对日嫌狭小的城门也进行了整修,"礼贤特甚,因撤广之",将礼贤门(即大南门)进行了扩建。通过"济贷于朝""并丐僧牒"等方式筹集到铜钱2.258万余贯,楮币(纸币)为铜钱的一半,约1.1万贯,粮食1 320石(每石为60公斤)。修复后的衢州城墙"楼堞相辉,视昔增壮"。就在这一年,孙子直被调往他处任职,还有城面没来得及修复,第二年(嘉定四年)春,接任衢州知州的綦奎完成了城面的重修。这次城面重修,很可能就将原来的夯土城面改用城砖包砌了,因为,宋元以来,全国主要城市都采取用砖建城墙的方法,衢州无论是从军事还是防洪来说,都属重要城市。在后来的城墙考古发掘中,曾发现嘉定三年铭文城砖,也证实了城面已部分或全部用砖包砌。在之后的史料记载中,未发现城墙有大面积被洪水冲毁的记载,也从侧面证实了重修后的城墙应为砖墙。

第三次是嘉定十一年(1218年),衢州知州魏豹文重建了六座城门上的城楼。

第四次是宝祐初修城。淳祐十二年(1252年)六月,民国《衢县志》:"衢大水,漂室庐,死者以万数",衢州知州辞官逃离。"朝廷择守,属孙子秀行。"浙江越州余姚人孙子秀由庆元府通判调任衢州知州。据《宋史·孙子秀传》记载,"水潦所及,则为治桥梁,修堰闸,补城壁,浚水原,助葺民庐"。孙子秀于宝祐初,对受损的衢州城墙进行了修缮,具体修缮规模没有记载。

第五次是开庆元年(1259年)修缮城墙。在大南门维修过程中,曾发现许多开庆元年铭文砖,可知当年曾修缮过城墙,而且规模不小。

(五)元代重建

元朝用武力统一了中国以后,为防止地方割据,在对待城墙的态度上与北宋初期如出一辙,下令拆毁城墙,并严禁重修,"元混一海宇,凡诸郡之有城郭皆撤而去之","元定江南,凡城池悉命湮毁"。但元代中后期,各地因城墙拆毁而被起义军轻易攻占。至元顺帝统治时期,又不得不"诏天下完城郭",下令各地重建城墙以自保。根据考古发掘和文献记载显示,元代衢州城墙修建主要有两次。

第一次是至大四年(1311年)。2000年,衢州城墙大南门段考古发掘中,曾发现有"弟陈嗣宗……至大辛亥(1311年)"等字的铭文砖。陈嗣宗是元代的一个大商人,据《万川陈氏家谱》载,陈氏始祖陈康诚偕儿子随宋室南迁,后定居柯城区航埠镇万川村。到四世孙陈庆甫（字嗣宗）的时候，万川陈氏已成为衢州巨富，城内商店货栈连城。陈庆甫专营进出口贸易，常率舰队从泉州通商海外。至元年间，他曾在福建泉州捐资修建洛阳桥。据说，这次修建衢州城墙他捐银5万两，当时有一半城墙的修复是靠他财力支持，因此人称"陈半州"。至于这次修城的规模，未见任何记载。

第二次是至正年间（1341—1368年）。自上一次至大四年（1311年）修建城墙以来，到至正十三年（1353年）衢州又先后经历了泰定四年（1327年）、至顺元年（1330年）、至元六年（1340年）、至正四年（1344年）、至正十二年（1352年）五次洪灾，城墙受到了不同程度的破坏，加上军事的需要，城墙维修迫在眉睫。至正年间衢州达鲁花赤伯颜忽都主持修建了城墙。在城墙考古发掘中，曾发现题有"至正十三年三月十一日念了然题"和"常山县修造城砖至正十三年癸巳太岁三月吉日匠人李福二监"字样的铭文砖。说明至正十三年（1353年）对城墙进行了修筑。民国《衢县志》记载："元至正间，监郡伯颜忽都因子城旧址（在郡之东）筑新城，周回九里三十步，又于迎和、通仙、光远、拱辰四门外包以月城，复建层楼于各门之上。"元代的1尺约为今37.4厘米，1里为1500尺，1步为6尺，按此计算，此次新筑城墙全长约为5116米。这与宣和年间重建衢州城墙周长6919米相去甚远。但从"因子城旧址（在郡之东）筑新城"句推测，此次筑城很可能是在原有城墙基础上的一次缩减新建工程，之后的城墙基本上是在此基础上的修缮，城墙的总长5116米与之后明代崇祯年间修复后城墙长度在4800—5280米是吻合的，同时，在迎和门（东门）、通仙门（小南门）、光远门（大南门）、拱辰门（北门）四座城门之外，增建了瓮城，这是衢州城墙修建瓮城之始，并在各座城门上重建了城楼。现存衢州城墙定制于元代此次重建的可能性比较大。

（六）明代修城

明代初期，朱元璋对待城墙的态度与宋、元初期截然相反，他接受了学士朱升"高筑墙，广积粮，缓称王"的建议，下令在全国大小城市大范围修建城墙。现存世界上最大规模的明代城墙——南京城墙，就是朱元璋修筑的第一座城墙,自1366年开工,到1386年竣工,历时21年。明代时期城墙建设逐渐走向成熟,其显著特点是:马面、女儿墙、角楼、垛墙、敌楼、箭楼、城楼、吊桥、瓮城等城墙上的附属军事设施,几乎已成"标配",并普遍用砖砌墙面。衢州城墙明代共经历了七次不同程度的修建。

第一次是元末明初衢州知府王恺对衢州城墙进行了修复,并疏通了护城河,具体时间、规模不详。

第二次是洪武四年(1371年),黄冈人黄奭出任衢州知府,对衢州城墙进行修补增建,对毁坏的月城、城楼进行了重建,具体规模不详。

第三次是弘治十二年(1499年),从史料记载来看,此次修复距上次修复已有128年。其间,衢州经历了五次水灾。永乐十四年(1416年),衢州等七府洪水暴涨,冲毁城垣房屋,溺死人畜不计其数;正统五年(1440年),久雨不止,江河泛滥;成化九年(1473年),又涨大水,"舟可入市";弘治三年(1490年)、弘治十二年(1499年)均大水,"坏民田庐"。特别是修复当年的这一场洪水,刚好发生在苏州人沈杰任衢州知府的第二年,沈杰便立即启动了城墙修建和护城河疏浚工程。重点是恢复衢州城墙内外水系。同时,对衢州城墙进行了修建,不仅修补了雉堞,而且重建了窝铺、箭楼。

第四次是嘉靖三十九年(1560年),新任衢州知府杨准在上任的第二年对城墙进行了修复,并重新开通了部分被埋没的内河,即后人所称的"杨公河"。此次修城最主要的目的是为了抵御矿贼、匪寇的侵扰。嘉靖年间来自徽州(今安徽)、处州(今丽水)的矿贼聚众盗掘现象高发,屡禁不止。嘉靖三十九年(1560年),衢州铜山矿(今衢江区太真乡银坑村一带)遭到严重盗掘,朝廷派兵驱散后不久又聚集而来。知府杨准不得已调集了所辖五县的兵力,对其进行驱逐。之后报请上级要求在衢州府设兵营,从那以后,才得以平息。

第五次是万历三十八年至四十四年间(1610—1616年),衢州知府洪纤若重建了被火烧毁的朝京门城楼。

第六次是天启二年(1622年),衢州知府林应翔重建了倒塌的拱辰门城楼。

第七次是崇祯十三年(1640年)八月至次年六月,历时8个月之久。衢州

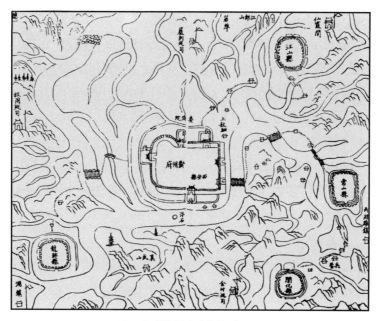

明天启《衢州府志》衢地总图

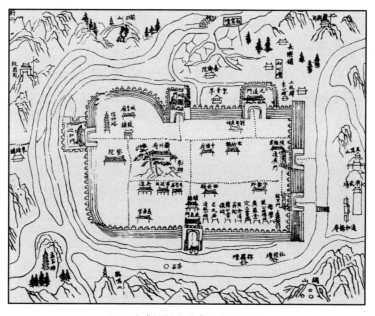

明天启《衢州府志》衢州郡治图

知府张文达对城墙进行了一次大规模的修建,并亲自撰写了《重修郡城记》。因为崇祯帝颁布了"修练储备"政令,知府张文达遂以修城为"首务"。这次修城共计花费二千三百九十余两白银,"庳者增之,坏者新之,阙者补之,不谐颁式者革之、易之",修复后的城墙,"城址以里计者凡十里有奇焉,(高)以尺计者凡二十有五,其新加者或七尺或九尺,而三尺则无间焉。谯楼六修,竖凡五改。建窝铺凡四十有三,并造女墙凡二千四百二十有五,增设磴门凡六"。明代1尺的长度有三种不同规格,营造尺为今32厘米,量地尺为32.6厘米,裁衣尺为34厘米,一般按营造尺计算,则城墙高为8米。城墙长度因表述比较含糊,较难确定,"十里有奇",有人认为是十几里,笔者认为可能性不大,按照表述习惯,如是十几里,当表述为"十余里",所以当为十里多,但不足十一里,这样的话,按照1里为1 500尺计算,城墙的长度约为4 800—5 280米。女墙长度碑记中缺少计量单位,如以尺、步、丈三种单位来换算,长度情况为:以尺为单位,则长约776米;以步为单位,则长约4 656米;以丈为单位,则长约7 760米,超过了城墙的总长度,这种可能性可以排除。此次修复是衢州城墙历史上最后一次大规模的修复,自此以后都是在此基础上的局部维修。

(七)清代修城

整个清代,自始至终都十分重视各地城墙的修建,对城墙进行修缮成为各地一项必不可少的重要职责。清王朝也多次颁布政令,要求加强城墙维修维护,如康熙"十五年,提准,城池不豫先修理,以致倾圮者,罚俸六月";"雍正五年,议准,令各省督抚查所属各处城垣,如微有坍塌,令地方官及时修补。如漫不经心,以致坍塌过多,即行参奏";"乾隆元年,覆准,各处城垣,遇有微小坍塌,令地方官于农隙时修补。如有任其坍塌者,即行参奏"。衢州当地政府曾一度把城墙维修经费纳入杂办项下作为田税征收项目之一,每年征收料银9两。

清朝对城墙的修缮除意外失火烧毁城楼而重建外,均是及时的小修小补和对护城河道的清淤疏通,规模小,但次数多,修缮记录见于史料的有26次。

主要有顺治年间2次修城、康乾盛世年间12次修城、嘉庆至清末12次修

城。其中维修规模比较大的有:

康熙二年(1663年),继明万历之后,朝京门城楼第二次被烧毁,西安知县李忱于当年重建了城楼。

康熙十八年(1679年),浙江总督李之芳修建了受损较严重的西、南两边城楼和女墙。

康熙二十五年(1686年),洪水冲毁北门吊桥(拱辰桥)、小南门吊桥(通仙桥),大中祥符寺僧人释元明募资重修了北门吊桥,小南门吊桥则改以魁星石闸替代。

康熙四十八年(1709年),因前一年遭受洪水冲击,衢州知府杨廷望修缮城墙,在水门建立栅栏。

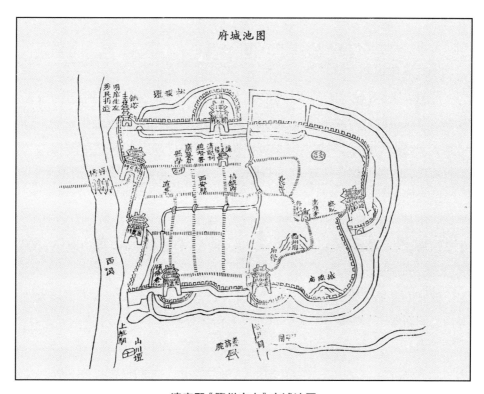

清康熙《衢州府志》府城池图

嘉庆八年十月至十年十月（1803—1805年），衢州知府朱理、西安知县刘炳重建六座城门的城楼，并用砖石修补加固了城墙，在现存的城墙上，还可发现大量"嘉庆捌年郑安邦捐"的铭文城砖。

咸丰年间（1851—1861年）修城，并由各县分别承担，如今城墙墙面上，还能看到各县的铭文城砖。

光绪十七年（1891年），西安知县徐懋简对城墙进行了修筑，并应衢州绅士、百姓之请，筹资2 400多缗，于五月至十一月，重建了同治十一年（1872年）冬因水亭街民房起火而烧毁的水亭门城楼。

光绪二十五年（1899年），修造东门城楼。

光绪二十八年（1902年），水亭门城楼再次毁于火灾。因"时值匪蹿后，风鹤之警，尚在人心"，衢州总兵方友升为了加强衢州城防力量，对城墙进行了修缮。

光绪二十九年（1903年），修造大南门城楼。

（八）民国以来

民国以来，对城墙的保留与拆除问题，存在较大的分歧，特别是中华民国首都南京城墙的去留问题争论最为激烈，最后保留派和拆除派互相让步，以拆三分之一、保三分之二结束。其他城市城墙的去留，则由主政者各自决定。衢州城墙在民国时期既有修复，也有拆除，还遭到严重的破坏，最后残存下来。

民国四年（1915年）五月，衢州遭遇大水灾，西门德平坝被冲毁，桥梁多被毁坏。衢县知事桂铸西对衢州城墙进行了修缮，发现有数量不少的民国四年铭文城砖。十一年（1922年）六月，再遭大洪灾。十三年（1924年）夏季，又遇洪水，衢州城墙西北角铁塔下数十丈墙体坍塌。

据1994年版《衢州市志》记载，民国二十一年（1932年），在衢州城墙大、小南门之间新辟了"新城门"，在西北角通和浮桥处新开了"西安门"。但是对照民国二十五年（1936年）二月实测的《衢县城厢图》，图中尚无此两门。笔者对这两种情况进行了考证，但未找到其他相关的实物和史料以确定确切时间，存疑待考。结合城市建设的需要推测，开辟时间最迟应该不晚于1937年9月浙赣

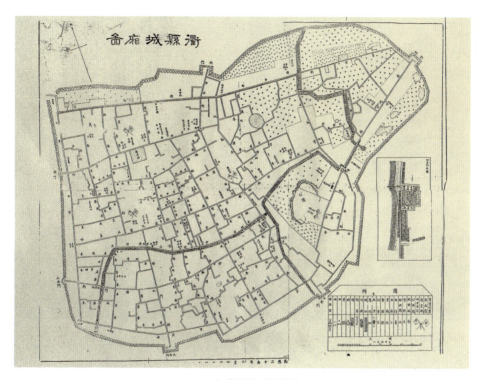

1936年《衢县城厢图》

铁路正式建成通车时。

抗日战争期间城墙遭受严重破坏。民国三十年（1941年），拆除部分城墙，城砖用于扩建衢州机场；民国三十一年（1942年）与三十三年（1944年）日寇先后两次攻占衢州城，城墙在战争中遭到严重损毁，各个瓮城均被毁坏。在整个抗战时期，衢州城被日寇多次轰炸，城墙多处被挖空作为防空洞，有的防空洞又因遭受轰炸而致墙体坍塌。民国三十六年（1947年），又拆除部分城墙，城砖用于建造中正堂。另外，在此期间，衢州城墙大南门城楼因乞丐烤火不慎失火被烧毁。

中华人民共和国成立后至改革开放初期是城墙遭毁灭性破坏的时期。中华人民共和国成立之初，掀起了一波城市建设高潮，城市建设步伐加快，但资源紧缺，城砖便成了人们搭屋建厂的好材料。加上处于和平时期，城墙的防

1942年6月7日,日军河野旅团攻入衢州城　　　　　**日军侵入衢州城**

御功能已逐渐弱化,失去了实用价值,反倒成了阻碍交通和城市发展的绊脚石。因此,这一时期单位、个人拆砖建房建厂,挖土种菜植树的现象比比皆是。1950年,西安门城墙被拆;小西门城砖被拆;1956年,北门被拆除。此后,在中央"深挖洞、广集粮"的号召下,城墙多处被挖成了防空洞,有的因缺乏维护管理而坍塌。

衢州市政府并不是坐视不管,而是态度鲜明地多次下令禁止拆挖城墙。如1950年3月,衢州市人民政府作出规定:西面城墙绝不得拆用;对城脚之农作物应严加爱护;各城门左右五丈以内不得拆用等。1953年12月,衢县城区人民政府又下发通告:不得擅自挖掘城墙砖或城墙上的泥土;不得在小西门外、洪山坝一带挑取黄沙、石块作为基建材料,以保证西门外道路安全;不得至小西门外通广路路面下挖掘黄泥,以保路基坚固。1956年,衢县城区人民政府还曾对部分倒塌城墙进行修筑加固。1970年12月,衢县革命委员会印发了《关于加强城关镇城墙维护管理的通知》,禁止擅自拆砖盗用、挖泥取土、开荒扩

1959年《衢县城区图》

种；要求涉及城墙的防空工事要加固防塌，对屡教不改、蓄意破坏者进行劝阻处理等。

但是，在当时的历史环境下，政令并未得到很好的贯彻落实，破坏城墙事件屡屡发生。直到改革开放初期，1981年，仍有因拓建城市而拆除城墙的情况发生。至此，衢州城墙除大西门、大南门和小南门及东、北面部分墙体以外，其余几乎损毁殆尽。

改革开放以来，文化遗产保护越来越受到重视，人们对衢州城墙的认识也逐渐发生了转变，从原来注重实用价值转变为关注其历史价值、文化价值和科学价值。1982年4月25日，衢州市人民政府公布"衢州古城门"（含大西门、大南门、柯山门和钟楼）为市级文物保护单位，将衢州城墙纳入了法律保护的范畴，保护成为必须依法履行的职责。

大西门南侧城墙清理前原貌

从此以后,衢州城墙保护修缮越来越频繁:

1986年,加固维修水亭门、大南门;

1989年,被浙江省政府公布为浙江省重点文物保护单位;

1994年,加固维修水亭门城台;

1998年,完成水亭门南北两侧城墙修复;

1999年,复建水亭门城楼;

2000年,修复小南门;

2001年,修复大南门及其瓮城;

2006年,修复小西门与西安门;5月25日被国务院公布为第六批全国重点文物保护单位;

2015年,启动北段城墙修复工程。

二、城池布局

早在春秋战国时期的《考工记》中就有专门讲述当时城池布局内容,后来被纳入《周礼》:"匠人营国,方九里,旁三门。国中九经九纬,经涂九轨。左祖右社,面朝后市,市朝一夫。"可以看出,古代一般将城池设计成周长九里的正方形,每边各开三门,城内纵横九条街道,城池中间是宫城,既体现以统治者为中心,也更为安全,宫城左右两边分别是祭祀祖先和社稷神的庙宇。《周礼》确立的这个城市布局原则,成为中国古代都城及府州县城规划布局的基本原则和标准。无论是考古发掘的古城遗址还是现存的古城建筑,绝大部分都是方形城池,可见其布局思想影响之深远,衢州城墙也不例外。

(一)城墙布局

1. **平面布局** 据现存明天启、清康熙、嘉庆年间和民国二十五年四个不同时期的城池图相比较,越早的城池形状越规整。天启年间的城池图最接近长方形,东、西两边略短,南、北两边略长,除东门和小南门之间及东北角的城墙为弧形以外,其余部分均为直角和直线。后来几个时期的城墙因不断修补,四面墙体出现越来越多的弧线和折线,至民国时期,城墙东南角大幅内收,城墙平面更接近于一个头朝东的"龟形"。

2. **城墙周长** 自北宋宣和年间重建以来至民国二十五年止,城墙的周长因历次维修有增有减,不断变化。大致为北宋宣和三年(1121年)重建时,因当时规定不得在原城池上缩减,所以估计是进行了扩建,总长约为6 683米;南宋嘉定四年(1211年)修复后,对原城墙进行修补完善,约为6 919米;元至正十三年(1353年)新建后约为5 116米;明代崇祯十四年(1641年)修复后在4 800—5 280米之间;民国二十五年,根据当时实测的《衢县城厢图》进行测量换算,约为5 600米。

3. **城门布局** 城门的数量,自北宋宣和以来至民国二十五年均未发生变化,共有6座城门,东、北两面各1座,西、南两面各2座。城门的位置,明天启以前的城门位置因缺少图片和相关史料较难考证,自明天启以来,均未发生变化。每座城门基本上处于各边墙体的等分线上,也就是说,东门与北门基本上分别位于东面、北面墙体的中间位置,而大、小南门与大、小西门则基本上刚好分别把南面、西面墙体分为长度大致相当的三段。城门之间没有互相正对的,

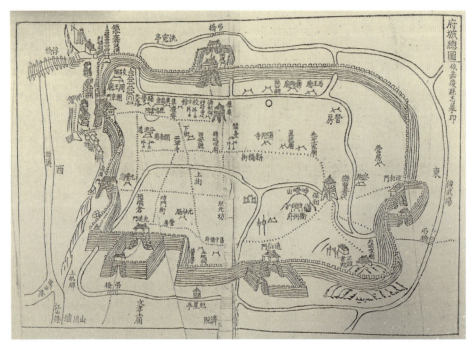

依嘉庆《西安县志》摹印衢州府城总图

清嘉庆《西安县志》水门布局图

"城门不相对"可防止敌军攻进城内后长驱直入，有利于防守。府衙位于城内中心略偏东的位置，与《周礼》中宫城布局原则也是相吻合的。

4. 城河布局　城河分内河和外河。外河即护城河，又称城濠。衢州城墙的护城河为环形格局，东、南、北三面为人工开掘与自然水流相结合的一个圆环状水系，西面则依凭直线形的天堑衢江，共同构成完整的护城河体系。内河水系通过城南水门由南护城河入城，经城内

大南门城墙及护城河全景

东河、西河后，从城北水门出城，汇入北护城河，最后流入衢江。考明天启、清康熙和嘉庆及民国时期城池图，可知，城南水门一直是两个，一个为大南门西水门，位于大南门西侧，近城墙西南角处，一个为大南门东水门，位于大南门东侧小南门西侧。城北水门在明天启年间时为一个，即位于西北角文昌阁、铁塔附近的西水门。最迟在清康熙时，又新增了两个，一个为北门东侧的正北水门，一个为北门东边马王庙一带的东北水门。城东水门在嘉庆城池图中才出现，说明是在康熙末年至嘉庆中期之间新增的，即位于东门南侧的东水门。内河主要有东河、西河，后又增了新河。到民国时内河水系大多被改为道路，水门随之废弃不用。

5. **钟鼓楼布局** 绝大多数中国古代城市都设有钟楼、鼓楼，或钟鼓楼同时兼备。"夫国家之畔有郡县也，外则缮治城隍以正疆域，内则建设钟鼓以警晨昏，严守望，非为观美也，凡以卫民焉耳。"可见，建设钟鼓楼与修建城墙一样，是为警报与防卫之需。钟鼓楼一般都坐落在城市的中心位置，城门、主要干道和钟鼓楼连通。衢州的钟鼓楼也是一样。钟楼坐落在城东北角,与北门正对,钟楼下道路四通八达;鼓楼位于城东南角,在府治东南面200余米处,高20余米,可望十里。钟鼓楼以府衙为中心,南北相对,自明万历年间并建以来,位置一直未变,平时各司晨昏,兼报火警,战时可登高观察敌情。

三、城池构造

自明代以来,城墙的筑造已臻成熟完善,城门、城楼、瓮城、城墙、护城河、吊桥等一应俱全,现将衢州城墙现存的和文献中有记载的构成部分作一简要介绍。

(一)城门

城门是连接城内外的出入通道,古代中国城池城门的数量、形制、名称及做法,既有全国较为统一的"模式",又有地方各自的一些特色。

1. **城门数量** 中国古代城池,城门数量的多少是根据城的大小、城墙的长度,城市的行政等级来决定,一般就算最小的城也都会在东南西北城墙正中各开一座城门,但也有特例,仅有两个城门的。城门多的则达十多个,像元大都城墙有11个城门,明代南京城墙有13个城门。衢州城墙自北宋宣和三年(1211年)重建,辟为6座城门以来,直到民国初期仍保持不变。民国时期,新开了"新城门"和"西安门",所以,最多的时候,城门曾达8个之多。

西安门门额

2. **门洞形制** 今天,我们所看到的全国各地城门的门洞一般都是拱门形状,专业名称为"券门"。这些"券门"的城墙都是宋元以后的城门门洞形状。在宋朝以前的城门门洞基本上是圭角形的,从正面看是一个矩形上加梯形门楣的门洞。宋元之后,开始逐步改成券门,即顶部为半圆形的城门,明清以后,人们还习惯在城门门顶的券龛上嵌一块砖雕门匾,上刻门名。衢州城墙的各门都曾设有门额,可见都是明清以后的门洞形制。现存的大南门内外均设门额,门额正中设青石板题刻"礼贤门",该门额题刻于2000年,为梁思成的学生、中国著名古建筑学家罗哲文所书。小南门门额距券顶上方0.3米,砖制,门匾高0.5米,四周匾框有两层,各宽0.07米,上书"清辉门"。西安门门额紧贴券顶建设,上书"西安门"。大西门城门内、外门洞均有门额。内城门门额距券顶上方0.32米,高0.38米,宽4.8米,外城门门额距券顶上方0.42米,高0.57米,内

礼贤门上方横匾

大西门内城门门额

外门额正中均设青石板题刻"朝京门",该门额题刻于1997年,为时任浙江博物馆常务副馆长的开化籍书法家汪济英所书。

3. 城门名称 据史料记载,衢州城门有名始自北宋宣和三年(1121年)衢州知州高至临筑城建六门时,但当时城门具体名称,现已较难考证。考查现存明弘治、天启、嘉靖、清康熙四部《衢州府志》和民国《衢县志》,其中对于城门名称的记载均相一致,说明从弘治十六年(1503年)编纂《衢州府志》时,到民国十五年(1926年)编纂《衢县志》时,城门的名称一直比较固定,没有较大变化。

明弘治十六年(1503年)前各门的名称:

东门 官名"迎和门",是最早迎接阳光的地方,取迎祥和、和谐之意,故名。

大南门　官名"礼贤门"，在南宋嘉定四年（1211年）毛宪[1]所撰的《重修城记》中已出现该名，说明至迟在当年，已使用该名称。民国《衢县志》称江山宋时曾名"礼贤县"，因此门通江山，故名，江山在宋咸淳三年（1267年）至元至元十三年（1276年）曾称为"礼贤县"，远迟于"礼贤门"出现的时间，应为不实。但为何以"礼贤门"称之，尚待考证。另有俗称"通道门"，在民国《衢县志》中为"通远门"，而在此之前的志书中，均为"通道门"，考程俱《丁巳九日携酒要叔问登通道门楼，而江彦文寄玉友适至，因用己未岁吴下九日诗韵作》（见上文）可知，至迟在当时（1137年）俗称"通道门"已使用，民国《衢县志》中"通远门"疑为笔误。

小南门　官名"清辉门"，程俱曾写有《蓝与行清辉门外即事》一诗：

映日梅花雪不如，清溪一曲抱城隅。

何时五庙开三径，负郭临溪寄一区。

作者写这首诗的时间，距离北宋宣和年间高至临修建城墙时仅10多年，据此推测，"清辉门"这一名称，可能自北宋宣和年间城墙修建时就已使用。俗称"前湖门""魁星门"，南宋开禧元年（1205年）西安县全旺人毛自知中了状元，这是西安县历史上的第一个状元，郡守孙昭先认为是小南门外的"清辉闸"蓄水有关文运，毛自知状元及第，该闸功不可没，所以将闸名改为"魁星闸"，相应的城门名也被称为"魁星门"，并在城外建有"魁星亭"。

大西门　官名"航远门"，因大西门外衢江是主要的航道，走水路一般都由此出发去向远方，故名。俗称"水亭门"，城门最注重"迎山接水"，一般都在城门外建月城来接引，但该门直濒衢江，条件不允许，所以就在城门外建亭阁以代之。在南宋乾道年间（1165—1173年），大西门外南面有"风亭"，稍北有"雨

---

〔1〕毛宪，衢州西安县全旺毛家村人，毛自知之父。宋淳熙二年（1175年）中进士，历任中书舍人、长沙太守。著有《信安志》。

观", 不知始建于何时, 但应不早于北宋宣和三年 (1121年), "水亭门" 之名很可能得名于城门外的 "风亭" 和 "雨观"。明崇祯年间张文达修城墙时, 曾在古风亭旧址重建一厅一亭, 但 "水亭门" 之称远早于其时, 当不是因重建之亭而得名。

小西门 官名 "和丰门", 俗称 "埭堰门"。

北门 官名 "永清门", 俗称 "浮石门", 因此门直通门外浮石渡。

至迟在明弘治十六年 (1503年), 除迎和门之外, 其余各门的官名都发生了变化:

大南门 由 "礼贤门" 改为 "光远门", 具体来由不详, 待考。

小南门 由 "清辉门" 改为 "通仙门", 此门直通围棋仙地烂柯山故名。

大西门 由 "航远门" 改为 "朝京门", 由于航运日趋发达, 衢江上通江、闽, 下达省会, 联络京畿, 成为浙东要津。特别是大西门外的码头, "凡迎送皇华于斯, 商贾船只停泊于斯, 宾兴士子、长吏莅任登陆亦于斯", 可能因此而被称为朝京门。有说因此门朝向京城, 而名 "朝京", 但宋、元、明、清各代的京城均在衢州的北面, 只有唐代京城长安在西面, 就志书记载来看, 该城名出现至早不会早于宋代, 所以此一说可能性不大。

小西门 由 "和丰门" 改为 "通广门"。

北门 由 "永清门" 改为 "拱辰门"。"拱辰" 一词语出《论语·为政第二》:"为政以德, 譬如北辰, 居其所, 而众星共 (拱) 之。" 比喻拱卫君王或四方归附, 代指北边。

之后, 一直没有变化。直到民国时期, 城墙西北角和南面又各新开了一个城门, 分别被命名为 "西安门" 和 "新城门", 城门增至八个。民国衢县政府对这八个城门的名称重新进行了一次命名, 东门由 "迎和门" 改为 "东平门", 大南门由 "光远门" 改为 "南屏门", 小南门由 "通仙门" 改为 "柯山门", 大西门由 "朝京门" 改为 "中山门", 以纪念民国国父孙中山, 小西门由 "通广门" 改为 "瀫水门", 北门由 "拱辰门" 改为 "北固门", 新设的 "新城门" 改为 "中正门", 只有 "西安门" 沿用了原来的名称。

　　中华人民共和国成立以来直到现在,除"大西门"人们还是习惯称"水亭门"外,其他各门,逐渐用"东门""小西门""西安门""大南门""小南门""北门"等指代方位的俗称取代了原先城门名称,以前的那些"文雅"的名称除见诸史籍和文史爱好者了解外,今人已知之甚少。

　　4. 城门城台做法　城门与城台紧密相连,所以城门城台做法一并介绍。现存各城台基座除西安门之外,均属明朝所建,故大体相同,均为两拱券之间夹一天井组成,这种设计科学合理,在防敌、抗洪中能起到积极的作用。其建筑方式基本上是用麻条石铺垫,再用红砂岩条石砌筑下半部分,最后用城砖砌筑至顶端,砖石之内用土夯填。城门的做法也大同小异,现将各城门城台的做法简单介绍如下:

　　东门　东门城台由两道并列拱券中夹一天井组成。城台基座底平面长22.98米,宽12.10米;顶平面长22.40米,宽11.90米,城台高6.7米。外城门高

东门西立面

4.61米,宽4.20米,深3.25米。内城门宽5.10米,深6.43米。井口宽5.28米,深2.42米。城台基座用13层条石错缝平砌,高2.46米,外城门在城台条石基础上直接起券,矢高2.15米,券脸为二券七伏。内城门已倒塌。

　　大南门　　大南门城台由两道并列拱券中夹一天井组成。城台基座底平面长24.6米,宽12.8米,顶平面,长23.8米,宽12米,城台高7.4米。外城门高4.95米,宽4.20米,深3.20米;内城门高5.15米,宽4.9米,深6.8米。井口宽5.4米,深2.4米。城台基座用11层条石错缝平砌高1.95米,外城门再条砖错缝平砌0.95米处起券,矢高2.05米,券脸为二券七伏;内城门在城台基座上再条砖错缝平砌0.8米处起券,矢高2.40米,券脸为二券七伏。

　　小南门　　小南门城台为两道并列拱券中夹一天井组成。城台基座底平面长25.33米,宽13.74米;顶平面长23.68米,宽13.48米,城台高7.1米。外城门高5.26米,宽3.95米,深3.20米;内城门高5.05米,宽4.35米,深7.35米。井口

大南门南立面

小南门

小南门拱券形门洞

宽5.22米,深2.4米。城台基座用14层条石错缝平砌高2.75米,外城门再条砖错缝平砌0.36米处起券,矢高2.15米,券脸为三券五伏;内城门再条砖错缝平砌0.20米处起券,矢高2.10米,券脸为三券五伏。城门通道用卵石铺成。

　　大西门　大西门城台为两道并列拱券中夹一天井组成。城台基座底平面长22.82米,宽12.36米;顶面平面长22.34米,宽11.88米,城台高7.40米。外城门高4.92米,宽4.22米,深3.22米;内城门高5.53米,宽4.88米,深6.68米。井口宽5.24米,深2.30米。城台基座用8层条石错缝平砌高1.7米,外城门再条砖错缝平砌1.14米处起券,矢高2.08米,券脸为二券七伏;内城门再条砖错缝平砌1.40米处起券,矢高2.43米,券脸为二券七伏。

　　小西门　城台底平面长24.51米,宽12.51米,城台残高3.5—7.28米。外城门宽3.8米,深3.2米;内城门宽4.45米,深6.95米。天井宽4.95米,深3.25米。两道拱券久塌,矢高、券脸砌法不详。

大西门西立面

小西门城台

小西门北城台顶面　　　　　　　　　　　小西门顶面

　　西安门　城台残高5.9米。城门是凿通原城墙而形成的，建筑方式相对较为简易，只有一道拱券门。城门高4.05米，宽3米，深3.03米。门洞以条石错缝平砌2.45米起券，矢高1.6米，券脸由混凝土浇筑。

西安门西立面　　　　　　　　　　　　　西安门东立面

（二）城楼

　　城门之上的门楼就是城楼，城门上建有城楼在远处便可望见，可以很好地标示出城门的位置所在。城楼，战时可以瞭望观察远处的敌情，也可以作为守军的指挥所和居高临下的射击据点；和平时期则可以登高望远，许多城市的城

水亭门城楼全景

楼都成为当地的标志性建筑和著名的文化旅游景点,如衢州城墙的西城楼,即水亭门城楼。

衢州城墙在北宋宣和三年、元至正年间曾一度建有六座城楼,历代也均有修复城楼的记载,但至改革开放初期,所有城楼均已荡然无存,只能从文人墨客的诗篇和史料中得以一窥。如宋代程俱有关城门城楼的三首诗作(见上文),还有明代王世懋[1]:

游城西楼

雨合烟霏望不穷,层楼百尺似浮空。

清迷橘柚寒山外,白点鸥凫细浪中。

游目岂须吾土贵,赏心偏为故人雄。

不知醉后题姑蔑,可得东阳八咏同。

---

〔1〕王世懋(1536—1588年),江苏太仓人,字敬美,别号麟州,是"明后七子"领袖王世贞之弟。嘉靖三十八年(1559年)中进士,累官至南京太常寺少卿。善诗文,建藏书楼"万卷楼",著有《王仪部集》《二酉委谭摘录》《艺圃撷余》《名山游记》《奉常集词》《窥天外乘》等书。

清代徐之凯[1]:

清明登郡城南楼时有驻马之役

踏青江阁眼初开,积水浮空雉堞回。

雨过遥分青嶂出,楼高不碍白云来。

城头牧马晴相望,陌上扶犁候已催。

倚槛春风感慨地,夕阳桃李对衔杯。

大西门东立面

大西门城楼地面

---

[1] 徐之凯,衢州西安县人,字子强,号若谷。清顺治十四年(1657年)中举人,十五年(1658年)中进士,康熙十八年(1679年)举博学鸿词。官至四川茂州知州,后被劾罢官,返乡家居,死后葬西安县洋村。著有《乡校复礼议》《汶山集》《初学集》《流憩集》,主持编纂康熙《西安县志》。

可见,宋时,城楼名称一般以城门名命名,明清时,城楼名称则大多以方位命名,如城西楼、城南楼等。但也有特殊的城楼名,据专家考证,大西门城楼还被称为"碧春楼"。该名出现于何时,未见于确切史料,但在清初衢州西安人周召撰写的《青霞书院》一诗中有"骚人重醉碧春楼",诗人自注"碧春"即朝京门谯楼名,说明当时就已有该名。如今民间和官方都称之为"水亭门城楼",已很少有知道曾称"碧春楼"了。现存的水亭门城楼,复建于1999年。为清代建筑风格,两层重檐歇山顶木结构建筑,面阔进深三间,四周有廊。城楼地面为小青砖人字纹铺设。从不同时期的城池图上看,衢州城墙城楼,明天启年间为一层,清康熙年间为二层,清嘉庆年间又恢复为一层,嘉庆之后修建的城楼,不知是一层还是两层。因缺乏史料和图片依据,水亭门城楼的做法是根据其地面的柱网结构进行判断,并参考省内外其他城楼做法,设计修复而成。

(三)墙体

城墙长长的墙体,是整个城墙中最主要的组成部分。衢州城墙与国内大多数城墙一样,起初为土墙,至晚到南宋时,改为砖墙。北宋高至临筑建时,城墙高一丈六尺五寸(5.21米),厚一丈一尺(3.48米)。宋《营造法式》卷三《壕寨制度》:"每高四十尺,则厚加高二十尺,其上斜收减高之半。若高增一尺,则其下厚亦加一尺,其上斜收亦减高之半;或高减者亦如之。城基开地深五尺,其厚随城之厚。"即宽高比为2:3,收分比为1:4。衢州城墙宽高比恰好是2:3,这与宋代筑城的官方规定是相吻合的。由此可知,当时城墙底宽一丈一尺(3.48米),顶宽应该是八尺二寸五分(2.61米),城墙基深五尺(1.58米)。明、清时,城墙加高、加厚,墙体厚度一般在7—10米间,高度一般在7—9米间。

1. 墙体现状

衢州城墙现存墙体总长约1 622米,残宽3—8.6米,残高0.8—7.28米,地面以上墙体外层包砖均已缺失,顶面青砖贴面大部分不存,露出红砂岩条石砌体甚至夯土墙芯。另有城墙遗址约1 214米。

东面墙体 现存墙体长约750米,顶宽3.5—5.6米,残高3—6米,内为夯土墙体,外有红砂石砌体层,最外层的包砖层已不存。另有瓮城墙残长44.8米。

小西门东段城墙顶面　　　　　　　　　　　小西门内侧早期城墙遗址

　　南面墙体　现存墙体主要包括大南门段、鹿鸣小学段、南湖汽运公司宿舍段和府山南麓段，总长约462米，另有长50.2米的大南门瓮城墙和大南门西侧长约150米城墙遗址。大南门段城墙长为156.7米。其中，城台西侧城墙长98.1米，墙基宽8.6米，残高0.8—7.1米；城台东侧城墙长58.6米，分两段：东城墙长38.7米，墙基宽8.6米，残高3.5—5.3米；北南向城墙长19.9米，墙基宽4.9—5.4米，残高2.6—3米。瓮城墙长50.2米，墙基宽3—5.7米，残高0.8—2.5米；鹿鸣小学段长38.84米，位于鹿鸣小学校内西南角；南湖汽运公司宿舍段长127.5米；府山南麓段长139.2米。

　　西面墙体　现存墙体主要包括西安门段、水亭门段和小西门段，总长约131

大西门南侧城墙城内挡墙结构（北—南）　　　大西门南侧城墙内包砖墙与
　　　　　　　　　　　　　　　　　　　　　　　卵石地面（南—北）

米。其中，西安门段城墙长32.4米，门洞北侧城墙长10.9米，宽5.9米，残高4.6米；南侧城墙长21.5米，宽5.3米，残高3.5—4.6米，皆由红砂岩砌筑。大西门（水亭门）段城墙长63米，墙基宽7.6—9.2米，顶宽5.54—7.73米，高7.10米。小西门段长35.9米，南侧城墙长20.6米，宽7.89米，残高0.7—3.5米，北侧城墙长15.3米，宽7.89米，残高0.8—7.28米。城台东面有早期砖砌城墙遗址。其余为城墙遗址长近900米，位于三门之间。

北面墙体 自府东路口至讲舍街22–3号原衢师教师宿舍楼西北角，长约279米，共有三段。府东路口段，长192米，残高3—6米的夯土墙体，外有红砂石砌体层，顶宽4—5.5米，部分城墙铺砖尚存，填埋在素土之下。城墙外侧墙体为红砂岩条石，城墙顶部现为夯土；衢州实验学校段，长53米，位于校内东北角，内立面后期红砖砌筑及水泥砂浆粉刷面；外立面大部分红砂岩条石坍塌，后期采用块石砌筑，且原雉堞处后期新建红砖围墙；城墙顶面小青砖贴面缺失，露出原夯土地面。讲舍街

"衢州府城古城墙遗址"铭文条石

22–3号段，长34米，位于原衢师教师宿舍楼西北角，其城墙大部分已塌毁，只残存高1—2米、宽0.73米的小青砖外墙，城墙西尽头为块石与卵石砌筑，其中一块石上书写有"衢州府城古城墙遗址"字样。三段之间有城墙遗址164米。

2. 墙体做法

衢州城墙墙体构造主要有三层和二层两类，绝大部分为三层构造，即城墙里外两侧包砖，中间层包条石或混包砖石，里层墙内再填土，如东面墙体、北面墙体等都是三层结构。现以2016年维修的北面墙体为例，城墙外侧收分为

12%,内侧收分为8%;具体做法为:

城墙顶部 分为六层铺筑:第一层为青砖,规格为320×160×70毫米,顺丁结合铺设,面向南面坡度为2%;第二层为水泥砂浆结合层,厚30毫米,1:3干硬性;第三层为防水层,厚4SBS防水卷材;第四层为水泥砂浆,厚20毫米,找平,面向南面坡度为2%;第五层为三合土,厚200厘米,材料为石灰、黏土、沙,配比为2:1:4,夯实;第六层即为墙芯夯土层,传统混合土,材料为砂、黏土、卵石及小块石,夯实。

北面墙体顶部红砂岩条石及夯土层

北面墙体顶部铺砖

北面墙体外包砖层

北面墙体红砂岩条石层

外层:为包砖层,厚0.6米,青砖规格为180×380×9.5毫米,一顺一丁砌筑。

中层:为红砂岩条石层,规格为160(220)×140毫米,长度为500—1 000

毫米不等,顺丁结合砌筑。

里层:为夯土层,底宽5.6米,顶宽4.6米,高4.6米,传统混合土——砂、黏土、卵石及小块石,夯实。

北面墙体夯土墙芯层

女儿墙:高1.14米,宽0.42米,底部100厚条石,上为青砖,规格为330×160×70毫米,一顺一丁式砌筑。

雉堞:高1.33米,宽0.42米,每垛宽1.22米,间距0.63米,底部厚条石,上为青砖,规格330×160×70毫米,一顺一丁式砌筑,每个雉堞处设置一个枪眼。

城墙底部:分三层,从上到下分别为:土衬层,二层红砂岩条石土衬,顺丁结合砌筑;瓦砾层;素土层,素土夯实。

(四)马面

马面,也称敌台、墩台、墙台,是中国古代在建造城墙时,为加强防御能力,而在城墙外侧每隔一段距离建一个向外凸出的方形或半圆形平台,战国时期就已出现,汉代城墙上已大量修建,唐宋以后,出现在马面上修建敌楼,既可屯兵作战、储藏军资,也可观察瞭望。沈括《梦溪笔谈》卷十一:

> 延州故丰林县城,赫连勃勃所筑,至今谓之赫连城,紧密如石,斫之皆火出。其城不甚厚,但马面极长且密,予亲使人步之,马面皆长四丈,相去六七丈。以其马面密,则城不须太厚,人力亦难攻也。予曾亲见攻城,若马面长,则可反射城下攻者,兼密则矢石相及,敌人至城下,则四面矢石临之。须使敌人不能到城下,乃为良法。今边城虽厚,而马面极短且疏,若敌人可到城下,则城虽厚,终为危道。其间更多刓其角,谓之团敌,此尤无益。全藉倚楼角以发矢石,以覆护城脚。但使敌人备处多,则自不可存立。赫连之城,深为可法也。

对马面在战争中的重要性作了充分论述,尤其推崇马面宜"长且密"。关于马

东门北段城墙马面遗址

面间距,文献记载颇有差异。孟元老《东京梦华录》记开封"新城每百步设马面、战棚";陈规《守城录》记:"马面,旧制六十步立一座,跳出城外,不减二丈,阔狭随地利不定,两边直觑城脚";嘉泰《会稽志》录刘锜筑城之法又定"大城上每三十步置马面、敌楼各一座"。以上均为宋制马面记载。现存全国各地城墙马面间距在几十米到两百米不等。

衢州历来为军事重镇,兵家必争之地,城墙马面应该来说必不可少,但查考明天启、清康熙和清嘉庆各时期的城池图,均未发现衢州城墙建有马面。但在东门城墙的考古发掘中却发现马面遗址。

该马面位于东门北侧,其南端距东门城台北端37.42米,距东门瓮城北墙32.6米,从城墙向外突出6米,宽7.9米,残高4米。最外层为砖墙,其内为红砂岩条石砌筑,底部条石为错缝平砌,其余部分条石为并列丁砌,最里面则为夯土。马面顶部地面损毁严重,但仍可看出,沿着外突的三个面建有一圈宽0.62米的砖砌地面。

(五)马道

马道是建于城台内侧的漫坡道,是人、马、车上下城墙的道路。衢州城墙各城门之中,除了民国时期新开的西安门、新城门以外,都建设了马道。其中,东门南侧、大南门西侧、小西门北侧、大西门南侧的马道遗址尚有存留,从目前现状来看,衢州城墙各城门均只有一条"之"字形马道。

大南门曾发现相对完整的一小部分明朝马道遗址,其建筑方法是:从下到上共四折,其中最上折的马道为台阶式,每个台阶宽2.4米,深0.8米,高0.1米,用麻条石和鹅卵石铺砌而成。1998年,在水亭门城墙遗址发掘中也曾发现部

大南门城台及之字形马道

大南门内侧马道

分残存的马道,宽2.9米。

(六)城砖

衢州城墙城砖大多没有铭文,有铭文的只占一小部分。根据《巍巍千年——衢州城墙》作者黄韬考证,并结合实物及其他史料,衢州城墙当前可见的铭文城砖有以下30余种:

"嘉定三年"铭文城砖拓片

南宋铭文城砖:

"嘉定三年修城砖",长33.5—35厘米、宽18.5—19厘米、厚5.6—6.5厘米,重11.7斤左右,正面模印阳文。

"開慶元年",厚6.2厘米,侧面模印阳文。

"衢州開慶元年……常□□……",残长23.5厘米、宽22.5厘米、厚5.6厘米,正面模印阳文。

"衢州開慶元年……江山縣……",残长18厘米、宽22厘米、厚7.5厘米,正面模印阳文。

"衢州開慶元年修城磚使",长35厘米、宽22厘米、厚7.5厘米,正面模印阳文。

"衢州開慶元年修城磚使記縣匠人婁五二",长36厘米、宽22.5—23厘米、

"開慶元年"铭文城砖拓片

"嘉慶捌年鄭安邦捐"城砖

厚7.5—8厘米，重24斤左右，正面模印阳文。

元代铭文城砖：

"常山縣修造城磚至正十三年癸巳太岁三月吉日匠人李福二监"，长17.5厘米、宽13厘米、厚7.5厘米，模印阳文。

明代铭文城砖：

"崇禎庚辰中"，残长27厘米、宽16.5厘米、厚8厘米，侧面阴刻。

"崇禎庚辰官造城"，长30厘米、宽17厘米、厚7.5厘米，侧面阴刻。

"崇禎庚辰城磚口五卅"，长34厘米、宽15.6厘米、厚7厘米，重13.5斤，侧面阴刻。

清代铭文城砖：

"順治戊戌造"，长34厘米、宽16厘米、厚9.5厘米，侧面模印阳文。

"乾隆伍十三年造"，长32厘米、宽17.8厘米、厚9厘米，重18.3斤，侧面阴刻。

"嘉慶捌年鄭安邦捐"，长32—33厘米、宽17.5—18厘米、厚8.5—8.7厘米，重17.9斤左右，侧面模印阳文或阴文。

"乙丑年鄭安邦捐"，长31.5厘米、宽17.5厘米、厚8.5厘米，侧面模印阳文。

"道光叁年重修",残长22厘米、宽18.5厘米、厚9.6厘米,端面阴刻。

"道光三年重修",长33厘米、宽19—19.5厘米、厚8.5—9.5厘米,端面或侧面模印阳文。

"光绪伍年知縣歐陽烜修",长30厘米、宽16.2—17厘米、厚9.5—10.5厘米,重18.4斤左右,侧面模印阳文。

"光绪玖年知縣歐陽烜修",长29厘米、宽17厘米、厚9.5厘米,侧面模印阳文。

"清光绪十七年西安縣正堂徐"[1]。

"光绪拾柒年造",长32厘米、厚9.7厘米,侧面模印阳文。

"光绪拾柒年造"城砖

"西安縣正堂徐",长31.5厘米、宽17.5厘米、厚10厘米,重18.1斤左右。

"光绪叁拾壹年各□□",长27厘米、宽15—15.5厘米、厚9—10.5厘米,侧面模印阳文。

民国铭文城砖:

"民國四年知事桂鑄西修",长27—30.5厘米、宽16—17.5厘米、厚10—10.5厘米,重16.6—20.7斤左右,侧面阴刻或双线阳刻。

"衢縣知事桂修",长30.5厘米、宽17.5厘米、厚10.5厘米,重20.3斤左右,侧面阴刻。

"民國四年修",长28.5厘米、宽17厘米、厚10厘米,重14.5斤左右,侧面阴刻。

---

[1] 即衢州西安知县徐懋简。

"民國四年修"砖

"郑光田窑城砖"

"郑兆仁窑城砖"

无纪年铭文城砖：

"西安縣"，残长24厘米、宽17厘米、厚10厘米，侧面刻划文。

"西安縣胡修造"，长26.5厘米、宽15厘米、厚10.5厘米，正面模印阳文。

"官造"，长32厘米、宽17厘米、厚8厘米，侧面刻划文。

"官造""城砖"，长34厘米、宽15—15.5厘米、厚8厘米，重15斤左右，侧面刻划文。

"郑光田窑城砖"，长27厘米，侧面阴刻。

"郑兆仁窑城砖""龍游縣城砖""常山縣磚""龍口顺堂捐助"等。

在水亭门城楼城台于1999年修建时，尽量使用各时期能用的砖块，因此可见"郑光田窑城砖""郑兆仁窑城砖""龍游縣城砖""常山縣磚""龍口顺堂捐助""光绪拾柒年造""嘉慶捌年鄭安邦捐""民國四年修""杨甬三"等各种不同时期的铭文城砖，但从形制规格上看，大多为清末民国初的城砖。

"龍游縣城磚"

"常山縣磚"

"龍□順堂捐助"铭文砖

（七）瓮城

瓮城，顾名思义，像"瓮"一样的城，是为了加强防御在城门外加筑的月城，在战时可以阻碍进入瓮城的敌人直接进攻主城门，延缓敌军的进攻速度，同时，瓮城内面积狭窄，不利于敌军展开大规模兵力进攻，而高居城墙顶部的守军则可居临下四面射击，给敌人以致命打击，意为"瓮中捉鳖"。瓮城的建造历史最晚可追溯至汉代。衢州城墙瓮城始建于元末伯颜忽都重建衢州城墙之时，共四个，分别设在东门、大南门、小南门和北门之外。瓮城的式样有方形、梯形和半圆形的，衢州城墙各瓮城均为长方形。瓮城门洞的位置布局，更多是取决于军事、防洪与风水的需要。瓮城门洞一般都不直对城门门洞，有的与城门呈90°角布局，有的则与城门同一个方向，但位置略微错开，不在同一条直线上。衢州城墙门洞朝南，是为顺迎衢南九龙山的"龙脉"；小南门瓮城门洞朝西，是为迎吸江山港、常山港的"来朝之水"；大南门瓮城门洞朝南偏西，与正对南面的大南门城门错开；北门瓮城门洞与大南门瓮城门洞一样，朝北，但与北门城门略错开。各瓮城门洞之上，也建有城楼。

衢州城墙现残存两座瓮城，即东门西边半幅瓮城和大南门东边半幅瓮城，均为明代瓮城遗址。

东门西边半幅瓮城宽2.38米，瓮城北墙长17.3米，距东门城门中分线14.6

米、距城台北端2.4米,与东门城墙形成90°的转角;瓮城东墙距东门城墙12—14米,呈规整的并列平行线,瓮城总面积约380平方米。

大南门东边半幅瓮城由两段东西走向城墙与一段南北走向城墙构成。与城台相边的东西向城墙长40米,宽8—9.4米,高1.7—2.5米,自城台东头向东延伸36米处,向南形成近100°的转角,与南北向城墙的北端相接。南北向城墙长13米,宽4—4.5米,高2.4米,南端与最外侧东西向城墙的东端相接。该东西向城墙长48米,宽4.8—6米,高0.05米—2.92米,距城台东侧东西向城墙10—15米,大致平行,西端已损毁。瓮城总面积约1 440平方米。

大南门瓮城

瓮城墙体做法与城墙其他同时期的墙体做法大致相同,瓮城城门及其城楼的做法,与同时期的各城门、城楼也大致相同。

东门瓮城遗址

(八)护城河

城河由护城河和内河组成,具有护城、引水、排水、灌溉、泄洪等功能。护城河位于城墙墙体之外,有水称濠,无水则称隍。一般都由人工挖凿而成,然后引水注入形成人工河,作为城墙的屏障,具有防御作用:防止攻城者或动物进入。衢州城墙护城河有据可查的,最早始于北宋宣和三年(1121年)高至临建城时,布局与现在大致相同,自宋以来,历代对内外城河进行了多次疏浚:

1. 宋乾道五年(1169年)

郡守何俌对内外护城河进行疏浚,并在小南门外置闸蓄水,闸以城门名命名为"清辉闸"。开禧年间,郡守孙昭先因毛自知中状元将该闸更名为"魁星闸",城门名因之更名为"魁星门"。

2. 明代四次疏浚

明弘治十二年(1499年),因宋时所建引石室堰水入濠之故道久湮,郡守沈杰大加疏导,疏浚内外河,并在拱辰门内通济桥边置银锭闸,用以旱时蓄水,涝时泄洪。还开凿了新桥渠。

明嘉靖十八年(1539年),郡守李遂、推官李文进,疏浚内河尼姑桥一带,工程尚未完成,两人都相继升任别处。

明嘉靖三十九年(1560年)八月至十月,郡守杨准开浚城内古小河,发现旧闸古木和河涯砌石,"动合数百年故道,士民神之,咸曰杨公河"。曾捐地创建衢麓讲舍的都御史衢州西安进士王玑(1487—1563年)曾撰《开复杨公河记》:

> 始自新桥渠浚入龟峰之麓,自北徂东,复折而北,举数百年之淤塞,一旦开通,而与衢之故道,不谋暗合。……自八月经始,至十月竣事,为渠者数百丈,为桥者若干所。父老子弟莫不扶携往观,自幸复睹数百年之故迹。

除浚河建桥外,还在内河中段及出口处修三凤、金紫、新桥、浮石等闸。衢州百姓为感念杨准在衢政绩曾立两处生祠以祀之,一在县学明伦堂西,都宪阮鹗撰有《杨公仰德祠碑记》;一在县治西蛟池左,都御史宋淳撰有《杨公生祠记》。可见,杨准在衢政绩卓著,深得民心。

崇祯十三年(1640年),郡守张文达在修建城墙的同时,对内外河进行了疏浚。

3. 清代八次疏浚

清康熙三十七年(1698年),西安县令陈鹏年疏浚内外河。并在通仙门外置洪桥闸,士人称"陈公闸"。

清康熙四十六年(1707年),知府杨廷望疏浚内外河。内河水深达五、六尺至一丈不等,竹木筏可经内河直达城西南。

乾隆二年(1737年),县令任之俊疏浚内外河。

乾隆二十八年(1761年),郡守明禄、县令刘甫冈开浚城河。此次开浚,除老弱废疾妇女外,按丁派工,按工出力,将城河分为四十八段,分段派员管理,于二月十八日动工,历时一个多月竣工。疏浚内外河,履勘闸门,在大小南门水门建水闸,每日启闭,以通船筏。东北、西北、正北各水门,修建石栅。除此之外,与历次最大的不同之处在于,专门对城河的管理作出了规定:城河由司狱衙门专管,如有居民擅扔垃圾砖瓦秽物,即令该居民立即起挖,如有反抗则禀官惩治。并对洪桥、魁星、新桥、宝丰、药师、紫金六个闸门设专人管理,每年工银六两,大小南门水门由看守城门兵丁一并负责。明禄撰有《开浚城河碑记》。

嘉庆十七年(1812年),县令姚宝烓疏浚城河。

道光四年(1824年)九月至五年春,由西安县监生程汝霖母亲陈氏捐资,衢州知府谭瑞东主持对内外河进行全面疏浚。谭瑞东撰有《挑浚衢郡内外城河记》,该工程历时三个多月,对内河总长一千三百余丈中的一千二百丈和八十丈城北新河,进行清淤砌塌。对小南门至洪桥以南的外河一千四百余尺进行去淤护塌,"挑去沙洲滩碛立方七万八千余尺",并修水栅,换闸板,共花费八百五十七千多文钱。

同治二年(1863年),县令高世清重浚内河。

光绪十一年(1885年),郡守刘国光等重浚,邑绅濮阳增母亲捐资千金修砌河塌。

光绪二十八年(1902年),衢州镇军方友升督兵士浚河,历时六个月,疏通淤塞,修葺圮塌,并在城西文昌阁右,铁塔遗址下发现了西水门故道,郑永禧为之撰《方友升重浚衢城内河并得西水门故道碑记》。

4. 民国两次疏浚

民国九年(1920年),知事刘荫榕率绅募资重浚内河。项槐监工。

民国十三年(1924年)春,项槐和叶蔚人等捐资用茶园青石,修建东、中、西三河及天官桥一带的沿河石栏。

自宋至民国以来,历次疏浚城河均未有城河总体长度、宽度及深度记载,但据史料记载,古时,河宽水深,清澈见底,船只、竹筏可通过南面的水门进行入城内河,护城河内可行舟船,可见相当宽阔。据民国《衢县志》载,明季时,自门桥上下至魁星闸(应为南濠),广皆二百余步(300多米),深者丈余(3米多),可以泛舟。不知从何时起,人们沿城边三面环濠左右开垦田地,称"濠田",田日多,濠日狭,清末至民国初年的三十多年间,濠身所存不及明季的三分之一,濠田多达八百余亩。

5. 中华人民共和国成立后至改革开放初期

本时段,护城河和城墙一样也遭到了毁灭性的破坏。东护城河因扩建机场,划入机场,保存尚好。由于20世纪50年代筑坝养鱼、填湖造田,70年代“文革”期间围湖建厂建房等,护城河面日渐缩小,南护城河纵长1 265米,河面面积从1959年的78 750平方米,至1989年仅剩57 782平方米,平均宽度为45.7米,为明代河面宽度的八分之一左右。北护城河全长约为750米,平均宽度约为25.2米,河面面积约为18 900平方米。内河总长约3 208米,因1970年东河、中河、西河被改建为防空洞,现存南湖进口经府山公园至环城北路,全长约1 500米。

6. 改革开放后

内外河疏浚得到市政府的重视,进行多次疏浚:

1983年后,市政府逐年对内河进行维修疏浚,新建四座平板桥和洪桥闸、坪头闸。

1984年,衢州市政府疏浚南护城河,在洪桥头修建两道拦排两用水闸、在洪桥坝修建排水闸;新开穿越衢江路排水道70米,使水深保持2米,落差4米,漫水可行船,清淤能排干。

1987年,衢州市政府提出“挖污、引水、疏湖、建园”的治理方针,对南湖进行整治。在南湖西段北侧沿湖砌堪340米,清淤28 891立方米。

北护城河

东门段城墙及护城河

1990年,疏浚南北护城河——南湖、斗潭。

2000年,再次整治、疏浚南湖和斗潭。

(九)吊桥

有河必有桥,但护城河上的桥与普通桥梁略有不同,以吊桥为多。所谓吊桥,即全部或一部分桥面可以吊起、放下的桥,桥面放下时可供交通之用,桥面吊起时可供御敌通船之用。衢州城墙东门、南门、北门外护城河上各建有吊桥一座。吊桥初建时,均为木制,后修葺时改为石砌。大西门外西溪(今衢江)上则建有浮桥一座。

1. **东门吊桥** 利济桥,康熙《衢州府志》载,利济桥,即东门吊桥。康熙四十八年(1709年),郡守杨廷望所建。光绪五年西安县令欧阳烜重修,并撰有《重修东门利济桥碑记》。但民国《衢县志》载:"利济桥,东门濠下大桥,与钓桥连。"从字面来看,应另有吊桥,与利济桥相连。利济桥与东门吊桥是否为同一座桥,存疑待考。

2. **大南门吊桥** 原名迎恩桥,分三截用木板平铺而成,不知始建于何时。弘治十二年(1499年),郡守沈杰重建,改用石桥栏,并按旧制建坊书匾。康熙四十八年(1709年),郡守杨廷望、邑令王涵煦,捐资倡建,桥虹和两头桥栏用石砌,中间一截仍为木板。并以当时大南门官名"光远"为名,改称"光远桥"。

3. **小南门吊桥** 通仙桥,以小南门官名命名,即魁星坪。

4. **北门吊桥** 原名钓桥,弘治至康熙期间《衢州府志》均名钓桥,不知始建于何时。民国《衢县志》载为拱辰桥,康熙二十五年(1686年)被水冲坍,祥符寺僧元明募资重修,乾隆四十五年(1780年),菱塘义士刘炎捐资倡建。民国后,两岸均砌石塌。

5. **大西门浮桥** 通和浮桥。始建于明万历三十九年(1611年)朝京门外,郡守洪纤若和邑宰刘有源募集资银2 715两,组织丈量、施工、架设。浮桥总长八十余丈(约260米),东岸埠头砌路一条,长三十一丈,宽一丈八尺,高一丈,基础用大块石砌10层,上面石板铺平,接到浮桥桥头。埠头竖大石柱4根,以备涨水时吊船固位。西岸埠头规模较小。有桥船37只,以两只特别大的船作中虹,用桥板360块,大铁链4条,计200丈,大铁锚8个,连船铁索308根,两边浅水处有桥架35座。中虹下可通船。上摆桌案,还在两头架两座木质牌坊,分设坊额为"三衢天堑""一道长虹"。设桥夫8人养护,置公田以供桥夫食用和修桥、造船之需。并在桥的西岸建有通和桥庵。顺治七年(1650年),巡道李际期、郡守韩养醇,邑宰成晋徵主持兴复,并撰有《通龢浮梁碑记》。康熙二十二年(1683年),总督王国安见有渡船者遭覆溺,捐百金新之。康熙四十八年(1709年),邑令王涵煴主持修葺如旧。乾隆四年(1739年),知县任之俊主持修造,将浮桥自朝京门移建于铁塔底(今西安门一带),并自小西门至铁塔底之间新筑石塌十一丈,通长一百二十四丈七尺,任之俊亲撰《移建浮桥碑记》。乾隆五十年(1785年),寓绅华潮捐资千余金独力修建。嘉庆九年(1804年),沐尘文生方钦,捐造桥船24只,桥板302块,共用银1 033两。民国十三年(1924年),浮桥由铁塔底移至德平坝,与对河亭川埠头直接,桥身加长十余丈。民国十五年(1926年),因港阔风紧,行人不便,又移回铁塔底。1964年,改木质桥船为钢丝网水泥船。1971年2月,西安门大桥建成通车,浮桥拆除。

通和浮桥,既是沟通西溪两岸的交通要道,也是一道壮丽的城市景观,古人常登城观景,有的还吟咏作诗,感怀抒情,如:

登西郭门观浮桥有作

王登履[1]

伊谁画出中流路,一道长虹吸水来。

锁断两崖函日月,横吞千濑静风雷。

只今宜奏河清颂,顾我惭非利济才。

翘首顿生无限感,夕阳影里挂帆回。

（选自《西安怀旧录》）

（十）钟鼓楼

1. 钟楼

衢州钟楼,原位于大中祥符寺内,始建于元泰定二年(1325年),杭州净慈寺僧人义山远主持修建。明洪武十三年(1380年)僧净乾修葺钟楼。嘉靖七年(1528年),毁于火灾。万历二十九年(1601年)三月,知府张尧文,知县林云主持重建钟楼于现址(北门街南端与钟楼巷相交处),原大中祥符寺东面,与之前钟楼旧址是否为同一处,现较难考证。共费银一百九十三两三钱五分。楼高七丈,上有铜钟一口,重三千多斤,为知县林云捐资铸造。铜钟上层铸《心经》一篇,中层铸花木鸟兽,下层铸铭词一篇:

合土为范,冶金为镛。质秉其粹,音来自空。满无边际,耳根圆通。提撕作息,擅有宏功。是大法器,居楼之中。层楼摩霄,作镇维雄。官兹土者,丽兹土者,声名福泽,并此志施于靡穷。西安县县丞朱朝贞撰。

钟下周广丈余,八角撇口,有阳文卦画八幅、阴文篆字八个,仿佛为瓦当纹之类。铜钟落款为:

---

[1] 王登履,字步青,一字素占,号竹人。清乾隆年间附贡生。著有《竹人诗草》。

万历二十九年三月，知府张尧文，同知郑伟，通判邓俊卿，推官王学孝，知县林云，县丞朱朝贞，主簿邵南寿，典史马瀛，及义民吴利照、王士宽、叶九龙、徐一秩，督工正术程昆，僧纲司都纲叶惠昌同造。

康熙七年（1668年）七月，楼损坏。

乾隆十七年（1752年），邑侯高容重修。

乾隆三十七年（1772年），邑侯罗见龙重建。嗣后守土官以时修葺。

光绪三十三年（1907年），知县薛应枢重修，博士孔庆仪董理其事。此楼钟由祥符寺僧兼司昏晓，并报火警，岁租谷十余石。

1942年，楼上铜钟被侵华日寇掳走。

1965年钟楼全景

20世纪70年代初，钟楼台座上的木结构阁宇因年久失修成危楼而被拆除。至此，仅存四门塔式正方形石质台座。台座系由四道拱券围合中间夹一天井组成，拱券采用纵联分节并列砌置法砌筑，台座平面呈"回"字形，各边长12.92米，上下收分约0.2米，拱门宽4.5米，深4.21米，基座通高4.6米，券门高3.96米。

20世纪80年代，用混凝土对钟楼台座结构进行加固。

2010年9月，衢州钟楼完成全面修复，并复制铜钟一口。钟楼复建工作启动于2008年12月。之前，为了查找复原钟楼楼阁的文献史料图片等资料依据，衢州市文物部门整整找了12年之久，终于找到了一张摄于1965年的钟楼珍贵老照片，为复原木结构钟楼楼阁提供了重要依据。建成后的钟楼楼阁为清代建筑风格的木结构二层楼阁，

钟楼南立面

钟楼门洞

重檐歇山顶,正方形平面布局,面阔、进深皆三间;厅堂型抬梁式建筑构架。同时,对石质台座进行了加固。

钟楼,司晨昏,兼报警,与衢州百姓生活息息相关,因此,老百姓对钟楼有着既敬畏又亲切的别样情感,留传下了许多传说。清代蒲松龄的《聊斋志异》之《衢州三怪》中的独角怪,亦称大头怪,就是其中之一:

钟楼夜景

衢州夜静时，人莫敢独行。钟楼上有鬼，头上一角，象貌狞恶，闻人行声即下。人骇而奔，鬼亦遂去。然见之辄病，且多死者。

民间传说独角怪，是钟楼西面赵清献公祠门楼上方魁星阁中魁星手中的笔头脱落所变，白天藏在钟楼上，夜深人静时出来作怪。据专家考证，蒲松龄为山东人，家境贫寒，一直在家乡私塾教书、写作，到过衢州的可能性不大，那么他写"衢州三怪"的素材，多来自口耳相传，或故书资料，可见在其写作之前，该传说已普遍流行，经其加工润色，遂成定格。为什么会有此传说呢？这与古时衢州一带迷信阴阳、鬼神有关，因明清时期，衢州一带战事多、匪寇矿贼多，有人便编造出这个故事，并且越传越神，借此警示人们夜晚少出门以免遭遇不测。因钟楼有报警之用，将此传说与钟楼挂上钩也是情理之中的了。

2. 鼓楼

始建于元至元二十三年（1286年），达鲁花赤少中布伯在郡治门的南面建鼓角楼。鼓角楼又名谯楼,俗称钟鼓楼。一般设于州署府治的南面,如安徽宣城广德鼓角楼,道州(今湖南省永州市道县)鼓角楼等。楼中一般备有鼓、角、钟、漏刻各一,取"代鼓鸣角,以警昏听。下漏数刻,以节昼夜"之意。据上文提到钟楼始建于元泰定二年(1325年),可见钟楼的修建后于鼓角楼近40年。因此,在没有钟楼也没有鼓楼的情况下,将钟鼓同设于鼓角楼内,也是合情合理的。鼓角楼规模形制不详。后不知毁于何时。

万历二十九年(1601年),知府张尧文、知县林云主持与钟楼并建。形制与钟楼相仿。高六丈多,登楼可望十里。下开东、南、西、北四个门洞,道路四通八达,楼上设鼓。

康熙十年(1671年)前后,无火而毁,仅存废墟。

康熙三十六年(1697年),郡守张溶重建。利用一废弃旧官署的栋梁榱桷重建鼓楼,材料不足部分由西安县令陈北溟多方募资补齐。一个月不到,楼已按旧制建成。此次修建变废为宝,又在农闲时为之,不鸠材,不扰民,为人称道。张溶撰有《重修府治鼓楼记》。

嘉庆十一年(1806年),郡守那英因鼓楼倾圮重建。

道光二十二年(1817年),郡守汤俊重修,邑绅郑清彦等共襄其事。此次重修于道光二十年(1840年)春季动工,竣工于道光二十一年(1841年)秋季。共费银3 000多两。制度规模如旧制,修成后"其门洞如,其涂廓如,其垣墉屹如,其栋宇翚如",相当壮观,与钟楼遥相呼应,甚为匹配。汤俊亲撰《三衢重修鼓楼碑记》,并书丹篆额。

查考民国二十五年(1936年)《衢县城厢图》,鼓楼尚存,后不知毁于何时。

家族窑村

——江山三卿口制瓷作坊

　　江山市位于浙、闽、赣三省交界处，历史悠久，其所处的区域自古以来就是江南陶瓷的重要产地。从大的范围来看，唐代时期，江山附近的越窑、婺州窑就已负盛名，唐代茶圣陆羽在《茶经·四之器》中提道："碗，越州上，鼎州、婺州次，岳州次，寿州、洪州次。或者以邢州处越州上，殊为不然。若邢瓷类银，越瓷类玉，邢不如越一也；若邢瓷类雪，则越瓷类冰，邢不如越二也；邢瓷白而茶色丹，越瓷青而茶色绿，邢不如越三也。"可见一斑。宋元时期的龙泉窑极为兴盛，畅销海内外。明清时期，邻近江山的江西景德镇青花瓷成为我国主流瓷器产品。从小的范围来看，江山本地也有着悠久的陶瓷烧造历史，目前，境内仍存有大量的商周印纹陶遗址和各时代古窑址，据不完全统计，共发现商周印纹陶遗址79处，六朝至清代的古窑址25处。但是完整地保留着制瓷作坊原貌的，仅有三卿口制瓷作坊1处，其原真性和完整性在浙江省内乃至国内都极为罕见，堪称家族式古窑村的"活化石"。

一、窑村选址

　　三卿口制瓷作坊坐落在江山南部峡口镇子里安村，其实整个村子都是作坊的有机组成部分。村子不大，面积约6.5公顷，常住人口仅100余，全村绝大多数居民都姓黄。据咸丰九年（1859年）《须江窑村黄氏宗谱·序》记载："圣先祖大远公迁移浙衢江邑紫灵庵，地方山明水秀，可以生理。邀同正信公、正忠公、大仪公，开窑创业成家。至乾隆庚辰年（1760年），大远公、大仪公、大日公、大月公同赴祖家修谱……礼钦、礼全、兴铉、兴绍全谨识。"《须江窑村黄氏宗谱》载:"学赵公于乾隆年间由闽省连城南坂迁浙衢邑廿九都(三卿口旧称)紫灵庵,与福昌公裔孙同居。"《江山市志》载:"清乾隆十一年(1746年),黄正中、黄大远叔侄自福建连城迁入三卿口乡子里安村,选址建窑,生产粗碗、白瓶等瓷器,代代相传,后此地称碗厂。"

可见,黄氏始祖迁自福建,时间在乾隆十一年,黄氏先祖迁来此地为的是"开窑创业"。那么是什么吸引了黄氏先祖,决心背井离乡,北上创业呢? 大概就是宗谱序中所说的此处"山明水秀,可以生理"吧。这里有山、有水、有瓷土、有燃料,交通便利,确是"开窑创业"的理想之所,黄氏先祖选择此处开窑定居,必定是经过认真实地考察,作出的慎重决定。

瓷土 丰富的瓷土资源为制瓷提供了原料。子里安村地处仙霞山脉中低山区的小盆地中,中心海拔约270米,三面环山。这些在常人看来稀松平常的山体,在黄氏先祖眼中却都是宝贝,因为山上的石料粉碎后可以用作制瓷所需的瓷土,和制作陶器的黏土不同,瓷土需要的是高岭土,比黏土难得的多。尽管此处石料所含高岭土成分并不高,杂质也多,只能用来做粗瓷,但对黄氏先祖来说,或许已经足够了。满山的石料让他们对瓷土原料无后顾之忧。经过两三百年的开采,这里的山坡上已形成两面高十余米的陡峭石壁。

水源 长年不断的水资源为炼泥提供了动力。石料开采后,要捣碎淘洗沉淀成瓷泥才可制作瓷坯。北方通常使用牛力来磨碎石料,而南方山区雨量充沛,山坡高差大,利用天然的溪流水力,更为便利。子里安村西侧是嵩峰山支脉,海拔1 052米。南临龙门岗山脉,海拔1 454米。东侧为仙岭坑尾支脉,其中三角爿山海拔1 018米。北至箬坑山支脉,海拔1 273米。层峦叠嶂,沟谷呈"V"字形态,沟谷深度在250—350米之间,坡度多在20° 以上。村子内有许多小溪,因坡度较大,水流湍急。村民充分利用水力,在其中流量较大一条溪流沿岸修建水碓房,利用水流带动水碓房外的水毂轮,水毂轮再带动木碓臂,再带动碓头不断敲打碓臼内的石料,直至粉碎。

柴火 茂密的植被为烧窑提供了充足的燃料。三卿口制瓷作坊的土壤有三种类型,即红壤、黄壤和岩性土类。山麓和丘陵上的土壤属坡积物,泥沙混

水碓房及溪流

引水渠

杂,层序不清,分选性差,厚薄不一,但肥分较高,适宜许多植被生长。在作坊的四周,杉木、马尾松、竹子等满山遍野,为烧窑提供了充足的燃料。

交通 便利的交通为瓷器销售提供了方便。除了上述生产的条件具备以外,为方便运输和销售瓷器产品,便利的交通也是黄氏先祖必须考虑的。三卿口制瓷作坊距离峡口江(江山港中游)仅3.5公里,许多瓷器产品可以通过船运销往金华、兰溪、杭州等城市。除此以外,当时陆路交通最为便利的当数穿村而过的仙霞古道了。仙霞古道是古代浙闽两省的重要通道,广义来说,连接浙江江山和福建浦城之间的道路,全长126公里。开辟年代众说不一,有说是汉代汉武帝发兵闽越所开,有说是唐初陈政、陈元光父子平定漳、潮两州"蛮獠啸乱"所辟,但更为公认的一种说法是唐末黄巢农民起义军所开。史载,黄巢"逾江西,破虔、吉、饶、信等州,因刊山开道七百里,直趋建州"。不管何时何事所开,至南宋时,仙霞古道被定为官驿道,明清时,因经常实行海禁,作为浙闽陆路要道,仙霞古道的重要性更为突出,包括民国时期,路上行人、官差、挑夫络绎不绝,以至于催生了沿途诸多路亭、店铺、驿站和一个盛极一时的行业——"挑浦城担"。江山和浦城码头卸船的货物,中间的旱路必须由挑夫挑运,才能南下浦城北上江山,因大多是从江山挑至浦城,所以"挑浦城担"成了这些挑夫的别称。至今,在浦城县城还存有长达600米的江山街,街上居住的均是江山人。而子里安村距江山县城40公里,距福建浦城交界约36公里,刚好位于江山与浦城的中间,

穿村而过的仙霞古道

同时距江西广丰、玉山交界不足20公里,在古代,交通已算相当便利。

二、传承沿革

(一)作坊历史

根据《须江窑村黄氏宗谱》,子里安村黄氏世代排行依次为正、大、学、礼、兴、永、乐、地、久、祥、名等字,黄氏家族自乾隆年间迁入子里安村以来,现已传至第十一代。其鼎盛时期为20世纪六七十年代,村落人口曾一度达到300人。在《须江窑村黄氏宗谱》中没有发现任何关于黄氏子弟考取科举或经商发迹的记载,1950年土地改革时,全村没有地主,只有一个富农,全村世代都以烧窑为业。在现代大多数人眼里看来,这个家族不说是失败的,但至少是不成功的,但是正由于黄氏家族的"不成功",建不起高楼大厦和现代化设施,村落的原貌才得以如此完好地保留至今,成为不可多得的宝贵遗产,从这个意义上来说,黄氏家族是成功的。在1956年农业合作化之前子里安村一直被称作"窑村",

合作化之后,1956年3月1日,正式成立"江山县三卿口瓷器生产合作社",因名字拗口,当地村民都称其为"碗厂";1958年1月1日,更名为"地方国营耐火砖厂",1959年又恢复制瓷,更名为"江山县峡口公社瓷器厂",后又经几次更名,但村民一直称其为"碗厂",沿用至今。碗厂主要烧制青花灰白釉碗(俗称"白大碗")和"双喜"盖罐,质地粗糙,价格低廉,一般销往福建、江西、金华和附近村镇。中间也曾经尝试烧制过盘、碟、瓶等产品,但因销路不好而停烧。碗厂的生产和销售于20世纪七八十年代达到最高峰,1981年突破200万件,曾一度脱销。但几年以后,因受到龙泉瓷等精瓷的冲击,销量大跌,碗厂于1997年破产,所有职工由社保所发放两年生活费,制瓷作坊停产。

(二)保护利用

尽管三卿口制瓷作坊自1997年以来,已失去其实用价值,但正如老子所言"有之以为利,无之以为用",三卿口制瓷作坊古老的生产设备、生产模式和管理方式,原真性的工艺和技术,对研究古代制瓷工艺和现代制瓷发展等方面的价值,远远超过了她本身的实用价值。

1979年6月,浙江省考古所和江山市文管办联合对三卿口碗厂进行实地调查,自此,三卿口制瓷作坊的价值逐渐被外界所发现,并引起各界的关注,国内相关大专院校、科研单位、从事古陶瓷研究的专家学者,曾多次前来考察。如清华大学副教授罗德胤不但前来实地考察研究,而且出版了《南北两瓷村三卿口·招贤》专著。中国社会科学院考古研究所、复旦大学等单位拍摄纪录片、教学片,制作电视录像带,作为科研和教学资料,成为研究古代传统制瓷工艺的活教材。上海博物馆、衢州博物馆在展厅制作展示三卿口制瓷作坊模型,南宋官窑博物馆以三卿口龙窑为模型仿制1∶1的龙窑……研究方兴未艾。也因此受到了政府的重视,1986年5月27日,江山县人民政府公布碗厂作坊为江山县文物保护单位。2006年5月25日,国务院公布三卿口制瓷作坊为第六批全国重点文物保护单位。

(三)烧造工序

合作化之前的制瓷工序,分采泥、粉碎、淘洗、炼泥、拉坯、装烧等步骤。

瓷土矿山

采泥 瓷土矿山位于窑场东南约100米的南山坡地,距离很近,便于运输。矿脉丰富,开采面广,山体自然裸露在外面,只需用镐、锄一点一点挖下来就行,开采相当简便。开采后,村民将矿石挑到作坊进行加工。

粉碎 贯穿于整个作坊约4米宽的小溪,因山势落差较大而形成了较强的冲击力,为用于粉碎瓷土的水碓提供了必要的水动力。水碓房里每个碓臼内可同时倒入一簸箕的碎石块。碓头由水轮带动反复敲打石臼中的石块,直到像面粉一样,才算"打熟了"。这个过程一般要一天或一夜,期间还要不时搅拌石块,以便打得均匀。碓头分属不同人家,粉碎石料时,可以四个同时开动,也可以只开动其中一个、两个或三个。一个碓头一昼夜可粉碎石料400斤左右。

淘洗 淘洗分为粗淘、细淘、沉淀三个程序。"打熟了"的"熟泥"倒入粗洗池里,加入水成泥浆,石料和水的比例一般是一担泥三四担水,再用锄头来回"翻""洗"。每次"洗"的石料不能过多,一担就够了,"洗"十分钟,泥浆就"像米汤一样了",然后用木桶盛起泥浆倒入旁边的水槽内,泥浆从这里流到细洗池内。到细洗池之后，泥料下沉。细洗池与粗洗池之间壁上设有宽约8厘米的木闸，通过调节木闸，可使细洗池内的清水流回到粗洗池内。细洗池与沉淀池的连接处有浅浅的水槽相沟通，蜿蜒曲折地将淘洗好的细泥浆流送到沉淀池。沉淀池的另一端又有出水口，将池内上层之清水经水沟引回粗淘池，充分利用水源。沉淀池的底边有出浆口，可让沉淀好的"精泥"流入干燥池中进行脱水处理。一般100斤原料大约可加工成65斤"精泥"。

瓷泥

炼泥 精泥要在干燥池内放置大约一天时间，才具有足够的黏合度，然后要进行人工炼泥，即将瓷泥运入拉坯房，用特制的木质锹，进行割、拍、揉，经过反复炼泥，增强精泥的韧性。通过人工炼过精泥，一般要放在屋内晾架下挖好的堆泥坑进行陈腐，经过3—5天的自然陈腐，精泥会更加均匀，富有黏合性。

拉坯 拉坯即制作瓷器坯体。这需要一个木质转盘，直径70—80厘米。一次用盆取精泥约20斤，根据制作产品的大小，取相应的精泥，放到转盘上。拉坯时，一边用脚或木棍转动木转盘，一边用手指捏泥，塑成需要的坯体。小的可一次成形，大的须分两次做成。手指捏出的粗坯体需要用"走角"（一块简单的矩形铁皮）来修整。碗底或瓶底需用"碗刀"和"刮刀"来处理。碗刀是铁制的，一般长20厘米、宽11厘米，两头各向相反方面垂直折起5—6厘米。刮刀是竹制的，一般长20厘米、宽2厘米，厚不到0.5厘米。一个熟练工人，每天可做400多只碗坯，或者100多个瓶坯。

挖好底的陶坯，要在拉坯房内货架上晾两三个小时，才能完成拉坯的最后一道工序——"切碗底"。切完底后，坯体要移到室外晾晒，光线充足、气温较高，半天即可，阴天或冬天，可能要一天到三天，晾晒至"手摸上去觉得没有水分"为止。

瓷器毛坯

晾坯架

画花　晾好的坯上要画花。作坊产品主要是青花碗、罐。最常用的纹饰是"福"字和"囍"字。但由于个人修养和绘制笔法的不同，也会形成了纹饰的多样化。画圈线采用转轮勾划，将坯体放在转盘上转，毛笔抵住坯体不动，就能画出整齐的圈线来。其他纹饰用毛笔手工绘制，纹样富有地方特色。青花的原料主要用当地出产的钴土矿（土钴）和外地购来的青花料（洋钴）混合使用。一般一个熟练工人每小时可画50多只碗。

上釉　上釉也是一个重要的工艺流程，一般熟练工人可以一只手拿4—5个碗坯同时上釉，内外施釉，圈足底部不施釉，瓶坯因体积较大，只能一个个地上釉。上釉的配料和方法沿用祖传的秘方和技艺，成品色泽不均，参差不齐，有着鲜明的民间窑风格特征。

装窑　装窑制瓷流程的关键环节。装窑也称"叠窑"，是技术性很强的活，特别是作坊早期产品以无匣钵叠烧更显重要，是对装窑师傅经验和感觉的考验。装窑之前，先要把陶坯运到窑内，都是用双肩挑的，这个双肩挑与普通的挑担可完全不是一回事。是在双肩上各放一块木板，长8尺、宽4寸，上面各放10—15摞碗坯，每摞4个，按这样计算的话，双肩一次共可挑80—120个碗坯。然后，将碗坯叠在窑仓内，小仓可放5行，每行12柱左右，大仓一般可放12、13行，每行10柱，每柱叠碗坯18—20个不等。由于必须利用有限的空间，尽可能

未使用的匣钵   工棚内的匣钵

多装一点却又必须保持窑室内火路畅通,使各产品受热均匀。更不能让层层高叠的碗坯柱倒塌,所以一般都由富有经验的长者担当此任。

　　烧窑　烧窑是要求更高的技术活,最关键是火候的掌握,要根据柴火的干燥程度、天气的冷热、产品的数量大小等因素,看出火力的强弱,决定添柴和烧制的时间。从窑头点火燃烧,一般烧5个小时后,转入左、右侧投柴孔,三孔为一组接着烧,中间投柴孔为主力燃烧室,需烧得猛烈,1小时后移入下一组燃烧室再烧。整窑一般需烧15个小时。一间接一间连着烧,每间窑室左右的投柴孔,投柴的时间、数量均有规定。一次烧窑大约要耗费木材1万斤,由烧窑者自备,主要靠上山砍,偶尔紧缺也可以购买,中华人民共和国成立前夕木柴的价

青花瓷罐产品   青花碗成品

格是400斤一个大洋。烧窑之后，还要经过一天一夜的冷却，才能出窑。中华人民共和国成立前，每次烧窑的成品率大概在8成左右。

农业合作化之后，"窑村"成了专门生产瓷碗的"碗厂"，在制作流程上也相应发生了变化。工艺上有所改进，拉坯采用电动机械、淘洗过程加长并增加"榨泥"工序，装窑使用匣钵。

（四）人员分工

三卿口"窑村"与其他村落除了在血缘性这一点相似以外，最大的区别在于，别的血缘村落一般是以农耕为主，而"窑村"则是以手工业为主。所以，在生产经营模式上，也有所不同。农耕村落生产生活一般以家庭为组织单位，"窑村"虽然也以家庭为单位进行加工、制作和销售，但是在装窑和烧窑两个关键环节上得全村合作，共用一座或两座窑的集体组织方式。他们在技术传授上，一直保留着"传子传媳不传女"的传统，且在宗族内部代代相传，因此没有雇佣关系和师徒关系。

这种既分工又合作的生产经营方式，一直到"合作化"以前都是如此。采泥、粉碎、淘洗、拉坯、画花、上釉，这些工序均由各家单独进行，装窑时每家根据产品多少占据其中一个或两个窑位。烧制时，当前一节窑位烧成时，即通知后一节窑位的家庭相继烧造，循序渐进，直到全窑烧完。各家自理本窑位所需之燃料，并各自掌握烧成火候。因此，各家各户均掌握全部制瓷工艺的基本技术，一般一家人中，户主作为主要劳力干重体力活，如砍柴、采矿、炼泥、拉坯、装窑、烧窑等；妇女、老人、小孩配合干些轻体力活，如淘洗、修坯、晾坯、画花、上釉及拣选产品等。当然，在技术性较强的装窑和烧窑环节，为保证成品率，也可请技术更好的族人代做，工钱自行商量。烧成后的产品，亦由各家自行推销。

农业合作化以后，除了销售环节以外，其他生产流程仍然保留家庭式生产模式，产品烧成后，以家庭为单位，按件计酬。

三、建筑概况

三卿口制瓷作坊三面环山，一条长约3 000米，宽约4米的小溪贯穿整个制瓷作坊。这里的建筑大多沿着小溪两岸，在坡地上或山脚下，开辟出平地作为地基，形成依山傍水，大大小小，高低错落，朝向不一，连接成片的建筑群。这些建筑结构简单，一般是三架梁、五架梁，绝大部分墙体都是夯土墙，土黄色的墙体裸露在外，上盖小青瓦或小红瓦，有的工棚和水碓房四周则没有墙，上面盖的还是稻草。这在以精雕细刻著称的浙江乡土建筑中，简直说得上是寒酸简陋的了。但是，一色的红黑相间的屋面，土黄、灰白的墙体，掩映在青山绿树之间，整体风貌非常协调，田园之风浓郁，倒也别有一番风味。这里的建筑基本上可以分为两类：一类是生活性建筑，如宗祠、社庙、民居等；一类是生产性建筑，如窑、水碓房、作坊等。

（一）生活性建筑

三卿口制瓷作坊现存生活性建筑64幢，分为公共建筑和民居两类，公共建筑现存两幢，即黄氏祠堂和社庙，其余62幢全是民居。据当地老人回忆，1942年，日本侵略军攻打仙霞关失败后，撤回江山县城路过此地，放火烧了村里的

古民居群

大部分房子，幸存的房子只剩下5处：黄氏祠堂、社庙、碗厂56号、碗厂22号和碗厂20号南半部民居。所以，这64幢建筑中有59处是1942年以后陆续在原址重建的。按村民的说法，这些房子建筑材料和做法都是老的，一样的夯土墙、一样的木柱子、一样的坡屋顶，然后连同在烈火中得以幸存的5幢老房子，一直被原样保护到现在，所以今天的三卿口制瓷作坊依然能反映出中华人民共和国成立前"窑村"的基本面貌。下面就其中三处具有代表性的生活性建筑作简要介绍。

1. 黄氏祠堂

在旧时的血缘村落中，祠堂就是家族的象征，村里规模最大、最华丽庄严的建筑当属祠堂，"窑村"也不例外。黄氏祠堂位于村子东北方水口的溪东岸，坐北朝南，与溪对岸的社庙分立村口小溪两岸，估计在风水上可以起到关锁水口的作用吧。

祠堂的修建是家族的重大事件，《须江窑村黄氏宗谱》中专门有一篇《祠

黄氏祠堂

堂记》，说明祠堂的修建始末：

　　尝读《礼》："君子将营宫室，宗庙为先。"程子又云："家必有庙，庙必有主。事死当厚于奉生。"三复之，不觉慨然而有感也。铉爱与族长偕族商议，吾在此地设立宗祠，事关至要，因思度费浩繁，是以踌躇莫决。永便与永昌等在旁向余曰："祖业原系毫无，而碗窑一项，视生意之大小收窑捐之多寡，陆续积聚，甚可为也。"余曰："然。"由自是丙子年（1876年）始，屈迄今已有五六寒暑，仅得大钱百外之数，公用尚未克敷，复向族以派丁，且竭力以劝捐。总而计之，共获大钱五百有余千，乃思兴工动土，即择于本里之北，社门水口之东。鸠工庀材，勤勉从事。逾年而门、墙、中堂、寝室并列，粗就可观。经始于光绪己卯年（1879年）之秋，告竣于庚辰（1880年）之冬。时余年六旬有奇，得成此举，夫岂敢谓余能一人如是乎？维赖先人之厚德，俾后嗣同心偕一而众志成城也。异日继而美之，增而廓之，则更望诸吾宗孝子贤孙，笃于孝思，起而丕振焉。是余所厚望也夫。时大清光绪六年（1880年）岁次庚辰冬月谷旦。

历时一年零三个月，黄氏祠堂修建完成。建祠经费本想从"窑捐"中积累而就，但五六年下来，只有"百外之数"，远远不够，无奈只好"劝捐""派丁"，得以建成。

祠堂为三进二天井格局，面积500多平方米，三开间，小红瓦屋面。通面宽12.5米，通进深27.4米，前后三对马头山墙，分别夹着一个硬山顶。三对马头墙，由前至后，依次略微提高，体现"步步高"的风水理念。

祠堂由两进院落构成，由南至北分别是大门、戏台、中堂和后堂，其侧紧靠山坡，还有一间厨房。除了南侧开大门和西侧开小门以外，祠堂四面均用厚厚的夯土墙封得严严实实，有利于防火，能够逃过1942年日寇兵火之劫，也许正得益于此吧。虽然与民居一样同是夯土墙，但表面却全部刷了白灰，与民居裸露的土黄色相比，有种鹤立鸡群的感觉。

南面的院落是一个四合院,天井较小,宽度4米,进深2米。天井南面的明间,即进入大门之后,是戏台兼过道——底层为通往大门的过道,空间矮小,上面为高1.8米、宽4.1米、深4.3米的戏台。戏台的台口高度也只有2.3米。其屋顶采用半个庑殿式,北面两翼角起翘,南面与大硬山屋顶的北坡相交。天井的北面是中堂,面阔三间,面积达104平方米,有柱而无隔墙,便于观众在此看戏。

北面第二进院落的天井呈窄长条形,宽及建筑的通面宽,进深仅1.2米。这个天井的东西两侧没有厢房,南面是中堂的后墙,北面是后堂。

祠堂东侧紧靠山坡的厨房,单坡顶,室内面积20多平方米。

黄氏祠堂的装饰主要集中在戏台、中堂和后堂的木构件——雀替、牛腿、栏杆及望柱上。雀替两件,分别位于台口额枋与两角柱交接处,雕刻"喜上眉梢"。牛腿原有四件,现剩余三件,雕刻"蝙蝠倒挂""麒麟送子""鹿送灵芝"。戏台边上的栏杆纹样有"灯笼框""步步紧"两种,望柱头雕成莲花状。

中堂的梁架,当中两品是抬梁式,边品则用穿斗式。抬梁的五架梁和三架梁都是两头小、中间略大的月梁形式,两架梁则是当地人所谓的"猫拱背"(因两头以卷草内收,中间向上隆起,状如猫儿拱背而得名)。南面屋檐下,支撑挑檐枋的牛腿雕成繁复的草龙状。后堂的梁架,亦为中间抬梁,两边穿斗,但用材和装饰明显逊于中堂。

大门立框的石门墩上有浮雕,东、西侧分别为"鹿送灵芝""蝙蝠祥云"。这是祠堂内仅有的带有浮雕的石构件。

中华人民共和国成立前,每年的农历七月十六,黄氏祠堂里都要举行一年中最为隆重的"迎菩萨"活动,就是到江山廿七都的老父岩庙把"洪川安"神像请到村里的祠堂来。至于"洪川安"到底是何方菩萨,村子里谁也说不上来。其实,迎的是哪路菩萨并不重要,重要的是活动可以带给大人小孩喜庆、吉祥和热闹、欢乐即可。七月十五,各家派家里的成年男性为代表,出发去"迎菩萨",步行两个多小时,到达老父岩后,要住一晚上,第二天才把菩萨请来祠堂,供奉在中堂明间内,十天后再送回去。

在这十天中,整个村子像过年一样,停止一切生产活动,既不种田,也不烧窑。只干两件事：一是看大戏，每天两场大戏，下午、晚上各演一场；二是"杀猪"祭祖。每杀完一头猪，要先交给祠堂15斤猪肉，由祠堂厨房做熟供所有黄姓子孙分享，外村姓黄的来了也有份。

中华人民共和国成立后的第二年"迎菩萨"活动被停止了，但祠堂演戏风俗一直延续到20世纪70年代，只是所演的戏由原来的婺剧、越剧变成了"革命戏"。农业合作化之后，黄氏祠堂曾被当作仓库，用于储存烧好的瓷器。

2. 社庙

社庙的正式名称是"陈德公王庙"，坐西朝东，与黄氏祠堂隔溪相望。社庙的建筑规模极小，平面尺寸只有约5米见方，硬山顶，单开间，立面门额两檐上翘，小青瓦屋面。南、北、西三面为砖墙围合，东面的正立面安装有槅扇、门与栅栏，现门与栅栏均已缺失，只有槅扇还在。

社庙内有神台，高1米，台上原先供奉有三座神像，现神像已无，村民们每年在后墙上贴红纸牌位，中间是"安奉坐镇水口陈德公王位"，其北侧是"安奉

社庙

本境三清三圣大王位",其南侧是"安奉本境兴旺土地公婆位"和"先传后教何叶二位夫人位"。这些神明中,"三清"与"土地公婆"是为人熟知的,前者是道教地位最高的神,后者掌管一方福祉。"何叶二位夫人"能"先传后教",又为女性神,当是某种手艺神,抑或是"送子娘娘"之类。"陈德公王"是什么神仙,村子里已无人知晓。社庙一般供奉的是土地神,而土地神一般均由本地重要人物死后担任,"陈德"很可能是当地重要的历史人物;另外,福建客家人有供奉公王的习俗,黄氏由福建宁化迁来,也可能是客家人供奉的"公王"叫"陈德"。以前,村民们在烧窑前都要来社庙上香,上香时口里念着"请窑公菩萨保佑烧好窑,没有烧坏的碗"。对于村民来说,不管是哪里的神明,只要叫得灵就行。

3. 民居

民居大部分分布在小溪两侧和古道两旁,少数位于北侧的山坡上,一般以三合院和四合院为主,高度一般在6米左右,比祠堂稍低一些。大多只有一个天井,有的连天井都没有,层数介于一二层之间,因为楼上与其他村落的民居建筑一样,比一层稍矮,并不用于住人,只用于堆放杂物,同时,起到夏天隔热,冬天保温的作用。从用材来看,比较匀称,牛腿、雀替、斗拱等木构件,雕刻比较简单,作为古民居实用性比较强。其中,年代最为久远,保存最为完整,规模相对较大的要数碗厂56号民居了。

碗厂56号位于东面山坡上,原为村里唯一富家黄乐吉的住宅,土地改革后分给了几家人,如今为6家人所有。但实际上,现在常住在里面只有3人。该民居被当地人称作"新屋",可见在建造之初,应是村里最好的房子了,它是在1942年劫难中幸存的五处建筑之一,是村里难得的60年以上的老房子。除了年代久远,"新屋"的可贵之处在于,它保留了用于贮存瓷器的库房。

"新屋"坐东朝西,由主屋、厨房和库房三部分构成,通面宽28.9米,通进深16.6米。主屋为三合院式,面阔五间18.9米,进深12.9米。天井为窄长条,宽9米,进深仅1.3米,边缘用大卵石铺砌。天井东面是厅堂和堂屋。厅堂在中间,太师壁位于厅堂侧后方。厅堂两侧各有两间卧室,每间卧室进深7米,中间用木板墙壁分成前后两间。天井南、北两侧各有一间厢房。天井西侧无倒座,直接在院墙上开一大门,大门外有简单的门楼,内有檐廊。

主屋北侧是一间过道兼库房,再往北则是厨房。厨房西面是两层库房,每层面积53平方米。库房利用地形落差建成,顶层地板比主屋平面高1米,主屋平面又比其底屋平面高2米。各层平面之间有木楼梯连接。

"新屋"的装饰集中在大门和堂屋、厢房的槅扇上。大门屋檐由两根垂莲柱支撑,垂莲柱下的斜撑雕成草龙状。堂屋和厢房的槅扇均"步步紧"格心,绦环板当中一个异体的"寿"字,两侧各有一草龙。

(二)生产性建筑

窑、作坊、水碓、淘洗池等都属于生产性建筑。

1. 窑

三卿口制瓷作坊现存一座龙窑,修建于1962年,位于村落西面山坡上,依山势而建,呈阶梯状,连同南侧同在一个坡顶下的作坊,占地面积达436平方米。龙窑用红砖和石头砌筑而成,总长度达35米,内有27间窑腔,可横排匣钵11列,每列匣钵柱叠碗40只左右,在匣钵柱顶端可再放置叠烧(不用匣钵)碗坯4、5件,一次可出窑2万多件陶瓷。以前均为碗坯直接叠烧,自这座龙窑起才开创了匣钵叠烧,大大提高了工作效率和瓷器成品率。每间窑腔在南北侧墙上各对应开一个投柴孔,其中南侧墙上有四个投柴孔扩大成门洞,供装窑时工人进出用。大龙窑横截面为拱形,室内底部宽约1.8米,平均高度1.9米,墙厚20余厘米至60余厘米不等,拱券底部较厚而顶部较薄。最西端有一个8.4米高的烟囱。这种平面近扇形的窑床和前端封闭,两侧投柴的燃烧室,是较为罕见的。

据村里老人们说,除这座龙窑之外,村里还曾修建过四座窑,中华人民共和国成立前3座,最老的窑位于黄氏祠堂东侧的柚田山上,为全村所公用,后来因为两兄弟不和而"打官司",一气之下各自修了一座新窑,分别叫"上房窑"和"下房窑"。从此,老窑谁也不用,后来就荒废了。在农业合作化之后两年(1958年),村里又新建了一座龙窑,"上房窑"和"下房窑"也被淘汰了。1962年,因为有了更新的大龙窑,1958年修建的旧龙窑又被废弃了,1973年,在该龙窑位置上兴建了一座厂房,龙窑也就不复存在了。1978年,"上房窑"因要在其

龙窑侧立面

龙窑内景

龙窑内排烟孔

龙窑投柴口

龙窑烟囱

龙窑窑口   龙窑窑门   龙窑内侧及与之相连的工棚

上盖新房,也被铲掉了。"下房窑"则在20世纪80年代,因盖猪圈而被拆了。

2. 作坊

作坊主要用于"碎泥""拉坯""上釉""画花""晾坯"和存放陶坯。三卿口制瓷作坊共保存40余间作坊。作坊可分为大作坊和小作坊两类。大作坊出现在合作化之后,典型实例就是龙窑南面的作坊。龙窑南面的作坊,顺地形呈四级台地,各层台地的地面标高各与一个龙窑门洞的地面标高相同。作坊的东、西、南三面开敞,北面有连接各层台地的45级台阶。

小作坊包括合作化之前的家族式作坊和合作化之后的小型作坊,其典型实例如碗厂20号西面桥边的作坊。主要功能是"拉坯""上釉"和"画花"。建筑用双坡瓦顶(以前为草顶),三面围合,西面敞开,按承重可分为两间,但按工作单元则可分为四间。通面宽12.4米,进深4.9米,墙体为夯土墙,檩条直接架在山墙上,承接双坡瓦顶的重量。每两面承重墙之间,中间再设半隔墙,将之划分成两个工作单元。隔墙与承重墙之间,在不同高度上共设有六对木梁,这些木梁上面搁上木板就可以作为盛放和晾干陶坯的支架。

作坊也可用木柱或砖柱承重而不设围护墙,这样就可形成两面、三面甚至四面开敞的格局。

制瓷作坊外景

制瓷作坊局部

3. 水碓

水碓在水碓房内,水碓房就是"碎泥"作坊,水碓房一般为双坡顶的木构简易房,至少有一个面开敞,以便水毂轮局部放在其屋檐内,三卿口制瓷作坊沿

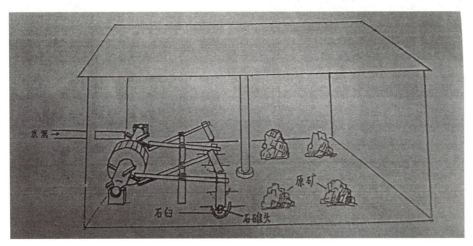

1979年牟永抗绘水碓房示意图

水碓

溪两岸设有10座水碓房。每座水碓房里设有水毂轮一个,轮宽110厘米,直径80厘米,用松木制作而成。水碓四具,主要由石臼、碓头、碓臂、碓刹(拨杆)等组成,石臼径40厘米,深25厘米。其工作原理是采用水毂轮顶端落水推动。在入流口水深14厘米时,每分钟转动20圈,能带动碓头四具。

4. 淘洗池

淘洗池位于拉坯作坊附近,用于将粉碎后的瓷泥原料制作成泥浆。三卿口制瓷作坊在10座水碓房之间还布有7组淘洗池。每级淘洗池由5—7个单池贯连组成。一般可分成粗淘、细淘、沉淀三级。粗淘池面积最小,约1米见方,有单池或双池,双池的两池间有小口相连。粗淘池的泥浆用人力或水力提灌至细淘池。细淘池,也约为1米见方,如为双池,也有小口相通。细淘池的出口处有浅浅的相通沟,将淘洗好的细泥浆流送到沉淀池。沉淀池一般都是双池,面积最大,约2米见方。粗淘池和沉淀池的深度约60厘米,细淘池的深度约1米。

合作化以前的淘洗池和作坊都是小型的,散落的,一般一个家庭拥有一组淘洗池。淘洗池和作坊分布在水碓附近,占据了最靠近溪流的低地。

淘洗池

千古之谜
——龙游小南海石室

　　小南海石室俗称龙游石窟,为一地下石室群,分布于龙游县北部的小南海镇和湖镇境内衢江(古称瀫水)北岸。东至湖镇曹垅村,西至小南海镇翁船头,长16公里,北至塔石镇交界,南至衢江,长5公里,经初步勘查,石室总数为60座左右。其中小南海镇周红畈村石岩背自然村分布最为密集,达25座。小南海石室数量众多,构造奇特,引发人们谜一般的猜想,加上周边人文自然环境优美,吸引了无数中外游客、专家学者、文人墨客前来参观考察。

一、地理环境

　　龙游县从地质上来看,处于江山—绍兴深断裂两侧。以深断裂为界,分属不同构造单元。燕山运动晚期,江山—绍兴深断裂在拉张作用影响下,形成大陆裂谷型地堑盆地即金衢盆地,并堆积了巨厚的方岩组、金华组内陆河湖田红层。此后,喜山期基性—超基性岩浆活动侵入晚白垩世地层,形成虎头山岩筒。以江南地层区第四系地层为主。喜山期岩类超基性岩筒见衢江北岸虎头山、中埠等地,侵入晚白垩世地层。所在区域地质为红砂岩,局部夹杂有少量白色透镜体,其岩体强度低,便于凿掘;但同时因岩体结构面(节理、裂隙、层理)不发育,岩体致密而完整性良好,为大型洞室工程的长期持续稳定提供了必要条件。

　　小南海石室群就分布在衢江北岸这一带。衢江,为古代水运的主要航道,

小南海石室标志碑

小南海石室三只岩西北侧

衢江北岸山清水秀,景点众多,有虎头山、潋波岩、翠光岩、鸳鸯岩、竹林禅寺等,被称为潋江风景区,风景优美,人文荟萃。

虎头山,位于龙游城北约2.5公里处,因山形像一只伏虎昂首衢江之上,故称虎头山。旧名康山,因山上旧有康王庙,而得名。康王庙祀北宋名将康保裔,宋真宗时期,康保裔屡立战功,后在宋与契丹血战中战亡,真宗甚为悲痛,因真宗及钦、徽二宗均尊崇道教,故追封康保裔为"康王真君",并倡议各地设庙宇供奉忠臣。到宋高宗赵构时,更为流行,各地立庙奉祀者众。也有康王庙为祀康王赵构之说,其实为误解。该庙不知始建于何时,现已毁。

潋波岩,位于虎头山沿溪沿山西行约0.5公里处。岩临潋水,又以其形口若箕,名簸箕岩。北宋乡贤吕防[1]在岩上建有潋波亭,并作有《潋波亭》一诗:"王孙余巧力,银汉亦经营。地轴卷不尽,风梭织不成。"清康熙年间,知县艾朝栋建白衣庵于其上,故又有白衣岩之称。岩东二小洞,层据山腹,旧隘小,艾知县方而广之,复从岩麓缘溪凿小径,梯登而达于洞。俗称艾公洞。亭庵早废,岩洞尚存。

翠光岩,由潋波岩再沿山西行0.5公里即至。翠光岩比潋波岩大而深。现岩中仍隐约可见唐代"翠光岩"三个字。明少保胡宗宪曾与幕客徐渭、沈明臣等舫咏勒石岩中,"文革"时期被毁。石壁中还发现有唐宋时期的摩崖石刻2方和9块竖向长方形的碑龛。另外,历代文人墨客曾留下许多吟咏翠光岩的诗文佳作,可见,此处是古代龙游一个著名的旅游观光景点。

鸳鸯岩,位于翠光岩西侧。因"南朝梁天监二年,有异鸟紫质立岩际,羽族随之,故名"。清中叶以后,江水主流南移,岩前已成平畴。1985年冬,岩顶悬空部分岩体开裂,巨石堕于岩前。

凤凰山,俗称童坛山,虎头山东北约1.5公里,民国《龙游县志》:"双溪(灵溪、潋溪)缩毂其下,风景绝胜。"山上有童坛殿,"明时僧仁来募建,有楼为摩诘

---

[1] 吕防,字大防,北宋熙宁六年(1073年)进士,为邑中登第第一人,初授饶州刺史兼骠骑尉,赐大中大夫。《龙游县志》载,曾于嘉祐末年(1063年)设义学于龙游县南山麓。一日登山,见鸡鸣棘丛中,张罗饲之,得白金数十镒,悉输之官。邑令义之。后人为纪念吕大防拾金不昧的高尚品质,故将此山称为鸡鸣山。

楼,距庙北数百步,有听云精舍,寺僧恒玺建"。清咸丰壬子年(1852年)住持觉灵禅师重修。宣统六年(1909年)南海普陀寺化忠玉禅师来此,建立临济正宗,扩建殿宇,改称童坛竹林禅寺,作为南海行宫,故俗称小南海。明诗人汤显祖游此曾作《凤凰山》七绝一首:

系舟犹在凤凰山,千里西江此日还。

今夜魂消在何处?玉岑东下一重湾。

民国二十二年(1933年),文学家郁达夫游此,又作《凤凰山怀汤显祖》七绝一首。童坛殿大殿于"文革"中被拆,改建为虎头山中学,仅留部分僧寮客厅。改革开放后,竹林禅寺不断复兴。2002—2008年,戒成和尚主持重建"圆通宝殿"、钟楼、鼓楼和膳房等近6 000多平方米。

小南海石室最集中的石岩背村,就位于凤凰山上,原先山上无人居住,只有竹林禅寺。1955年5月,连降暴雨,龙游遭受有史以来罕见的水灾,灾民迁至凤凰山上,暂住寺内,后定居于此,并以村建制,村庄以石岩得名。

二、历史沿革

小南海石室的发现纯属偶然。石岩背村有许多长方形的石质水潭,水面约20平方米,深浅不一,有的深不可测。潭水是村民的唯一生活水源,但潭水无论怎么用,都清澈如一,且不会变浅,即使大旱也是一样,被村民称为"无底潭"。这引起了部分村民的好奇,村里吴阿奶等四人听说周边的金华双龙洞、建德灵栖洞等天然溶洞旅游生意红火,又有传闻"文革"时,竹林禅寺的镇寺之宝唐代玉石观音被扔入一口无底潭中。为了开发旅游和寻宝,1992年6月,他们用了17个昼夜,抽干了其中一个潭内的积水(即2号石室)。小南海石室即龙游石窟由此被发现,重新面世。

1. 始建之谜

追溯历史,龙游有文字记载的历史长达2 500余年,但石室的开凿年代无论

是史书还是地方志均没有任何记载,民间也没有相关的任何传说。究竟开凿于何时,众说纷纭,莫衷一是,主要有以下几种说法:

新石器时期 认为开凿于新石器时期的专家主要是基于三种推测。一种是石室石刻"天马行空图"中鸟的形状,与1988年余姚出土的一只长颈鸟比较接近,而马的造型与内蒙古百岔河新石器时期的鹿岩画中的一幅马极为相似,因此,推断石室可能也是形成于该时期。一种是从用途上推测,有专家学者认为,石室是古人为穴居所需而开凿的,是一人们群居之所。从石窟群可容纳数万人推断,是个不小的群居部落。从构造看,石窟洞口位置高,有利于防止洪水漫入,也可防猛兽的袭击。除作为出入通道外,还可采光、通风。洞厅的水池主要用于汇集从洞口飘入的雨水和地下渗水,维持洞底干燥,便于铺草躺卧。穹顶的弧形和洞厅呈角矩状,这是人类最早朴素的"天圆地方"思想的反映。还有一种认为小南海石室与世界巨石文化的遗迹颇有相似之处。世界各地有许多巨石遗迹,如埃及金字塔、蒂瓦纳科神庙的太阳门等。小南海石室就如同地下金字塔群,形状基本上是倒斗形,与地上金字塔有些差异,但基本形状相似。

春秋时期 有较多专家认为,石室开凿于春秋时期,均是根据对石室用途的猜测,所得出的结论,但对于春秋时期石室用途的看法又各不相同,主要有以下几种:一是仓储说。浙江大学的褚良才博士推论,古代龙游处于交通要道,商贾云集,运输繁忙,在江边(特别是商埠码头)开凿许多地下建筑用于储存物资。石窟大致是春秋至汉代前后开凿的出于经济目的的仓库。一是宫殿说。有专家则认为,龙游春秋时属姑蔑国。龙游石窟从勘察、设计到施工应该是一气呵成的,如此巨大的工程,非以国力从事殊难完成。因此,很有可能是姑蔑国建筑的宫殿,其宫殿构造特征主要体现在:整个石窟在采凿之后,对壁顶均进行了纹饰,以达到某种审美的要求;从建筑结构来说,它的柱子考虑得很科学、很合理,又很牢固;根据南方建房的需要,考虑"五分水",便于排水,而且洞的构造可以达到冬暖夏凉的效果。一是藏兵说。有专家认为,龙游县在历史上曾发生过多次战役,石室群地处县以北的衢江北岸,正是攻取县城的必经之地,守城方在此开凿石窟作为藏兵之用。这些石室,无论是单体形制还是总体布局,都按照既定的统一规划设计施工。它表现出绝对权威者出于某种特殊需要而不惜工本的营造决心。而在春秋战国时代,吴越之战中,勾践战败,想打败吴国报仇雪恨,就需要一个大规模的战略基地,在越国本土绝对不可能。当时姑蔑与越国是友好邻邦,两国有江河相通,由姑蔑顺流而下,仅半日航程即可到达越国都城。姑蔑与吴之间也有历史积怨,姑蔑为东夷集团蚩尤部族的后裔,原在山东,后来成为商的方国,因受到西来周人的征讨,而迁至太湖西岸。太湖西岸这一带本是荆蛮吴地,自然引起了与吴的冲突。吴与周迫使姑蔑南迁到龙游。越国战败后,借姑蔑之地秘密铸造武器,屯练兵士,是很自然的事。地下石室群不但满足了军事机密的隐蔽性及军事运输的便捷性,而且众多大空间的石窟还可以满足战备所需的各种不同的使用要求,如战斗人员的军事训练,武器装备的生产储藏等。

汉代至明代之间　　有专家认为从石室凿痕判断为铁器所为,开凿年代应在汉代百炼钢技术出现以后,至明代之间。

三国时期　　有专家认为,石室是三国时期用于仓储而开凿的。在建安元年(196年)至建安十年期间,强大的东吴在富庶的江南挖凿了不少秘密石窟屯积粮草。龙游石窟高度均20米以上,要不是为储藏粮草层层架开,便于通风,作他用都较难解释。将储粮石窟建在龙游,主要优势在于龙游位于浙江省中西部,紧挨江面,可将粮草等通过上饶的信江输往周瑜训练水军的鄱阳湖,水上航程比从长江运输近一半左右。

小南海石室究竟开凿于何时,废弃于何年,至今虽还是未解之谜,但从历代文人墨客的诗文中,略能发现一些蛛丝马迹。如宋末元初张正道的《翠光岩》:

> 百尺苍崖水气昏,我来避暑动吟魂。
>
> 千年尽露波涛色,万古犹存斧凿痕。
>
> 倒跨苍龙探月窟,醉骑老鹤蹑云根。

天心水面无穷意,日日乘舟到洞门。

"千年尽露波涛色,万古犹存斧凿痕",可见在宋代时石窟已经存在,并已存在很长时间,当时人们就称之为"万古斧凿痕"了。

清康熙年间学者周召《青霞书院》诗"试向翠光岩下望,谁家不把石崖磨"句,可推测,至迟在清初石室还在发挥作用,家家户户可能都以开采石料为主业。

2. 发现以后

1992年6月,发现小南海石室2号洞。

1992年10月,龙游县政府将2号石室开发为"南海灵洞",成为龙游第一个对外营业的旅游景点。

1998年6月20日,小南海石室被龙游县人民政府公布为龙游县文物保护单位。

2000年5月至2002年10月,实施石室保护工程,总投资2 611万元。对石室保护范围内的基础设施进行改造,对3、4、5号洞室进行加固保护,工程由中国人民解放军工程学院设计,湖南宏禹水电岩土工程有限公司施工。

2001年10月19日,在2号洞内水池进行清淤泥时发现汉代釉陶残片。

2001年12月17日—2002年1月20日,对石室2号洞进行发掘清理,揭露面积93平方米,深4米,清理时

2号洞出土的汉代釉陶壶残片

2号洞出土铁楔子

相继发现汉代高温釉陶壶的残片,现代蓝边白釉瓷碗、塑料纸等,表现该地层系石室废弃后冲刷形成。

2002年1月6日,2号洞口南壁下方发现嵌入石缝中的铁楔子(俗称"石老鼠")。

2002年1月9日,5号洞上部清淤泥时发现梭状铁短凿,头方尖,尾回形,中腹粗大,呈梭形。

5号洞淤泥中出土梭状铁短凿

2005年3月16日,小南海石室被浙江省人民政府公布为浙江省文物保护单位。

2008年4月至10月,浙江省文物考古研究所会同龙游县文化广电新闻出版局,龙游石窟研究所,龙游县博物馆对"小南海石室"遗址群中的翠光岩、鸳鸯岩、潋波岩和第6、7号"小南海石室"进行了为期近七个月的考古发掘。

2008年11月19日,浙江省文物局、浙江省文物考古研究所、龙游县人民政府特邀国家文物局专家黄景略、张忠培、徐苹芳、徐光冀、李伯谦、杨晶六名专家来龙游举行"龙游石窟考古汇报会",专家们参观了1—5号洞,考察了6、7号洞,初步明确龙游石窟的开凿年代为宋代前后,6、7号洞性质为采石场遗址。

2012年,实施石室抢救性加固工程,总投资约560万元。对1—2号洞窟实行钢结构支护加固,1—3号洞背卸载防渗,同时对18、21、24号洞开展抢救性保护。工程由湖南宏禹水电岩土工程有限公司施工。

2013年3月5日,小南海石室被中华人民共和国国务院公布为第七批全国重点文物保护单位。

三、石室概况

石室总数为60座左右,目前,已对1—7号石室进行考古清理,其中1—5号石室已对外开放。

（一）1—5号石室

1. 基本情况

1号石室：矩形小口。底面积约300平方米，长方形。朝向西。因支撑面小，只预留一根撑柱。北壁凿刻有"天马行空图"浮雕，长约1 500厘米、宽50厘米。洞檐下设有长方形蓄水池。

1号洞壁上方的浮雕——马、鸟、鱼

2号石室：矩形小口。不规则方形，朝向南偏西10°，长宽分别为35米、33米，面积近1 200平方米，南壁与1号石室仅隔0.5米。有立柱四根，最粗一根需5人合抱，是开凿得最规整的一座石室。2002年1月6日，2号洞口南壁下方发现嵌入石缝中的铁楔子（俗称石老鼠）。2002年1月9日，5号洞上部清淤泥时发现梭状铁短凿，头方尖，尾回形，中腹粗大，呈梭形。

2号洞内局部

3号石室：面积约1 400平方米。朝向南,有三根撑柱呈南北向一字排列。洞口矩形规范,洞口设檐。

4号石室：面积2 000余平方米,朝向南,入口极小似壶嘴。三根撑柱近似等边三角形分布。从洞口至洞底阶道长达50米。洞深逾30米,顶部二坡顶斜交,交接处呈弧形穹窿,气势极为壮观。

3号洞内撑柱

5号石室：面积700平方米。朝向南,三根撑柱一字排列呈南北向。洞檐下设长方形蓄水池,以防雨水流入洞室。

4号洞内撑柱

5号洞檐下的长方形蓄水池

2. 石室特征

从已开发的这五座洞室的形制结构来看,从平面布局到空间营造,从洞内撑柱到洞壁纹饰,具有以下特征。

平面布局 每座洞室都是经过精心测量设计营建的,洞室与洞室之间互不连通。即使是仅隔十几厘米亦不曾打通,定位精确令人惊叹。这是龙游地下石室的最大特点。1号洞室与2号洞室朝向正好垂直,其余2号、3号、5号洞室虽然入口方向不尽相同,但每座洞室朝向基本一致,朝南偏西10°左右。

单体平面绝大部分呈长方形或近似方形，个别的如3号洞室平面则为"刀"字形。

空间营造　根据其入口的结构，可将洞室分为三大类：一类为竖穴小口洞室结构，另一类则为横穴敞开式洞厅，第三种为院落式结构。当然可能各自具有不同的功能。

横穴石室　开凿于衢江北岸的悬崖上，洞厅横向敞开，洞顶斜弧递进，形如一只簸箕。这种横向敞开的洞室约占总数的十分之一。其中最具代表的洞室有"洞天一堂"，此洞系自然形成。"洞天一堂"的穹顶上还凿有用来吊挂什物的"牛鼻"穿。

小口竖穴石室　在小南海镇石岩背村的25座洞室，均以竖穴石室为主。已开发的石室单个规模最大者是2号、4号洞室。2号洞室底部长约35米，宽约33米，面积近1 200平方米。入口处较小，为长方形，20平方米左右。洞口最高处与洞底最低处在4号洞里高差达30余米。从洞口西隅设台阶延伸至洞底，但台阶级差最高的达到2米多，因此这种台阶显然不是用来出入行走的。

小南海石室五人合抱的撑柱

开凿者又在原台阶用小块红砂岩条石砌垒成可以用来供人步行的通道。每座洞室皆预留有二至五根三角形巨型撑柱，洞室底部留有不规则台阶层层递进采石遗痕。

预留撑柱　独一无二的弧边三角形撑柱，也有学者称"鱼尾柱""船形柱"。每座洞室无一例外皆预留有数根硕大的弧边三角形立柱支撑着庞大的斜弧坡顶（体量大的则为双坡顶），每根形状完全相同。立柱有的一字排列，有的前后两排，有的则呈等边三角形排列。最大立柱要五人合抱,截面为二弧边三角形(二号洞中心立柱弧边长3米,底边1.53米)。柱头与坡顶交接处呈喇叭状展开,具有良好的承载功能。立柱作侧脚,向外倾斜7°左右。这种二弧边三角形柱子极为罕见,是龙游石室显著的标志。

据初步分析,洞室所采用这种"鱼尾形"柱,是具有科学依据的。首先,为了较好地发挥立柱的作用,使立柱的长边方向与石室的长边基本上平行,而与短边垂直;立柱长轴方向与斜顶倾向方向一致,且宽而方的一端位于斜顶的高处,所以它们能较好地支撑石室的斜顶;柱与洞顶和底座由同一岩体刻凿而成,浑成一体。因此在受力和变形过程中各部分之间能较好地协调在一起;柱与顶板之间科学地采取了"弧形过渡"方式的斜托,从而较好地避免了局部应力集中的问题。

凿痕浮雕　洞室装饰简洁、拙扑。内壁通体凿刻水平带状条痕,条痕甚为规则,整座洞室浑然一体,极富韵律。条带间一般用线状条痕3—5条间隔。这些凿痕为开凿时所形成的。

(二)6、7号石室

除已对外开放的五座洞室外,2008年4月至10月,浙江省文物考古研究所会同龙游县文化广电新闻出版局,龙游石窟研究所,龙游县博物馆对"小南海石室"遗址群中的翠光岩、鸳鸯岩、潋波岩和第6、7号洞室进行了为期近7个月的考古发掘。两洞室的结构和堆积情况基本一致,主要考古成果如下(以6号洞为例)。

地层与出土物　堆积自南向北逐渐减薄,并至距离北壁约16米处中断。整个地层厚度为0.6—5.5米,并分为上下两层。上层:系洞室废弃后的近现代堆积层,其中近洞口处堆积最厚,均由生活和建筑垃圾所组成。厚2—4米。下层:原生堆积层。厚2—3米。该层出土有个别的韩瓶和少量的青花碗残底。

此外,在洞室东部后端,即最低洼处约300平方米的范围内,尚有厚约0.6米的淤泥层。从现场分析,该范围原无其他堆积,系洞室内最后的工作面。

结构　洞室总面积约650平方米。平面呈东部长、西部短的不规则曲尺形,其中东部长47米、北端宽17米;西部长30米、南端宽18.3米、北端(以与东部的

6号洞洞底保存现状

6号洞工作面现状及废石

转折处为基点）宽12米。中部的最大跨度（即东、西部转折处）为27米。剖面呈
南高北低的台阶形下降，以东壁为例，其水平点南端为99.52米、北端为83.23米，
南北高差为16.29米。整个洞室分别由洞口、通道、支撑柱、顶部、底面、引水和蓄
水槽所组成。洞口，开凿于洞室的东南角，平面作长方形，东西长8.5米、南北宽
3.2米。通道，自洞口南壁，至西壁折而紧贴西壁向北至洞室西部的终端，宽约1.3
米，系用大小石块垒筑，其中洞口部分通道下有一堵高约3米的基岩。通道表面
现已改为水泥台阶，系当时村民为开发洞室所为。据当事人介绍，原路面为斜坡
式。支撑柱，共3根，自南向北分别编为柱1—柱3，均位于跨度较大的洞室南部，
并呈纵轴线状态分布与洞室东、西部的交界线上。其中1号柱距洞室南壁6米，
距2号柱6.8米；2号柱距3号柱8.8米；3号柱距洞室西部的北壁3.2米，距洞室东
部的北壁23米。各柱截面均颇似现代的熨斗形状，即南端宽平、北端弧窄。顶
部，整个顶部自南向北呈不规则状逐渐下斜，以西侧为例，南端高6.24米、近南端
高5.67米、中部高7米、近北端高6.76米、北端高3.14米。在支撑柱分布的轴线位
置，东、西两部的顶部存在明显的高差，其最大落差为0.6米。由于顶部的下斜，
覆盖于顶上的表土和基岩亦随之增厚，其中洞口部分的厚度为2.5米左右。底
面，整个洞室的底面具有台阶形下降的特征，台阶长短不一，但宽度普遍在1.2米
左右；高度基本在0.5—0.6米左右。局部面上留有尚未完成的工作面。引水槽
位于洞口表层的北壁和西壁上，自西向北逐渐倾斜，并注入蓄水槽中。蓄水槽位
于洞口偏北处，平面呈长条形，东西长3.3米、南北宽0.6米。

6号洞口现状

6号洞石砌挡墙及废石

此外,在洞室壁上均留有整齐的斜向和平行两种凿痕。前者自右上方向左下方倾斜,排列均匀,前后间隔为1—2厘米,有的凿痕中间略带弧状,每层高约50厘米;后者间隔与斜向凿痕中,由二至三条横线组成,上下相隔2—3厘米。

性质与年代 面积略有大小但结构基本相同的6、7号洞室,其功能

6号洞岩壁嵌入的铁质工具

应基本一致。发掘时在堆积层中出土的韩瓶造型为浙江地区宋墓中所常见,而青花瓷碗属明代之物。宋代韩瓶和明代青花瓷的出土,既表明了这两个洞窟至

7号洞保存现状局部

7号洞遗留的石槽挡墙现状

迟在宋代已经开凿,同时亦说明洞窟的开凿和废弃具有较长的时间跨度。2008年11月19日,浙江省文物局、浙江省文物考古研究所、龙游县人民政府特邀国家文物局专家黄景略、张忠培、徐苹芳、徐光冀、李伯谦、杨晶等六名专家来龙游举行"龙游石窟考古汇报会",专家们参观了1—5号洞,考察了6、7号洞,初步认为6、7号洞性质为采石场遗址,开凿年代大致为宋代前后。

四、谜团猜想

小南海石室群自发现以来,除文物考古界积极参与外,也引起了社会各界的高度关注,众多媒体争相报道,专家学者实地考察研究,文人墨客云集采风创作,如中国科学院院士孙钧、工程院院士王思敬和钱七虎、同济大学教授贾岗和地下工程研究所凌建明、诺贝尔文学奖得主莫言等。10余年来,对于石室群的开凿年代、用途、组织者等众多谜团,各有各说,至今未解,被世人誉为"世界第九大奇迹"。用武侠小说大师金庸的话来说就是:"龙游石窟天下奇,千猜万猜总是谜。"

(一)谜面众多

开凿年代之谜 至今尚无定论,上文已有论述。

工程组织之谜 "彼此相连而不相通的地下建筑群,决不是短期内、少数人所能完成的。需要有统一的规划,统一的组织、指挥。"如此浩大的工程,按常规必须有成千上万人工投入,必须有组织者统一指挥协调。通过种种迹象得知,这些石室是同时开凿,又同时未完工便停止了。能够召集这么多的人力物力同时施工?组织者究竟是谁呢?

石室用途之谜 如此众多的石室,结构相似,大小迥异,开凿出来究竟有何用途?是采石还是藏兵?是宫殿还是陵寝?是道家福地还是伏龙治水?专家学者们对石室用途有百余种猜想,谜团重重。

台阶阶距之谜 一般来说,台阶应为当年开凿石室运送石料所设,应修成适合人们行走的形制和高度,但是实际上却是锯齿状的且台阶高达2—3米,常人根本无法行走。不但如此,台阶自窟底通往窟口,没到窟顶开口处便中断了,常人不利用其他工具根本走不出石窟。这说明窟内台阶并不是为窟内挖凿作业所设，那又为何用呢？

石室总数之谜 现经初步勘探，共有石室约60座，但真正有多少座，很难下定论。

石料去处之谜 据估算，现已发现的石室开凿石料量应在86万立方米以上。这么多的石料是如何运出去的，又运到哪里，作什么用途呢？一时难以考证。

石室石刻之谜 1号洞的石壁上有一处刻有鸟、马、鱼的浮雕图案，有专家研究称其为"天马行空图"。其究竟为何寓意，不得而知。

洞内水池之谜 已开放的5座石窟底部靠近中心部位均有一个面积约20平方米的矩形水池，而且两侧是开凿而成，另两侧则是砌石而成，作何用途？

鱼去何方之谜 石窟群在发现之前被称为"无底潭"，以前作为寺院放生池，养有大鱼，当地村民还常在此钓鱼，但当村民抽干水后，竟找不到一条鱼，鱼去哪儿了？

（二）用途猜想

不管有多少谜团，只要能破解石室用途之谜，其他谜也就迎刃而解了。关于用途之说，集社会各界专家之说，大致有以下几种。

采石说 有专家认为，开凿石室主要目的是为了采石。龙游石窟群石头断面凿痕平如刀削，纹理匀称细密，洞的四壁陡峭笔直，棱角分明，符合采石取料的特征。所采石料的用途，有多种说法。一说是用于居民造房、官府城墙，唐代以来尤其是明代，在衢江、婺江及钱塘江等沿江城池都有较大规模修缮城墙活动。小南海石料开采后可顺流而下，供各地修城。龙游在明代也曾大规模修建城墙，用石约5万立方米。一说是五代吴越国王钱镠时期在杭州构筑捍海石塘。吴越国建都杭州，离龙游不远，且龙游为吴越所辖。事实上，钱镠构筑捍海石塘到元代废弃的这300多年间，海塘曾大规模整修两次。

仓储说 在以水运为主的时期，龙游因为衢江及其密布的支流，成为一个航运发达的地区。大量的茶叶、粮食、布料等在此交易，并通过江河运销各地。在石岩背村对面江心处,原有一块沙洲(现已淹没),曾是一个商贸繁荣的小镇,小镇古名叫做"盐仓"。有专家推论,古代龙游处于交通要道,古代吴越之地有许多地下"冰室"。竖穴石窟的洞口凿形,可以印证古书中的记载"方为窖"。且洞口之上适宜建井亭,可以遮雨,这样便于控制洞内小气候。洞内气温稳定在14.7℃—15.2℃之间,相对湿度96%—98%。现代粮仓储谷的最适宜温度为15℃,与石窟实测一致。霉菌、害虫适温20℃—30℃,相对湿度80%—90%。因此,石窟还有防御病虫危害的作用。也有人认为是三国粮仓。

藏兵说　有专家认为,龙游县在春秋战国时期曾发生过多次战役,石室群所处的衢江北岸,正是攻取县城的必经之地,守城方在此开凿石窟作为藏兵之用。

穴居说　也有专家学者认为,龙游石窟是古人为穴居所需而开凿的。从只有鸟兽图腾而无任何只言片语的记载来看,可能凿于文字产生之前。我国商朝和商朝以前多以"玄鸟"为图腾。

宫殿说　龙游春秋时属姑蔑国。原衢州市旅游局副局长徐文荣称凿龙游石窟为"非常之人干的非常之事"。因此,他认为龙游石窟有可能是姑蔑国建筑的宫殿。

陵寝说　以敦煌研究院教授施亭萍为代表的专家认为,龙游石窟或许是古代吴越君王、诸侯生前选造的陵墓。现今已知的石窟均呈倒斗形,很符合汉代以前一些帝王地下陵寝的特征。洞内的阶梯跨度大,令常人难以自如行走。又石窟入口虽小,但如遇雨天必有水顺流而下。为防雨水汇漏,当会在洞口之上建小亭以遮挡。对古代陵寝立论至关重要的证据的是现存陵墓封土。石窟方口狭小,四周凿留有宽0.5米左右的边沿平面,该平面适于用来叠放长方形石板封好洞口,然后在石板之上堆积封土,形成大土丘。由于历经千年沧桑,洞口封土石板皆已坍塌,滑入洞内。在5号洞窟内仍能见到顺口而下形成的未能清理的原始扇形土层堆积。

矿寇说　古时龙游曾出现"矿寇",意即造反的采矿人,为躲避官方的追剿,凿石为室,作为安身之处。但有人认为,若官府追剿,造反矿工寻找天然隐蔽处躲藏者尚可;倘若造反前就先聚众凿窟,为造反失利后躲藏之用,似乎太牵强。

巨石文化说 中国学者徐家麟认为,小南海石室与世界巨石文化的遗迹颇有相似之处,就如同地下金字塔群,很可能也是外星文明的结果。石室本身无一字记载,谜团丛生,谜面众多。几乎所有石室都没有投入使用,有的还没有完成,仿佛一夜之间就放弃了。就像玛雅人建造在墨西哥丛林中的金字塔群一样,造好后,突然放弃了,给后人留下一个难解之谜。

伏龙治水说 古时衢江经常泛滥成灾,致两岸百姓民不聊生,开凿石窟有可能是为了"给龙王爷安个窝,让它不再兴风作浪"。也许龙游县的古地名"龙丘"亦由此而来。而且这与中国民间在江边建龙王庙,敬水神习俗相一致。

另外,还有道家福地说、外星人造说,等等。

(三)专家论证

为了尽可能解开小南海石室的这些谜团,龙游县政府已组织召开过多次研讨会。专家学者对石室的价值给予了充分肯定。

科学价值 中国科学院院士孙钧、工程院院士王思敬和钱七虎、同济大学教授贾岗和地下工程研究所凌建明等专家对小南海石室的科学价值作了评价。认为小南海石室具有相当高超的工程测量、工程勘探、规划设计和施工水平,是我国古代修建的一处全部用人工开凿完成的超大型地下建筑群,对我国乃至世界的地下建筑工程史和地下空间开发利用都具有不可估量的意义。用立柱支撑斜坡顶岩面,以保证围岩的稳固,体现了现代地下工程施工力学的基本构思。立柱截面采用三角形式,其长轴方向与洞室的长轴方向平行,非常符合立柱结构的受力特征,立柱顶部设置"斜托"是一种非常科学的构造形态,类似于现代建筑中的无梁楼盖柱子,它既有利于洞顶围岩的稳定,也增添了美感。有些立柱有意做成了斜柱,其倾向与斜坡顶相一致,这对整个围岩的稳定和增大立柱的安全度都是有利的。并且石室顶很薄,上面是砂岩、泥土岩,材质不好,柱断面又小,工程能够做完又保存到现在,是一个相当特殊的地下工程。

文物价值 专家们认为小南海石室就其规模、数量、精致程度等而言，迄今为止尚未发现有与之相媲美的同类遗存。因此，其自身已具有十分重要的文物价值。石室遗址群蕴含丰富的历史信息，如开凿年代与古代人类对其利用的过程，石室遗迹展现了开凿的工具和二次加工技术，排水的措施，等等。通过这种种信息，有助于我们对某个历史阶段或历史事件了解和掌握。

总而言之，小南海石室群是宝贵的历史文化遗产，其历史之悠久、规模之宏大、气势之磅礴令人感叹和震惊，就全国范围看，没有比这更大、更整齐的石室遗址了。尤其是开凿方式、工程技术和力学结构原理具有较高的科学和文物价值。其丰富的内涵和蕴藏的信息表明，它的存在已不仅仅局限于旅游开发和利用。小南海石室文化的展示和研究，更为社会学、历史学、考古学、古建筑学、工程地质学和岩石力学等学科提供了一个难能可贵、不可多得的考察实体和研究空间。

孝甲天下

——衢州周宣灵王庙

衢州周宣灵王庙,俗称周王庙,位于衢州古城西侧的水亭门历史文化街区内下营街18号,与衢州城墙相依相傍,是奉祀孝子周雄的庙宇。"百善孝为先",孝文化是中国传统文化中极为重要的一部分,独具特色且根深蒂固,上自原始社会末期,下至现当代,都非常重视"孝"道思想,尤其是明清时期,更是对孝道推崇备至。据专家考证,明清时期江南地区周雄庙共计67座,其中,浙江

周宣灵王庙俯视

36座,安徽24座,江西7座,以衢州府西安县(今衢江区、柯城区一带)10座为最多,其次是周雄出生地的新城县9座。在所有这些周雄庙中,现存的衢州周宣灵王庙是建庙时间最早、规模最大的一座。

一、历史沿革

周宣灵王庙,始建于南宋嘉定年间(1208—1224年),至今已有800余年的历史,历代屡建屡毁,屡毁屡建,随着朝廷祭祀政策和社会、政治、经济等因素的不断变化,所奉祀的周雄形象也不断发生变化,从南宋时期五显神从神,至明代中期逐渐演变为孝子,至清代又兼水神,最后又回归孝子形象。在宋、元、明、清四朝中,屡获圣旨封赠,周宣灵王庙的名称也随着封号的变化而不断变化,从周雄庙、翊应将军庙、翊应侯庙、周孝子祠等,最后定格为周宣灵王庙。

(一)南宋时期

嘉定年间(1208—1224年),衢州始建周雄庙。关于周雄其人其事,在南宋嘉熙四年(1240年)临安府新城县知县汪绩撰的《翊应将军庙记》[1]中有这样的记载:

> (翊应)将军周姓雄名,字仲伟,杭之新城渌渚[2]人。生于淳熙戊申,其母感蛇浴金盆之祥,殁于嘉定辛未。在三衢援笔作颂示异,按公称状貌魁梧,居乡日人已敬惮,及显而为神,在在有祠。

可见,周雄是当时临安府新城县人,生于淳熙十五年(1188年),卒于嘉定四年(1211年),年仅24虚岁。这是目前所见最早关于周雄事迹记载的史料,该记撰于周雄卒后29年,距周雄生前时间不远,且是汪绩在周雄故乡所在地任知县时经调查所撰,其内容应较为可信。

---

〔1〕 载于万历《新城县志》卷四。
〔2〕 今杭州市富阳区渌渚镇。

那么,周雄生前究竟何许人也? 从上文可知,周雄身材魁梧,乡亲们对他相当敬畏,曾"在三衢援笔作颂示异",即曾经在衢州手握笔杆为人们写卦词卜卦,并显得特别灵验。据此,我们可以推测,周雄生前很有可能是一个"从事托宣活动的巫师"。这一点在临安府昌化县桂锡孙于开庆元年(1259年)为周雄之子周宗胜所撰的墓志铭[1]中也有记载:

> 君讳宗胜,字子高,居杭之新城。父雄,能御大灾、捍大患,列在祀典,皇朝累封翊应侯。

从"能御大灾、捍大患"句可见,周雄生前应是个非常灵验的巫师。这样,周雄死后,人们希望他继续像生前那样护佑乡里,为民祛病除害,立庙奉祀也在情理之中。据弘治《衢州府志》卷六《祠庙》:"周翊应侯庙即保安兴福五显王之从神,自宋迄今,筑为周宣灵王……"说明宋时已建庙。周雄出生地新城是在周雄被赐予翊应将军封号之后"才议欲新之"。那为何是衢州最早建周雄庙呢? 笔者推测原因有三: 一是基于南宋后期"国事听神"的社会大背景。当时,江南地区最有名的神是徽州婺源县的五显神,朝廷在嘉定二年(1209年),将其爵位提升为王,浙江各地也陆续兴建了许多五显神庙。二是衢州人特别信奉鬼神,迷信阴阳。关于这一点在北宋初《太平寰宇记》和南宋咸淳《临安志》里都有提及,清代衢州学者朱岜在写周宣灵王庙的一诗中也说"衢人好事好语怪"。三是周雄确实与衢州有关。据上文"在三衢援笔作颂示异"句推测,很可能因为衢州人特别迷信,所以周雄生前经常在衢州"作颂示异",其卒后,衢州人特别感念他的灵验,建庙奉祀。建庙具体时间当在嘉定四年(1211年)或之后,具体规模不详。

端平二年(1235年),在德兴知县的上奏之下,周雄被朝廷封为翊应将军,正式进入五显神的从神之列,周雄庙改称"翊应将军庙"。之所以被封赠是因

---

[1] 载于民国《新登县志》卷九。

为周雄特别灵验,在许多史料中都有相关记载:

> 新安祁门水旱疬疫,祷则随应。三衢常山强寇披猖,独不犯境。新山之祠有井曰安乐泉,民病求饮,活者万计。……士之穷达,人之险难,精诚叩之,如响斯答。杨君茂子之魁兰宫也,言神之梦也。团练张公胜之使西域也,谓神之庇也。茅山反卒,剿以阴兵。江东部使者奏其功于朝,被旨特封今号。[1]

> 端平二年(1235年)乙未,饶州言侯于德兴、祁门阴捍常山草寇,旗甲金鼓恍惚云际,乃后所在疫而祷,虎害而祷,火灾而祷。祷辄应,始封翊应将军。[2]

淳祐四年(1244年),经徽州官员奏请朝廷,周雄爵位由翊应将军上升为翊应侯。翊应将军庙改称翊应侯庙。

宝祐二年(1254年),赐辅德庙额。

宝祐五年(1257年),随着五显神封号字数的增加,周雄神的爵位也相应加为助顺翊应侯。

(二)元代扩建

元代关于衢州周宣灵王庙的记载仅见一次。

至元年间(1279—1294年),监郡伯颜忽都"具请奏闻,晋王号,谥宣灵,大鼎其庙,定春秋祀事"[3]。可见周宣灵王称号,始于此次封赠。这也是史料记载衢州周宣灵王庙首次扩建庙宇,并以城濠田税供春秋祭仪。

---

[1] 引自南宋嘉熙四年(1240年)临安府新城县知县汪绩撰《翊应将军庙记》。
[2] 引自宋末元初曾任严州知事、建德路总管的方回于元至元二十年(1283年)所作《辅德庙记》。
[3] 引自民国《衢县志》卷十八《碑碣志》之清乾隆《重建周宣灵王牌坊记》。

(三)明代废兴

明代的周宣灵王庙经历了生死存亡的考验,最终,因为有足智多谋的知府李遂而有幸保存下来,并备受官方重视。

弘治九年(1496年),周翊应侯庙毁。

弘治十五年(1502年),民众筹资重建周翊应侯庙。

正德九年(1514年),增建庙宇,内有燕室三楹。

嘉靖十七年(1538年),知府李遂主政,将"周翊应侯庙"庙额改为"周孝子祠",并亲撰《周孝子祠记》[1],出现了此前所有史料中,均未提及的一些周雄生前事迹:

> 国朝弘治改元,廖尹铉仍□□之惑滋汰焉。岁戊戌,余既获守是邦,奉天子明命,崇正黜邪,遍□诸宇尽撤之,期弗贷。方议及孝子所,群庶民充庭□□□□□□□□也。

可见,当时嘉靖朝正下令各地淘汰杂祀淫祠。之前历朝历代为明经正典,减轻神祠泛滥带来的社会负担,也均实施过类似的打击不合乎朝廷祭祀政策的祠庙,如北宋徽宗时期因尊崇道家,打击鬼神祠祭,于政和元年(1111年)下令开封府拆除淫祠1 380座。明初朱元璋政权所制定的民间信仰政策则带有浓厚儒家色彩,在认定所有人格神时,除了该神的灵异事迹之外,更看重其生前的行为、事迹是否符合儒家祭祀观念。而根据宋元时代碑刻史料记载,周雄生前并无值得后人尊敬、崇拜的义行,自然是在取缔之列。实际上,弘治九年(1496年),周雄庙被毁,从"国朝弘治改元,廖尹铉仍□□之惑滋汰焉"句推测,很可能就是被当作淫祠取缔的。

嘉靖初年,皇帝主张以其生父兴献王为皇考,而礼仪官员却主张以先帝弘治帝为皇考,从而引发影响深远的"大礼仪之争",最后嘉靖帝获胜,因而更崇

---

[1] 民国《衢县志》卷十八《碑碣志》之明嘉靖李遂《周孝子祠记》。

尚孝道思想。在这次取缔淫祠行动中，没有任何义行孝迹的周雄庙当然也在劫难逃了。知府李遂响应"天子"号召，准备取缔周雄庙时，民众纷纷涌入府衙抗议。但李遂是个好知府，对上善于逢迎，对下则重民心。出现这样的情况，让他陷入了两难之中：不取缔，对上难以交代；取缔，对下难平民愤。怎么办？幸亏他是个机智官员，最终，他想出了个移花接木的好办法，就是迎合朝廷把周雄塑造成孝子和儒家子弟形象：

孝子讳雄，字仲伟，世业儒，杭之新城人。母□□龙浴金盘，诞孝子以淳熙戊申三月四日，由童稚孝闻闾里。嘉定间母倏构疾□孝子晨夕吁天请以身代，邮言徽、婺有显神□□往祷□□□□□□□□□□□□□□□□□□□而汝不可孝乎？无已抱悰婺往，旋次衢境，闻讣内裂僵立于舟。□衍圣公孔文远素与孝子，挽孝子柩，篙师胡伯二因货舟结庐奉焉。

周雄世代以儒为业，与衢州衍圣公孔文远交好，且是一个大孝子，这些内容均是第一次出现在周雄的事迹中。当然，也许这些事迹并非李遂知府完全捏造，很可能是将当时另外两个孝子传说巧妙地嫁接给了周雄。

一个是元代周雄故乡新城县的孝子周德骥，元末明初著名政治家和文人宋濂曾为其撰墓志铭：

周君讳德骥，字仲良。……母汪氏。君少丧父，能自力学事母，贫无以养，去就吏得禄以奉母。及母患危疾，遂弃归，躬自调药物，问所好恶而顺适之。晨夕既泣，叩颡愿天，梦神语以祈祷之法，急如其言，疾果愈。念母已耄，绝意不复仕。有荐之者，不应。惟日以求母豫悦为事。……君有兄亦老病，足不能行，嫂丧明无子，事之如父母。……子防等来请，曰先子之卒以元至正癸卯三月四日。[1]

---

[1] 民国《新登县志》卷四引明宋濂《周孝子墓志铭》。

另一个是苏州府常熟县孝子周容,据当地方志记载,周容是南宋中期人,有着孝养其母的传说[1],并于明初,经当地知县申请,被明朝中央授予"常熟周孝子之神"封号。受周容孝子信仰的影响,周边各府县也产生了许多孝子传说,盛行于明正统至正德年间(1436—1521年)。而在当时,苏州是全国最重要的商业、经济和交通中心,其文化和信仰对周边地区有着强大的辐射力,加上周容和周雄在吴语中发音极像,所以在原有的周雄神传说中,加入周容的孝子传说显得不落痕迹。还有"逸典"为证,这样有关周雄是孝子的事迹就显得真实可信,完全符合朝廷的奉祀政策了。但如何解释周雄之前没有任何孝行事迹呢?

> 盖是时国事听神,故神之名不复易而孝子实历几泯泯矣。

意思是说,因为一直来官方重视祭祀神灵,渐渐把周雄神的孝行事迹给埋没了。这样一来,周雄的孝子传说就显得合情合理、天衣无缝了,周雄庙自然就得以保全了。对上可以说是树了孝子的榜样,对下可以如民所愿,两全其美。

此后,周雄的孝子传说便在衢州及周边地区渐渐流传开来,并且演绎出各种不同的版本。同时,官方也开始参与其庙的修理、扩建事务。

嘉靖三十四年(1555年),郡守邱玭"备悉孝子懿行",在庙南建跨街牌坊一座,额曰"周孝子祠""炳若日星"。

明末,周雄事迹又有了新变化:

> 衢州周宣灵王者,故市里细民,死而尸浮于水亭滩,流去复来,土人异之。祝曰:果神也,香三日臭三日,吾则奉事汝。已而满城皆闻异香,自尸出三日,臭亦如之。乃泥其尸为像,其母闻而往拜,回其头,至今其头不正,显异百出。尝作一长年操舟载杭商入闽,他舟发,其舟故不行,商尤之。乃

---

[1] 引自弘治《常熟县志》卷四《孝义·宋·周容》。

曰：汝欲即到乎，闭目勿动。一夕开目，已到清湖，去杭七百里矣。[1]

（四）清代复兴

清顺治年间，周雄传说又有了新版本，严州知府钱广居记：

> 神周姓，缪宣名，临安新城县太平里人。生宋淳熙戊申岁三月四日，母汪氏。（中略）父名荣。母三岁失乳，父亦随逝。神天性孝友，事继母，抚二弟，备极友爱。初名雄，以雄音邻荣，恐干父讳，改名缪宣。年二十三，见家道不支，母弟无以养，弃学就贾，携赀客于姑苏之六沙村，投金六、金七舍人家三载。忽梦母病，即治装归。及抵家，母气将绝，对天泣，神愿以身代，许肉身灯，愿母得复痊。……遂身点肉灯，以酬前愿。事毕，辞母往衢。……寓武源村贩木。……为两弟治田庄数处，自此家道充盈。……欲急回见母，乃舍舟而徒，至鸬鹚滩，失足堕水。顷刻，巨浪层翻，猛若蛟龙起伏，神即脱化溯波而上同，至衢城水亭门外，浮沉不定。有识者曰："此临安周郎也。少有异征，果能上感天心，下垂昭应。当分别香、臭，各三日。"语毕，馨闻数十里。阅三日，而香者臭矣。一时惊异，建庙塑像，崇祀于衢城之西。[2]

在这个版本的传说中，周雄卒于36岁，似与其他所有史料有所出入，所以，其实后来的这些传说，从李遂的孝子传说开始，已不是最早周雄的原型，而是糅合了好几个人物原型塑造而成的。

康熙五十五年（1716年），重修周宣灵王庙。周雄事迹又有新的发展，康熙《西安县志》：

---

〔1〕引自明王圻编《稗史汇编》卷一百三十二。
〔2〕引自民国《衢县志》卷四《周宣灵王庙》。

周雄,字仲伟,杭州新城县绿川埠人,生于宋淳熙十五年(1188年)三月初四日,幼时随父贾于衢,与孔子第五十一世孙、衍圣公孔文远同学,交最善。周雄二十四岁时,母亲病倒,祷于婺源之五王庙,返归至衢,闻母讣,哀伤哭泣死于舟中,植立不仆。孔文远感其诚孝,捐余地,漆身塑像立庙以祀。

今衢州一带,关于周雄事迹均取此说,因其既合逻辑,又突出孝行,而且和衢州孔氏南宗关系密切。在此说中,周雄生前为巫师的事迹已难觅踪迹。

雍正三年(1725年),朝廷敕封周雄为运德海潮王,从祀海潮神祠。

乾隆十一年(1746年),衢州知府胡文溥主持,民众集资重建周宣灵王牌坊,胡文溥亲撰碑记:

> 宋孝子周讳雄,字仲伟,杭之新城人也。……孝子年二十四,母剧病,命祷婺之五王庙,归次衢,闻母讣,立死舟□□□□□奉肉躯立庙而神事焉。屡显灵异,灾祲疾疫,祈无不应,应辄速,衢人益重之。……一遇暴风鼓浪,舟行上□□□□□□□以安者,神之佑也。至今舟人朝夕顶礼,奉明禋而各致其虔。[1]

自明嘉靖李遂《周孝子祠记》以来,周雄的死就都和瀫水(衢江)有关了,而在此记中,首次出现周雄为水神的事迹。这估计与当时社会、经济发展是密不可分的。明中期以来,商业经济有了巨大的发展,江南成为全国最先进地区,徽州、江西、福建等地的商人集团也迅速在该地扩展了势力。而钱塘江是徽州、福建、江西等地商人赴杭州、苏州等全国主要城市的重要通道。钱塘江流域以商业、航运为生的人口也日益增加。尽管当时海神天后娘娘的信仰也较兴盛,但毕竟不是本土的。他们更需要能够保佑其在江上航行、生活安全的本土化

---

[1] 引自民国《衢县志》卷十八清乾隆《重建周宣灵王牌坊记》。

神灵。而南宋后期以来,周雄是衢州府、严州府、徽州府一带最重要的地方保护神之一。一般而言,水神的人物原型,其死亡方式多与水有关,因此,周雄的死与水相关,才显得合乎情理。

清嘉庆十三年(1808年),知县姚宝烻主持重建并亲撰《重建周王庙碑记》。工程启动于嘉庆十三年(1808年)十月,竣工于嘉庆十五年(1810年)九月,历时整整两年,此次工程由官方、民众、商人、船夫捐资筹建,重建后的周宣灵王庙"凡正殿寝宫、门庭廊庑,壮丽过于其旧"。[1]

清嘉庆十四年(1809年),西安县樟树潭(今衢江区樟潭街道所在地)始建周宣灵王庙,有碑记。该庙动议于乾隆五十三年(1788年),于嘉庆十四年(1809年)落成,前后历经22年。当时,建庙崇祀,就是为了酬谢周雄对水上仕商舟次及往来货物的护佑之恩。资金由船夫捐资、抽取税金等方式筹集。碑记中提道:"至今王祠遍于婺、睦二州,而惟衢为尤盛。"当时,西安境内有周王庙10多处,西门内外各1处,内为大周王,即现存的周宣灵王庙,外为外周王,在朝京埠,咸丰年间兵燹,移入城内,后街周王庙,俗称为小周王庙,小南门狮桥、樟树潭、高家等处均建有周王庙。其中,以西门和后街的为最古老,城外的周王庙一般都是船夫贾客集资建于嘉庆之后。

清道光二年(1821年),因新城旱潦,周雄神有祷则应,十分灵验,浙江巡抚奏请朝廷,加封为显佑运德海潮王,每年春秋两季官祭。

同治八年(1869年),里人乡民捐资重新扩建周孝子庙。张德容[2]为之题联额。

清光绪二十二年(1896年),复修,郡守林启撰记立碑。此次维修"新其坊表,焕其观瞻",具体规模不详。

清末至民国期间未见周宣灵王庙修缮及有关记载。

---

〔1〕引自民国《衢县志》卷十八清嘉庆姚宝烻《重建周王庙碑记》。

〔2〕张德容(1820—1888年),名谷,字德容,自号"松坪",衢州黄坛口人,咸丰二年(1852年)翰林。两知岳州,两修岳阳楼。雅好金石,精通鉴赏,与潘祖荫、翁同龢交善,撰有《二铭草堂金石聚》十六卷。

（五）中华人民共和国成立以来

20世纪50年代，戏台台面被拆。

1957年10月19日，衢县人民委员会公布周宣灵王庙为衢县文物保护单位。

20世纪70年代，"文革"期间，庙宇后进被拆。

20世纪80年代初，周宣灵王庙作为市副食品公司一仓库。

1982年4月25日，衢州市人民政府重新公布周宣灵王庙为市级文物保护单位。

1997年8月29日，浙江省人民政府公布周宣灵王庙为省级文物保护单位。

1998年8月，衢州市人民政府将烟糖酒公司迁出周宣灵王庙，划归衢州市文物局保护使用。

1999年11月，衢州市文物局主持实施周宣灵王庙维修工程。维修工程由浙江省古建筑设计研究院编制设计方案，由浙江省匀碧文物古建筑工程有限

周宣灵王庙大门

公司施工,于1999年11月5日开工,至2001年7月24日结束,历时20个月,共投入资金97.6万元。

2001年11月2日,周宣灵王庙正式对外开放。

2003年5月27日,成立衢州市文物保护管理所,办公地点设在周宣灵王庙,负责周宣灵王庙及市区其他文物保护单位的保护管理工作。

2007年6月,对周宣灵王庙屋面进行翻修,工程于6月19日开始,8月23日结束。

2013年3月5日,国务院公布周宣灵王庙为第七批全国重点文物保护单位。

二、建筑特色

周宣灵王庙,坐东朝西,平面呈不规则方形,原占地3 600余平方米。其建筑特色主要在于雕刻精美,门楼砖雕、室内牛腿、藻井、雀替等,人物、花卉栩栩如

正殿大额坊

戏台额枋木雕福、禄、寿八仙

戏台檐下斗拱

生,内容丰富,寓意深远;用材粗大,正厅明间的大额枋长达12.09米,直径65厘米,为浙江省内古建筑中最长的梁。在国内所有的周宣灵王庙中,衢州周宣灵王庙是建得最早,规模最大,也是保存得最好的一座。

现存周宣灵王庙建筑东西向并列分布三条轴线:中轴线上的主体建筑,南轴线上的官厅,共四进建筑和北轴线上的宅院和仓房共五进建筑等。现存建筑面积1 850平方米,为清嘉庆年间重建,其中含中轴线上的主体建筑853平方米,其余为南轴线上的后三进和北轴线上前后两进建筑。现存主体建筑由西往东依次是:

前厅厢房角柱牛腿

门楼　砖雕八字形牌楼式,明间用砖柱隐砌出三开间四柱五楼式门楼,左右次间砖刻门罩,阑额高浮雕人物、动物祥瑞图,撩檐枋雕回纹格子,格芯内雕,饰以花草,并用砖叠涩出檐。屋檐板瓦勾头上有阳文篆体"甲天下"三字。

门厅　面阔五间计18.30米,进深四柱八檩计9.86米。三合土地面。明、次间金柱与后檐柱之间原有一戏台,20世纪50年代被拆毁,现明次间金柱、中柱和后檐柱上共留卯眼十六个,卯眼下沿离地面1.60米,卯眼长32—35厘米,宽7—9厘米。戏台上方中部有一八角形藻井,用三层叠架的斗拱构成,其外径为

门墙枋心砖雕毁坏残状

门墙砖雕

门楼出檐

门楼柱础

2.65米，两侧用平綦天花。为突出戏台，门厅后檐明间高出两侧屋面做成歇山顶，明间檐柱设双层牛腿承托上部屋面。明间后檐额枋雕刻有十三个栩栩如生的人物，正中为福禄寿三星，两侧分列八仙，两端为和合二仙。额枋底面雕刻有二凤戏珠图案。额枋上设十二攒外拽双翘五踩斗拱支撑撩檐檩，出檐较深。明、次间缝为抬梁穿斗混合式梁架，后檐柱均用石柱，其中明间用圆柱，次间用方柱，柱础石质圆鼓形。明间、次间前金柱间穿枋上留有门簪、连楹，柱础之间有安装地栿的凹槽，原可能设门或隔断，现已无存。门厅前侧、左右两侧沿墙部位设有单砖墙。梢间梁架为九檩七柱穿斗式，除前中金檩和后上金檩下设童柱外，其余各柱全部落地，柱脚设石质地栿，后檐柱与厢房梁架相交，前金柱至后檐柱各柱间中部设承重以承楼栅及楼板，承重下砌陡板青砖封护墙。

门厅北面山墙记事碑

门厅国泰民安门簪

门厅国泰民安门簪细部

门厅前檐右侧檐柱柱头牛腿

门厅前檐右侧前檐额枋下雀替

门厅系硬山顶,戏台部分为歇山顶,橡上设望板,板瓦屋面。

厢房 面阔各三间计8.30米,进深二柱计4米,为单坡顶二层楼,室内用覆水椽,三架抬梁结构。二楼前檐设栏板。檐柱设雕花牛腿,牛腿之上有斗拱以承托挑檐桁,转角部位与前后门厅、正厅交接勾连。檐柱上的牛腿、雀替、斗拱等木构件雕刻十分精致、雅观。

前厅北向厢房

前厅南向厢房

    正殿　面阔五间计18.1米,进深四间计11.2米。三合土地面。正殿柱网布局十分灵活,移柱、减柱造并用。明间两缝进深用三柱,中柱不落地,分别减去前后檐柱;次间缝中柱落地,用四柱,也减去前后檐柱,明间与次间缝之间靠次间缝一侧设前后檐柱,梢间北缝用五柱,减去前老檐柱与后金柱。梢间南缝用五柱减去后金柱。通过减柱、移柱,明间前檐改用12.09米长、后檐用10.42米长的大内额,形成前后檐面阔三开间,实则室内五开间的效果。明间、次间分别用明、草架两组梁架,明架由前廊、内界、后廊三部分组成,前后廊为卷棚廊。明、次间露明桁条沿圆材三面用木板包成矩形。草架为九架椽屋。屋面硬山顶,阴阳合瓦。

正殿

寝殿

正殿后檐卷棚廊

正殿后檐大额枋

　　明间　两缝用八桁内三柱,抬梁式,五架抬梁上承三架平梁带后单步,前、后檐明间与大额枋同宽范围内用双步月梁上承卷棚轩廊,月梁前端搭于大额枋上,明间用直材,梁身上下略起线脚,用材巨大,直径达65厘米,长度12.09米。明间后金柱间设影壁,壁前供奉神像。

正殿明间梁架

正殿明间老檐柱结点

正殿明间北缝后
金柱及后单步

正殿明间五架梁梁头
雕刻艺术

次间　缝用四内柱，前后檐柱分别向明间方向移1.06米、1.82米。次间用穿斗式，除前后上金桁下用蜀柱外，其余桁条均用柱子承托，柱子之间用单步梁与穿枋连接。次间缝梁枋之间封板，穿枋以下柱子之间设半活动板门与梢间隔断。形成三明两暗的格局。

正殿次间缝草架

戏台次间檐柱牛腿

梢间　用五柱九桁，中柱落地，带前两个双步，后三单步，前后中金檩用短柱骑于双步梁上不落地，穿斗式。设天花，用草架。结构、用材明显简单，前檐天花以上梁架与前厢房相接，后檐与后厢相接，后下金柱间设半固定板门围合分隔空间。

天井

天井　深3.2米，宽7.87米，石板铺就。天井中有一甬道，宽3.15米。天井左右侧各设一台阶，宽1.8米。

厢房　面阔两间，进深用三柱四檩，为单坡顶。后檐柱与中柱之间用双步梁，檐柱与中柱间用单步梁连接。厢房前檐不设装修，后檐檐柱间设半固定封护板，顶部设天花板，外檐单步天花板设在檐桁下方，内侧双步天花略低

戏台及天井　　　　　　　　　　　　　寝殿前天井

正殿后檐与后厢房

戏台及厢房

于外檐。

后殿 建于石台基之上，台基高0.96米，为硬山顶建筑。正立面前檐面阔三开间，因前檐施用大额枋，减去明间前檐两柱，室内实则面阔五间计18.55米，三合土地面。明间两缝梁架进深用二柱计5.8米。次间前后檐柱为方形石柱。石柱上架一大横额，长10.40米，高0.60米，厚0.45米。前出檐1.89米，后出檐0.70米。梁架结构及前廊结构与正殿相似。进深明间缝中柱不落地，用二柱。次间缝中柱落地，用三柱，梢间缝用四柱，明间与次间缝前廊之间用一柱，次间与梢间缝前檐三间用二柱。柱网布局灵活，移柱、减柱并用，明间用抬梁式。梢间穿斗式，前廊为双步卷棚廊，后上金桁以上用覆水椽。椽上设望板，板瓦屋面。

后殿前双步廊卷棚顶

后殿全貌

三、祭祀庙会

据康熙《西安县志》记载：

民间以三月四日（生日）、四月八日（忌日）为周雄神诞辰，各坊隅分曹为社会，置行台，迎神举祀。每社各有其所立之像，不相混杂。其迎神所驻，辄于通衢张幔植台，演剧以乐神。日每十余处，昼夜相接，至仲夏乃罢。

藻井全貌

藻井斗拱

可见，康熙年间周王祭祀盛况空前。其主要过程大致如下：

迎神酬神准备

三月初三周王庙内就要做好各项迎三月初四周雄神诞辰的准备工作：杀猪宰羊、搭台备轿、张灯结彩。通衢路口搭台张幔，各庙宇寺观、会馆社坛也做好迎神准备。

三月初三夜，周王庙里六十盏灯笼全部点亮，香烟缭绕，丝竹乐、吹打乐、锣鼓乐轮番吹打，前殿戏台上跳魁星舞，庙门前放焰火、爆竹。来自六门四乡的亲戚朋友，特别是水上人家，沿江船工渔户云集在庙内庙外，热闹非凡。

三月初四子时，神诞吉时达到高潮，金毛狮子狂舞，观众助威呐喊，锣鼓大作，焰火升空，一直闹到黎明时分。

迎神酬神送神 酬神的方式主要是演戏。初四在周王庙内演戏,初五开始,周王菩萨从周王庙中迎接出来,由十六人分成二班轮流抬着,抬神到狮子巷内"行宫",会同"河伯伯"一起到府山拜会府城隍,又到初芳巷会同县城隍。神抬到哪里戏就演到哪里。所演剧目有西安高腔的《孝顺歌》《母子相会》《三教子》《江头金挂》《孝守节》《连中三元》《香山显灵》等,以及衢州徽戏、浙西目连戏等。从街头舞台到弥陀寺、天宁寺、祥符寺、天王寺,到徽州会馆、宁绍会馆以及神农殿、玄坛庙、天妃宫,均要演戏乐神,昼夜相接,直至五月才停止。

很多文人墨客,用自己的诗作记录了周王祭祀庙会的盛况,如清嘉庆间学者朱彭《又四月八日,郡人为周王会,即事有作》二首:

> 展礼陈牲核,当轩列酒筵。
> 人方图醉饱,神岂鉴精虔。
> 彻夜笙歌沸,通宵灯火悬。
> 谁将纯孝事,重为说因缘。

> 列像分迎去,真身又几身。
> 歌台沿路起,舞剧逐时新。
> 钱满优伶橐,香围妇女尘。
> 问神遭俭岁,何以拯斯民。

郑桂东《竹枝词》[1]:

> 送余乌饭乐宽闲,演戏迎神遍市阛。
> 妙舞清歌人不解,乡风贪看乱弹班。

---

[1] 引自民国《衢县志》卷八《风俗志》,郑桂东生卒事迹不详。

也有反映周雄故乡新城周王庙会的诗作,如潘成午《新城杂咏》:

> 渌渚波澄浸蔚蓝,周王庙后叠晴岚。
> 外家红袖青衣女,岁岁来看三月三。

该诗作者自注:"渌渚地方,每岁流觞曲水之期,演戏酬神祈年修禊。远方亲戚鼓至,俗呼看三月三。"看来新城的周王祭祀庙会与衢州大致相同,衢州也称"看三月三"。

随着铁路、公路不断开通提速,水运渐渐退出了历史舞台,人们不再需要水神庇护水上运输安全,周雄作为水神作用也逐渐淡化消失。其祭祀庙会也渐渐失去了往日的热闹繁华,随着历史的尘烟慢慢远去。如今只有周雄的孝子传说还在广为传诵。

汝南望族
——柯城蓝氏宗祠

　　蓝氏宗祠位于衢州市柯城区航埠镇北二村，现为中国传统村落，距衢州市区约30公里。北二村北临衢江，是畲族蓝氏家族聚居地，全村人口约3 300人，其中以畲族蓝氏居多。

蓝氏宗祠鸟瞰全景

畲族历史悠久,公元前一二世纪,畲族人民就生活繁衍在东南山区(今广东一带),古称山越、山哈。畲族自称山客人,多数居住在偏僻山区、半山区,后来迁出较多,现在绝大部分生活在福建、浙江的山区,盘、蓝、雷、钟为四大姓。现在,畲族是浙江人口最多的少数民族,也是衢州最主要的少数民族。柯城区航埠镇北二村为畲族蓝氏较为集中的村落。

一、历史沿革

柯城北二村的畲族蓝氏于元代仁宗(1312—1320年)末年始迁至此,明代崇祯年间(1628—1636年)始建宗祠,清代重修,后经多次修缮,现保存较好。

(一)元代始迁

北二村蓝氏始迁祖为蓝敏,出生于福建建安,在元朝仁宗末年,被授予会稽尉。上任不久,得病,便卸官归田。在回归福建建安途中,听说当地正有战事,担心途中遇上战乱,加上舟船劳顿,疲惫不堪。在行船至信安北川(现北淤一带)时,见这里风景秀丽,便打算在此小住一段时日,等病稍愈,战乱稍歇,再继续回福建老家。结果在这里一住就是好几个月,病也渐渐痊愈了,便对此地心生不舍,"遂卜筑于此",就在此处定居下来了。蓝氏一族从此在这里繁衍生息,代代相传。

(二)明代始建

据《蓝氏宗谱》(民国十五年版)中《重修祠堂记》载:

> 蓝氏宗祠建于崇祯年间,背瀫水之上流,拱对有双峰列翠,俨如屏障。附近左右皆房屋,其前为市,通贸易之途,其创制有四进,由大门入即为照厅,东西置两楹通于大堂,以后有中庭为享堂,最后寝室,所以安神主者……至十一世庆诏公思所以妥先灵而为报本追远之地,始倡建祠之意,子侄辈即承任不辞,殚竭心力,以共襄斯举。

可见,蓝氏宗祠为距元代仁宗(1312—1320年)末年蓝敏始迁此地300余年后,其第十一世孙蓝庆诏于崇祯年间(1628—1636年)倡议,子侄一辈鼎力共建而成。当时所建蓝氏宗祠共有四进,即照厅、大堂、享堂和寝室。

(三)清代重修

蓝氏宗祠于明代崇祯年间(1628—1636年)建立后,至清嘉庆年间(1796—1820年),已有近200年时间,祠堂经自然侵蚀,多有倾圮,损毁较为严重,加之原建规模也小,蓝氏族人便合议重新修建。据《蓝氏宗谱》(民国十五年版)中《重修祠堂记》载:

> 凡二百年于兹矣。期间不无倾圮,且限于基地规模不甚壮观,嘉庆己巳年(1809年)合族观祠宇败坏,有事重修⋯⋯起建于庚午(1810年)春月,创法略如前制,唯祠前溢入隙地丈余,为建门楼,翻轩峭阁,重叠三层,较前壮丽有加。两楹改为酒楼,楼下仍可观戏剧。堂之东出小门亦有隙地一片,为建厨房。中庭复建两厢以安祭器。至寝室设立神主龛三座⋯⋯阅三载始告竣,因大堂未拆,柱料未免破损,非灰补油漆不为功⋯⋯至是蓝氏宗祠焕然一新矣。

由此可知,现存蓝氏宗祠重修工程,启动于清嘉庆庚午年(1810年)春月,"阅三载始告竣",约于1812年竣工。建造格局,形制与明代始建大抵相同,略有增建和改建。祠堂大门前多出空地一丈有余,用之增建门楼,"翻轩峭阁,重叠三层,较前壮丽有加"。两楹改为酒楼,楼上用作房屋,楼下仍旧可作看戏之用。祠堂东面小门外也多出一块空地,用之

后厅祭台正部

增建厨房。中庭复建两厢以安祭器。至寝室设立神主龛三座。其中"大堂未拆",仍为明崇祯年间旧构,对其进行了灰补油漆,使之与新建部分和谐统一,焕然一新。

(四) 当代保护修缮

自清代嘉庆年间重修以来,后未见有重大修缮记录,直到当代才有相关记录。

1985年6月13日,第二次全国文物普查时,衢州航埠北淤蓝氏宗祠列入调查目录。

1991年,对蓝氏宗祠进行修葺,由各方集资共5万元,其中蓝氏族人旅台台胞蓝旺青捐资2万元。

1997年8月29日,浙江省人民政府公布蓝氏宗祠为省级文物保护单位。

2005年5月,实施蓝氏宗祠修缮工程,该工程由浙江省古建筑设计研究院

蓝氏宗祠正立面

设计、浙江省东阳木雕古园林工程有限公司施工。于5月启动，历时5个月，至2005年10月修缮完成。

2013年3月5日，国务院公布蓝氏宗祠为第七批全国重点文物保护单位。

二、现存建筑

现存建筑坐北朝南，平面呈长方形，占地650平方米。其建筑格局为典型的浙西民间祠堂建筑格局，主要有门厅、大堂、后楼构成三进院落，各院落两侧分别设置看楼、厢房，大堂东侧建有三开间附房。门厅前建两柱三楼式门楼，后部设有戏台、大楼、看楼等可供举行祭祖仪式或观赏戏剧之用，后楼设立神主龛三座供奉祖宗牌位，龛上置花罩，精雕细琢，做工极为细致。门楼"翻轩峭阁，重叠三层"颇为壮丽；大堂构架具有明显的时代特征，檐柱施侧脚，金柱及五架梁、三架梁用材甚为肥壮硕大，工艺精湛；大堂百鸟梁及后楼神龛花罩雕刻题材丰富、图案精美，具有较强的民族装饰风格。目前，蓝氏宗祠是浙江省现存规模最大，格局最完整的畲族宗祠。

门厅　楼式大门为四柱三开间三重檐木构架建筑。通面宽11.62米，其中门开间4.28米。进深1.5米。门柱下半段为花岗岩石柱，上半段为杉木柱。从门框到檐下由三重多层木雕花饰、牛腿、骑门梁组成。正门前两侧有抱鼓石。沿前柱有木栅栏（现未复建）楼作歇山式，高出门厅屋面，盖小青瓦，用勾头滴水，屋脊用泥灰堆塑压脊，脊端饰鸱鱼，具有浓厚地方特征。正门上方有匾，书"汝南望族"。汝南，古代指豫州汝南郡，如今指河南省汝南县。史载，禹置九州，豫州为九州之中，汝南又居豫州之中，故有"天中"之称。从春秋战国时代有建制起，距今已有2700多年的历史。上自秦、汉，下至明、清，汝南一直是郡、州、军、府治所在地。中原大地素有中华民族古老文化发源地之美誉，可见有着"天中"之称的"汝南"在这个发源地内的重要历史地位。自古以来，中原大地是人类生存进化的最佳环境之一，"汝南"这块富庶之地更是得天独厚。蓝氏在历史上曾经与袁、昌、周等十八姓望于汝南，蓝氏后裔以"汝南望族"自称，一代代传承下来，以示光宗耀祖。

门楼近景

抱鼓石

门厅前檐牛腿

门楼卷棚廊

进大门为门厅（戏台通道）。三开间通面宽11.62米，其明间面宽4.28米，次间面宽3.67米，进深9.80米。前后12檩，六柱落地。因门厅经历多次改建修葺，桁梁结构相对显得杂乱。门厅1.8米高处设置戏台，东侧间设楼梯，西侧间

作轩廊,沿中柱设屏风,边设二门,东作"金声",西作"玉振",供演员出入。戏
台中上部置藻井。三合土划方格38×38厘米方格地面。戏台屋面,盖小青瓦,
用勾头滴水,屋脊用泥灰堆塑压脊,脊端饰鸱鱼,具有浓厚地方特征。

戏台正立面

戏台藻井

　　前天井　门厅与大厅间为天井,南北6.95米,东西6.6米。条石地面。沿天井四周有阴沟,通下水道外排水。

戏台及前天井

西看楼正面

　　两庑看楼　清嘉庆庚午年(1810年)重修宗祠时,两庑加盖二(酒)楼,楼下仍可观戏剧。面宽二间6.95米,进深2.06米。三檩二柱,鼓墩柱础。前檐柱出牛腿承托挑檐檩,木楼栅木楼板。

屋面为两坡顶,盖小青瓦,用勾头滴水。

  大堂 约为清前期原构架,面宽三间。通面宽11.41米,其中开间4.45米,两侧间3.48米,进深8.16米。明代抬梁式构架,进深八檩四柱,前带轩廊,圆木鼓柱;木圆柱用料巨大,金柱直径达64厘米,檐柱直径达45厘米。有侧脚,梭柱做法不明显。轩廊三架,两金柱间用五架梁,梁背上分置斗拱承托三架梁,月梁用材肥壮硕大,高宽比相近,颇具明代梁式构架特征。额枋上浮雕"百鸟",又称"百鸟梁",雕刻精细,百鸟翩翩飞翔,体现了畲族山客人对大自然、对大山、森林、百鸟的珍视和爱护。梁架间用"海老虹梁"搭牵,颇显地方传统做法特征。明间后金柱间设长板门,日常不开启,转折由两侧设双开板门通向后厅。前后檐柱柱身出牛腿承托挑檐檩。次间梁架抬梁,穿斗混合式,进深八檩五柱,中柱落地。前轩廊结构同明间。全厅均用石质鼓形柱础,带覆盆。地面为三合土。屋面为两坡顶,前半部用复水椽,椽上施望砖,盖小青瓦,阴阳合瓦,用勾头滴水。

大堂正立面

　　大堂正厅上方有匾，书"种玉堂"。"种玉堂"的名称可能来源于肇姓始祖蓝田公的字号"种玉"。据江西瑶湖(今南昌)、湖北大冶《蓝氏宗谱》记载，肇姓始祖为蓝田公，世系记述："一世祖：田，高辛氏之裔，字种玉，生于殷纣戊申年正月初一日丑时，为纣大里，官命从西伯伐崇得功，周追封蓝侯，以官命族遂蓝氏，居陕西省霸桥里，卒于周丙寅年十月十八日亥时葬里许。妣契和氏，生于殷己酉年四月十九日丑时，殁于周癸亥年十二月初三日午时，合葬，生子一，

正厅立面

正厅堂名牌匾

正厅构架

正厅梁架

乾。"这一记载说明,蓝氏的肇姓始祖是蓝田公,蓝田公字种玉,蓝田公的后裔用肇姓始祖的字号作堂名亦算是光宗耀祖之举吧。

厢房 厢房置于大堂后两侧,与大堂和后厅相连,为清嘉庆庚午年(1810年)重修宗祠时添建。面宽一间,宽3.76米,深一间,1.95米。构架相对简单,前檐设固定花格扇窗。屋面为单坡顶,盖小青瓦,用勾头滴水。

后天井 为后进排水采光处。宽7.56米,深3.76米。用青石板铺砌。四周有阴沟排水。天井下有阴沟外排水。

寝室和后天井

后楼 二层楼房。面宽三间。通面宽11.55米,其中开间4.45米,两侧间3.55米,进深8.30米。抬梁式构架与穿斗混合式,进深六檩五柱前带廊,中柱不落地,次穿斗式梁架,中柱落地。楼下称享堂,前廊深2.12米,用四架月梁,明间中上部置藻井。享堂最北为寝室,所以安神主者,设三架石供桌和神龛三龛,神龛前置花罩,精雕细作,彩绘描金。(据现场勘查,未在后楼发现楼梯,应是建

后厅前廊卷棚　　　　　　　　　　后厅前檐牛腿

后厅明间梁架

造设计者因享堂、神龛高度需要而采用二层木楼房结构。)屋面为两坡顶,椽上施望砖,盖小青瓦,阴阳合瓦,用勾头滴水。

附房 位于宗祠东南侧,紧贴宗祠围墙而建,作祭祀、聚会时厨房之用。平面呈三合院形式,二层楼房,由正房和两边厢组成。正房顺宗祠轴线布置,面宽三开间。通面宽10.31米,进深四间,通进深4.21米。明、次间梁架结构大致相同,均为穿斗式,五檩五柱,前檐柱出简素牛腿承托挑檐檩。两厢房亦为穿斗式梁架结构,前檐结构同正房。北厢房北侧设楼梯通往二层。三合土地面。屋面为两坡顶,橼上施望砖,盖小青瓦,阴阳合瓦,用勾头滴水。

三、特色与功能

蓝氏宗祠作为一座少数民族村落中的公共建筑,是研究畲族社会科学、畲族家族史的一个重要载体。其建筑规模、建筑艺术、建筑风格、雕刻艺术、戏台风格、神龛格局、供桌设置等方面均有较高的艺术价值。其大堂浮雕"百鸟梁"雕刻精细,百鸟翩翩飞翔,体现了畲族自称山客人对大自然,对大山,对森林,对百鸟的珍视和爱护。蓝氏宗祠内的木雕、石雕,充满畲族文化特色和生活气息,堪称一座畲族文化艺术博物馆。

正厅卷棚廊

蓝氏宗祠自明崇祯年间建成以来,即为北淤蓝氏族众公共活动中心。由族众推选长辈贤者管理蓝氏宗祠。按北淤习俗,逢年过节,清明、七月半、冬至均要在蓝氏宗祠祭祀祖先。族众遇到重大事件,也要在蓝氏宗祠祭祖后按族谱家法处置。在节庆大事时在蓝氏宗祠演戏。现为该村的文化礼堂,成为承办村里重大公共活动的场所。

正厅前檐牛腿　　　　　　　　门厅构件图细部

内部构件雕刻

光前裕后
——衢江吴氏宗祠

　　吴氏宗祠位于衢州市衢江区云溪乡珲塘村。村中有一面积达32亩的半月形大池塘,相传古时有人欲在此池塘称王称霸,在水车上的"车"字旁边加一"王"字,后来人们就称池塘为"珲塘",村以塘而得名,逐渐成为村名。

　　珲塘属衢北区域,是典型的平原丘陵地型,距衢州市区约12公里,也是衢北区域的交通要道,一方面,是城区通往更北的村镇的必经之路,另一方

吴氏宗祠全景

面,该村距衢江樟潭古码头7公里,是周边村镇走水路的要道,所以历史上珠塘比较富庶,村里现在还保存有20多幢明清老屋,成为浙江省重点历史文化村落。珠塘也是衢北的大村,虽非乡政府所在地,但也有村民2 800多人,以吴姓为主。

珠塘村全景

一、历史沿革

(一)元代始迁

据《吴氏宗谱》记载,吴氏始祖吴澄,进士出身,随宋室南渡,时任湖州长兴县令。先祖吴椿,号石泉,宋理宗绍定三年(1230年)随父路过三衢,到西安(现为衢江区)清源乡游览胜境,爱其山水清秀,择居卢田(村名);元末至正年间(1341—1368年)兵燹,由第五世祖吴世贤自卢田迁居珠塘,吴世贤则为珠塘吴氏的始迁祖。

（二）明代始建

吴氏迁至珠塘后，吴世贤的孙子辈，即吴氏七世孙吴赈荣、吴赈隆两兄弟，家道丰饶，积赀巨万，应诏输粟二千斛以济通州之欠，并输白金一百七十两于京，景泰帝恩赐七品散官以荣之，并于景泰四年（1453年）恩旨立"旌表吴荣隆尚义之门"坊。两兄弟在建造牌坊的同时，建造了吴氏宗祠，名"光裕堂"。"光、裕"二字出自宋王应麟的《三字经》："扬名声；显父母；光于前；裕于后。"意为光前裕后，光大前业，为祖先增光；遗惠后代，为后代造福。

此为吴氏宗祠始建之初，具体规模形制不详。

（三）明清修建

明嘉靖庚寅（1530年）腊月十七日，吴氏宗祠焚毁。

明嘉靖壬辰（1532年）十月二十一日，吴氏宗祠及门前三重牌坊重建完工。

清咸丰八年（1858年），因战乱，吴氏宗祠部分木构件被烧坏，当年进行了修补及更换，现正厅檐柱还留有被火烧过的痕迹。

（四）当代保护修缮

自清咸丰八年修缮后，未见有关吴氏宗祠的修缮记载，直到20世纪50年代后。

1958年，由珠塘村集体出资，对前厅（包括戏台）进行大修，更换了部分木构件。

1958年，吴氏宗祠作珠塘村集体食堂，在牌坊的南、北两侧建有7间平房，为了出入宗祠方便还在前厅明间开门，封闭了原大门。

1982年8月，衢州市文管会文物普查队文物普查时发现吴氏宗祠并登录。

1987年12月30日，衢县人民政府公布吴氏宗祠为县级文物保护单位。

1989年12月，浙江省人民政府公布吴氏宗祠为省级文物保护单位。

1993年，衢县文物管理委员会办公室对吴氏宗祠进行了测绘。

1998年，实施吴氏宗祠一期维修工程，对吴氏宗祠的前厅和中厅进行落架大修。

2008年11月至2009年8月，实施吴氏宗祠二期维修工程，对吴氏宗祠的门坊、南边厅、北边厅、穿堂、后楼等进行落架大修。

2013年3月,国务院公布吴氏宗祠为第七批全国重点文物保护单位。

吴氏宗祠俯视

二、建筑特色

(一)特色价值

吴氏宗祠为格局完整、规模较大的明代宗祠。吴氏宗祠由当地人设计,木匠、石匠、泥水砖匠等能工巧匠来自浙江、福建、江西、安徽等地,他们的到来,带来了各地不同的建筑风格,因此它是明朝时期衢州"四省通衢"特定地理环境下的产物。像吴氏宗祠建造年代这样早,而且完整地保存着明代的建筑风格,在浙江省内较少,为研究金衢地区的明代宗祠建筑,提供了典型的实物资料,有较高的历史价值。

吴氏宗祠布局严谨,气势宏伟,整组建筑坐东北朝西南,前临面积32亩的半月塘(珴塘),宗祠前建有牌坊(门坊),整个院落平面呈纵长方形,占地面积约2 100平方米,建筑面积1 432平方米。建筑自西至东前后共四进,即前厅、正厅、穿堂、后楼,前厅与正厅之间隔一天井,左、右两侧各建有南、北边厅,构成四面厅布局,建筑四周筑有高大的防火墙,院落与围墙之间设有夹弄,穿堂两侧为日月天井。用材粗大讲究,明间梁架用抬梁式,其他梁架用抬梁、穿斗混合式,梁柱粗壮、柱为梭柱,卷杀明显,月梁造,月梁断面呈矩形,斗拱符合法式。其四面设厅的平面布局及建筑四周筑有高大的防火墙,院落与围墙之间设有夹弄更具特色,有较高的科学价值。

该建筑正厅地面前低后高,由于风水和当时特定的历史原因,进入主院要经过弯弯曲曲五道门,梭柱卷杀明显,月梁断面呈矩形,斗拱、雀替、枫拱、丁头拱及随檩枋等大多雕刻牡丹、节节高等纹饰,雕饰题材与技法充分体现了典型的明代风格,有较高的艺术价值。

砖雕大门

大门

正厅前金柱

正厅梁架

（二）现存建筑

　　吴氏宗祠现存建筑均为明嘉靖壬辰年（1532年）所建，坐东朝西偏南25°，占地面积约2 100平方米，建筑面积1 432平方米，平面呈纵长方形；砖木结构，白灰粉墙，硬山式，屋面用小青瓦阴阳合瓦盖法，子孙屋脊，色调朴素；纵轴线上自西至东依次建有旌表坊、前厅、光裕堂、穿堂、后楼五幢建筑；前厅设戏台，前厅与正厅之间以一大天井相隔，两侧为南、北边厅，构成四面厅布局，南、北边厅外设长条形天井；建筑四周筑有高大的封火墙，穿堂两侧设月日天井，南侧建有三间庖厨。以八字墙为先导，经过四柱三楼的"旌表吴荣隆尚义之门"右转90°沿鹅卵石墁地的甬道，进入依南厢西山墙而开的砖雕大门，再左转90°可达设于南边厅西梢间中柱缝门，右转90°过次间前廊门经南厢前廊即可进入四面朝厅的中院，除牌坊门外，四道门均不在纵轴线上，为"弯弯曲曲五道门"。布局严谨，气势宏伟，梁柱卷杀，扁作月梁，硕形柱础，下垫覆盆，地砖墁地，雀替、随檩枋等雕刻牡丹纹饰为主,雕饰题材与技法充分体现了典型的明代建筑风格。弯弯曲曲五道门的祠堂入口,四面设厅的平面布局别具一格。

南边厅西梢间脊檩下隔架斗拱

侧立面及过道地面

八字墙　现已不存,仅在家谱宅图中可见当时规制。

旌表坊　三门四柱三楼砖石混合坊,明间面阔4.0米,次间1.24米,以石构须弥座和硕形柱础做基,上砌磨砖墙,砖柱前后夹以抱鼓石,额书"旌表吴荣隆尚义之门"。门坊明次间刻有仰莲的平板枋上安砖质斗拱,牌坊顶部及部分斗拱构件、砖雕纹饰构件"文革"时被损毁,现存牌坊顶部及部分斗拱构件为2009年维修时复原。

吴氏宗祠牌坊   牌坊东南侧全景

前厅 坐西朝东,面阔三间,通面阔14.15米,通进深7.85米,脊檩高6.3米,建筑面积126平方米,地面用30×30厘米的方砖斜铺,砺形柱础。彻上露明

前厅

戏台

戏台立面

戏台内景

造,明间梁架为抬梁式,五架带前后双步加前单步,次间抬梁穿斗混合式梁架,分心六柱用十檩,各柱头上置柱头铺作斗拱,梁下方与柱相接处施丁头拱,后檐穿枋与檩枋间,明间用一斗三升隔架科,次间各用"工"字形隔架科,柱为梭柱,卷杀明显,有侧脚,扁作月梁,斗拱比例。明间设戏台,戏台面阔7.19米,进深6.98米,高1.15米,形制简洁朴实。前厅前天井用鹅卵石墁地,天井沿四周用花岗岩条石铺砌。

光裕堂 为吴氏宗祠的主体建筑,坐东朝西,面阔三间,通面阔14.15米,通进深11.35米,脊檩高7.55米,建筑面积176平方米,地面为30×30厘米方砖斜铺,青石覆盆,硕形柱础,地面分上下两级,前廊要比堂内低0.2米。梁架彻上露明造,明间抬梁式梁架,五架带前后双步加前后双步,次间抬梁穿斗混合式梁架,分心六柱用十三檩,柱为梭柱,卷杀明显,有侧脚,扁作月梁。梁下方与柱头相接处施丁头拱及牡丹花形丁头拱,在柱头和隔架处安一斗六升十字艺术形柱头科和隔架科,呈现出金衢地区艺术化斗拱的明代风格。

正厅全景

正厅内景

正厅立面

正厅地面及柱础

　　南、北边厅　面阔八间,通面阔27米,通进深8.2米,脊檩高6.3米,建筑面积536平方米,面向中院三间开敞作厅,其余或一间或二间根据使用功能进行分割。30×30厘米方砖墁地,硕形柱础,前廊与光裕堂前廊同高,并与前厅地面一起,沿中院一周闭合成一个高程相同的回廊,南北边厅前金柱以内,同样

北边厅及天井

南边厅及天井

北边厅明间五架梁

北边厅次间梁架

高于前廊0.2米。后檐柱以外,各有一个长同面阔,宽为1.25米的狭长天井用于通风和采光。梁架彻上露明造,明间两缝梁架为抬梁式,五架带前后单步加前单步,其余各间采用穿斗式梁架,柱为梭柱,卷杀明显,有侧脚,扁作月梁,斗拱比例。梁下方与柱相接处施丁头拱,前、后檐穿枋与檩枋间设一斗三升隔架科斗拱。为方便南北两侧村民的进出,南边厅东尽间和北边厅东次二间各开了一道边门通向院外。并在南边厅东山墙前廊位置开了一道便门通往三开间的庖厨和后楼。

穿堂　单开间带左右廊，通面阔8.2米，通进深8.05米，建筑面积96平方米，地面为30×30厘米方砖斜墁。前靠光裕堂后檐墙，往后与后楼明间前廊相搭接，开敞式穿堂两侧各设月日小天井。

过厅

后楼　面阔三间附二廊，穿斗式楼屋结构，九架双穿枋用五柱。通面阔14米，通进深10.1米，脊高9.25米，建筑面积305平方米，圆鼓形础，地面用33×15厘米的长方形地砖席纹斜墁。前金柱缝安置门窗，楼梯设在靠山墙的两廊内。后楼的前廊和穿堂的牛腿、梁垫、雀替、柱头科均采用了清晚期的木雕装修风格。

庖厨　坐南朝北，为面阔三间加两厢布局，通面阔6.76米，总进深9.51米，通高12.05米。明、次梁架结构皆为抬梁穿斗混合式，三柱用六檩，硬山式用小青瓦，圆鼓形柱础，水泥地面。

三、吴氏兄弟

在珠塘村离吴氏宗祠不远的平阳山上,尚存当年敕建宗祠主人——吴赈隆和吴赈荣兄弟及其夫人合葬墓。

吴赈隆,据珠塘《吴氏家谱》及墓碑记载,名可权,字赈隆,生于明洪熙元年(1425年)七月十六,卒于明成化二十一年(1485年)十一月廿一。成化丙戌年(1466年)应诏输白金一百七十两于京,赐七品散官以荣之。吴赈隆墓保存较好,坐西北朝东南,呈椭圆形,封土高2.25米,直径7.1米,墓前有牌楼式石雕构件,牌楼每间檐设斗拱,柱下设碩形柱础,牌楼明间设墓碑,墓碑东西两旁分别雕有麒麟、马各一对,雕刻考究。

吴赈荣,名可荣,字赈荣,生于明永乐庚寅(1410年)十月初八,卒于明天顺庚辰(1460年)二月初六。善于理财,赀积累巨万,景泰丙子年(1456年),应诏输粟二千斛以济通州之歉,帝嘉其忠义,旌表其门,赐七品散官以荣之。吴赈荣及其夫人合葬墓保存一般,坐西北朝东南,呈椭圆形,直径6.9米,封土高2.34米,墓前为牌楼式石质构件。面阔5.1米,高1.821米,每间檐下设斗拱,柱下设碩形柱础,牌楼下方设墓碑,左右(东西)两边分别有石雕麒麟和石马等,雕刻考究。

张氏"双宝"
——龙游绍衣堂和横山塔

绍衣堂和横山塔同为明代建筑,位于龙游县横山镇东坞村,距龙游县城约16公里。历史上横山镇是龙游商帮发源的重要区域,故至今遗存历史文化遗产较多,物质文化遗产有千年古刹乌石寺,因相传南宋抗金英雄岳飞在此活动而名扬国内外;非物质文化遗产也非常丰富,以甘蔗龙、稻草龙等民间艺术较为著名。相较而言,物质文化遗产更为突出,特点是数量多、质量好,有全国重点文物保护单位3处(6个点),省级文物保护单位4处(6个点),县级文物保护单位20处,县级文物保护点18处。其中以明代宗祠最有代表性,绍衣堂就是其中之一。横山塔与绍衣堂相距一公里,皆为当年张氏家族所建。绍衣堂先建,为张氏祠堂,后为了改善家族风水,又建风水塔,人们以地名命名该塔,称为横山塔。因两建筑有渊源关系,所以合并公布为一处文物保护单位。

一、绍衣堂

(一)历史沿革

1. "绍衣堂"的来历

"绍衣堂"的堂名出自《尚书·康诰》:"今民将在祗遹乃文考,绍闻衣德言",比喻承继旧闻善事,奉行先人之德化教言。

在张氏家族中,最为著名的先祖当为张浚父子。张浚为南宋中兴名相。《宋史》卷三百六十一《张浚传》,其篇幅之长,在《宋史》列传中是较为罕见的,可见其事迹之丰,分量之重。其中记载,张浚(1097年8月11日—1164年4月20日),字德远,汉州绵竹(今属四川)人,唐朝名相张九龄弟张九皋之后,父张咸。南宋宰相、抗金派领袖、民族英雄。宋徽宗政和八年(1118年)进士,历枢密院编修官、侍御史、知枢密院事、川陕宣抚处置使、尚书右仆射同中书门下平章事兼知枢密院事都督诸路军马等职。隆兴元年(1163年),封魏国公。隆兴二年八月,病卒,葬宁乡,赠太保,后加赠太师。乾道五年(1169年)谥忠献。著有《紫岩易传》等。

张浚之子张栻(1133年9月15日—1180年3月22日),字敬夫,后避讳改字钦夫,又字乐斋,号南轩,学者称南轩先生,谥曰宣,后世又称张宣公。南宋孝宗乾道元年(1165年),主管岳麓书院教事,从学者达数千人,初步奠定了湖湘学派规模,成为一代学宗。南宋孝宗淳熙七年(1180年)迁右文殿修撰,提举武夷山冲祐观。其学自成一派,与朱熹、吕祖谦齐名,时称"东南三贤"。南宋理宗淳祐初年(1241年)从祀孔庙,后与李宽、韩愈、李士真、周敦颐、朱熹、黄幹同祀石鼓书院七贤祠,世称石鼓七贤。著有《南轩集》。

张氏祠堂以"绍衣堂"命名,足见张氏后人以其先祖为荣,并寓承继先辈的德化功绩,以勉励后人之意。

2. 明代始建

绍衣堂始建于明代洪武年间(1368—1398年),为衢州市现存始建年代最早、原貌保存最真的一座祠堂。据民国《龙游县志》记载:

> 宋时有名镛者,称张浚六世孙,当理宗开庆间徙居县北横山,有子四人,长文兴,居山顶;次子文广,居祖宅,因名花厅张氏;三子文盛,居东湖,其曾孙彦机,复于明洪武二年迁东坞,为其始迁祖。

另据横山高山顶张氏家谱的系图中载:"茂五公幼子彦机义五公自东湖洪武二年转迁东坞。"明正统辛酉年(1441年)春张氏后裔张显有文章中也提道:"承九公脉居在湖厅,其曾孙义五公则又卜居于东里,遂名为'东坞厅'。"三处史料明确记载,张氏家族始迁至东坞为明洪武二年(1369年),其始祖为张彦机,"东坞厅"即绍衣堂,应是该时期所建。绍衣堂建成后为一座四进三开间,坐北朝南,硬山顶建筑。

3. 现当代保护修缮

绍衣堂自明代始建以来,均未见史料有修缮记载,也未遭到大的破坏。直到现当代,遭遇了有史以来的冰火两重天,经历了凤凰涅槃般的由破坏到保护的过程。

20世纪70年代,"文革"期间,绍衣堂后两进和门楼被拆毁,仅存前两进。

1985年4月文物普查时,绍衣堂被龙游县文物部门发现,并作为重点对象登记备案。

1986年7月,龙游县人民政府公布绍衣堂为龙游县文物保护单位。

1989年12月,浙江省人民政府合并公布绍衣堂与横山塔为第四批省级文物保护单位。

绍衣堂全景

1991年7月,对绍衣堂进行了抢救性维修。因年久失修,绍衣堂的东山墙(外墙)面临随时倒塌的危险,此次抢修,对东山墙及仅存的两进均进行了全面维修。历时5个月,至年底工程竣工。维修经费由省文物局和龙游县政府共同出资。

2013年3月5日,国务院合并公布绍衣堂与横山塔为第七批全国重点文物保护单位。

(二)建筑特色

绍衣堂为衢州市境内时代最早,原貌保存最真的一座宗祠。现虽仅存两进,但却是该建筑的主体和精华部分。尤其是第一进卷棚廊的结构设计,在浙江省明清建筑中是极为罕见的。

廊呈四架卷棚式,中二檩间设有略带弧形的小梁相连,两边采用了形式活泼,犹如一埋头弓背卷尾的鱼状,劄牵并与平身斗拱相边,且劄牵下部又施用了斜撑,类似于宋、元建筑中的上昂。撑头上置斗承托檩底,而撑尾则插入平身斗拱里拽单翘上的要头中。这种结构的独特之处在于匠师们巧妙地将软力学和几何学中的理论运用到了建筑中来。檩条、劄牵、斜撑组成了一个稳定的三角形,而且还能将顶部的重量通过斜撑化至额枋上,减轻了梁的受力度,较为合理地发挥了每个构件的作用。从美学的角度上看,如此设计,显得非常自然入贴,毫无硬性造作之感。较为完美地将建筑中的科学性和艺术性融为一体。

绍衣堂门厅斗拱　　　　　　　　　　绍衣堂栌形础

　　绍衣堂现存两进三开间,坐北朝南偏东(165°),硬山顶。通面阔12.50米,总进深18.70米,占地面积234平方米。

　　正门两侧有双狮戏球图案的青石抱鼓石一对。抱鼓石高1.84米,长1.7米,厚0.3米,下部为须弥座,上为双狮戏球浮雕,有残损,反面鼓四周饰缠枝花卉,中间为风火轮。建筑左右内山墙为实砌,外山墙为空斗墙,内外墙之间内空为85厘米,梭柱、栀形础,下用覆盆,三合土地面。

绍衣堂抱鼓石

绍衣堂左夹层巷道

　　第一进三开间,明间为正门,左右两缝五架梁用三柱,山缝五架梁与明间相同,以脊檩为界,前为双前架,后为廊用卷棚,上设覆水椽,平身科施斗拱两攒,为五踩重翘,内出单翘,用斜撑承托卷棚檩与猫梁。正门左右抱鼓石一对,两次间外墙有景绘图案,左右各设小方窗一个。

　　第二进为正厅,明间两缝五架梁前后双步用四柱,次间山缝穿斗式五架梁,前后双步用五柱,栀形础,下用覆盆,额枋上扶壁拱一斗三升,梁柱结点处

绍衣堂一进后檐卷棚（斜撑枫拱）

绍衣堂一进后檐卷棚

绍衣堂一进扶壁拱

绍衣堂一进卷棚扶壁拱

绍衣堂二进梁架

绍衣堂内墙墨绘

皆施丁头拱或丁头重拱承托。梁两
端浅刻单线龙须纹,明间除脊檩、上
金檩外,其余檩条下皮均雕饰花鸟
图案。

绍衣堂门厅外墙

建筑外墙作空斗,内墙实砌,水
磨砖勾缝,壁厚14厘米,硬山屋顶,
椽上铺望砖,盖阴阳合瓦。

二、横山塔

横山塔是一座风水塔,七层八面仿木楼阁式空心砖塔,始建于明代嘉靖年
间,经近年保护修缮,现保存完好。

(一)历史沿革

1. 明代始建

横山塔始建于明代嘉靖甲午年(1534年),其塔砖中有模印"大明嘉靖甲午
横山张氏塔砖"纪年铭文。塔刹宝珠上也有铭文记载:

> 大明嘉靖十三年岁次甲午夏六月吉日,横山张氏同心合力建造宝塔
> 一座,祈保各家子姓功名显达、买卖遂心、福如东海、寿比南山者,更求皇
> 图巩固、帝道无疆。辛丑年季冬望日谨题。主缘信士张轲同男辛丑科赐进
> 士张文愚,督工信士张良成、张瑾、张显、张环。武林铸顶匠手王本忠造,
> 兰江砌塔匠手张以广造。

张氏家谱也有建塔记录,称村的南面横山挡住张氏水口而以塔镇之。另
有一方《明故益府引礼舍人东谷张公之墓铭》:

> ……张氏仕进多不利,风水家以为横山挡张氏水口,故欲建塔以镇
> 之,计所费不下千金,君为定约,众乐于输……

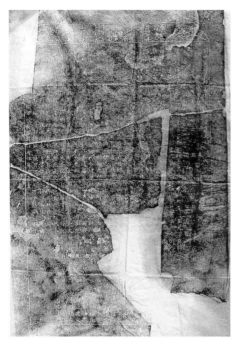

横山塔《明故益府引礼舍人东谷张公之墓铭》

据以上记载可知,横山塔是横山张氏族人,因为多年仕进不利,为改善家族文运风水而建造的一座风水塔。可见,横山张氏正如绍衣堂的堂名所言,作为名相名儒之后,十分重视读书及科举功名,并且笃信风水之学,不惜花费千金建造风水塔。据宝珠上铭文推测,该塔应动工于嘉靖甲午年(1534年)夏季六月,从"吉日"两字推测,动工的日期应是经风水先生挑选后确定的,竣工于嘉靖辛丑年(1541年)冬季,历时7年多。

巧合的是,正是塔建成的这一年,横山张氏族人张文愚,考中了进士。在绍衣堂中,仍可见到原挂在堂内的一方匾额,长230厘米,宽103厘米,匾上依稀可辨"金榜题名"四个楷书大字,落款为"嘉靖辛丑科",应为当时表彰张文愚进士及第的实物。在张氏族人看来,正是建造这座风水塔所带来的文运亨通吧。该塔也是塔自印度传入中国后,自汉迄明以来,"中国化""世俗化""功利化"的一个典型例证。

2. 当代保护修缮

横山塔与绍衣堂一样,自明代始建以来,一直未经大的修缮,也未遭到大的破坏,只是天长日久,风吹日晒雨淋等自然因素对塔造成了一定的损坏。

1985年4月文物普查时,横山塔被龙游县文物部门发现,并作为重点对象登记备案。

1986年7月,龙游县人民政府公布横山塔为龙游县文物保护单位。

1989年12月,浙江省人民政府合并绍衣堂与横山塔公布为第四批浙江省文物保护单位。

横山塔全景（维修前）　　　　　　　横山塔全景（维修后）

2006年，实施横山塔全面维修工程。工程启动于2006年，竣工于2009年，历时近3年。工程由东阳市古建园林设计有限公司设计，临海市古建工程公司施工，龙游县人民政府、浙江省文物局联合出资。

2013年3月5日，国务院合并公布绍衣堂与横山塔为第七批全国重点文物保护单位。

（二）建筑特色

横山塔是明代风水塔较为典型的实例，整体艺术性较高，外部结构为仿木楼阁做法，每面设有倚柱、额枋、墨绘斗拱及各种墨绘图案，其中第四层腰檐戗角上有龙头形砖雕，戗兽一只，这在明塔中非常少见。横山塔历经470多年，依然保存较好，充分体现了该塔设计建设选址的科学合理性。

横山塔位于龙游县横山镇南面的小山顶上，占地面积为50平方米，为七层八面仿木楼阁式空心砖塔,塔总高28.27米,由塔基座、塔檐、塔刹组成。塔基座八面形,每面均雕刻不同图案浮雕;塔身每层每面隐出阑额,隔面设壶门,三层以上内壁隔面设壁龛,腰檐用菱角牙子叠涩出檐,菱角牙子均为五重,翼角起翘,塔刹由覆钵、宝珠、相轮(仅存一重)、宝盖等组成,有八根垂链与八角相连,整塔塔体逐层收分,比例适度。横山塔是衢州地区现存明塔中体量最大、做法最精致的一座。

横山塔内景

横山塔腰檐盖瓦做法

塔基座:塔基用红砂岩条石砌筑,须弥座做法,八面形,每面长263厘米,高120厘米,束腰石板上浮雕各种图案,表层风化严重,图案模糊,大多有断裂,仅存一块完整。地宫形制不明,未发现人为扰动痕迹。

塔身:塔身为该塔主体部分,八面形,七层,每层除尺寸大小略有不同外,结构做法均相同,均由平座、正身和腰檐组成。每层隔面设壶门,三层起塔内隔面设壁龛,龛内无遗存,每层每面有墨绘倚柱、素枋及墨绘图案,阑额上有墨绘一斗三升攀间斗拱一攒,转角斗拱二攒,斗拱上承托长替及檐枋,檐枋两端升起,腰檐用菱角牙子叠涩出檐,两端上弧,檐顶覆盖平板砖,上压筒瓦状条砖,每层各角有风铎挂勾遗迹。

横山塔须弥座

第一层:层高5.37米

横山塔第一层壸门　　　　　　　　　横山塔第一层腰檐

须弥座：平面为八边形，红砂岩砌筑，每边长2.63米，高1.20米，束腰浮雕各种图案。

正身：平面呈八边形。每边长2.38米，高2.33米，隔面设壸门一个，高1.93米，宽0.6米，塔身厚1.15米，壸门上部弧线内设呈葫芦状，每面有墨绘倚柱及墨绘图案和墨绘斗拱。

腰檐：用菱角牙子叠涩出檐，共五层牙子，腰檐总高1.26米。

第二层：层高3.62米

平座：平面呈八边形，每边长2.46米，高0.08米。

横山塔第二层墨绘　　　　　　　　　横山塔第二层腰檐

横山塔第三层壶门

横山塔第四层腰檐戗脊做法（龙头）

正身：平面呈八边形，每边长2.26米，高1.95米，隔面设壶门，高1.54米，宽0.52米，塔身厚1.15米。

腰檐：用菱角牙子叠涩出檐，五层牙子，腰檐总高1.30米。

第三层：层高3.12米

平座：平面呈八边形，每边长2.37米，高0.08米。

正身：平面呈八边形，每边长2.18米，高1.81米，隔面设壶门，高1.38米，宽0.50米，塔身厚1.15米，内壁隔面设壁龛，壁龛高0.98米，宽0.49米，深0.50米。

腰檐：用菱角牙子叠涩出檐，其五层牙子，腰檐总高1.03米。

第四层：层高3.12米

平座：平面呈八边形，每边长2.28米，高0.08米。

正身：平面呈八边形，每边长2.07米，高1.80米，隔面设壶门，高1.39米，宽0.50米，塔身厚1.15米，内壁隔面设壁龛，壁龛高1.00米，宽0.49米，深0.50米。

腰檐：用菱角牙子叠涩出檐，其五层牙子，腰檐总高0.97米。

第五层：层高3.16米

平座：平面呈八边形，每边长2.17米，高0.08米。

正身：平面呈八边形，每边长2.03米，高1.76米，隔面设壶门，高1.30米，宽

横山塔涩檐(维修后)

横山塔塔刹木千斤梁

0.49米,塔身厚1.14米,内壁隔面设壁龛,壁龛高0.93米,宽0.49米,深0.50米。壶门底后下0.65米,保存有原楼板搁栅6根,直径约12厘米,东西向并行排列,西侧保存有约三分之一楼板,厚约5厘米。

腰檐:用菱角牙子叠涩出檐,其五层牙子,腰檐总高0.97米。

第六层:层高3.09米

平座:平面呈八边形,每边长2.14米,高0.08米。

正身:平面呈八边形,每边长1.93米,高1.76米,隔面设壶门,高1.30米,宽0.49米,塔身厚1.15米,内壁隔面设壁龛,壁龛高0.90米,宽0.49米,深0.50米。与壶门平,南北向有塔刹刹杆千斤梁一根,直径约45厘米,下有直径20厘米的辅梁两根,呈东西向架设。

横山塔塔刹

横山塔塔刹宝珠铭文

腰檐：用菱角牙子叠涩出檐，其五层牙子，腰檐总高0.96米。

第七层：层高4.41米（含塔顶）

平座：平面呈八边形，每边长2.07米，高0.08米。

正身：平面呈八边形，每边长1.90米，高1.70米，隔面设壶门，高1.25米，宽0.48米，塔身厚1.13米，内壁隔面设壁龛，壁龛高0.70米，宽0.49米，深0.50米。

塔顶及檐口：塔顶用砖实砌，高1.26米，檐口与腰檐做法相同总高1.07米。

塔刹：现存塔刹残高238厘米，覆钵铁铸，分二层，下层有盆口，上层内收。上承宝珠，宝珠外有建塔铭文，上仅存相轮一重，刹杆已腐朽（塔内部分保存完整），有铁链及宝盖铁环垂于塔顶外侧。

三、横山张氏名人

绍衣堂始建人张彦机，传为南宋抗金名相张浚后人。据民国《龙游县志》记载："宋时有名镛者，称张浚六世孙……其曾孙彦机，复于明洪武二年迁东坞，为其始迁祖。此派明时亦盛，传中张文介、张羽翔及进士张文愚皆其裔也。"

横山张氏在明代时较为兴盛，注重家学和科举功名，后人中也出了一些较有成就的文人。

张文介，字惟守，生平事迹不详。娴于词赋，淡雅秀逸，卓然成家。所著有《代赘》《题行》《醉吟》《湖上》等诗集，为明朝十二名家之一，钱谦益编《列朝诗集》中也有其诗选入。民国《龙游县志》载有其诗作二首：

陪刘月波翠光岩放舟

仙岩清倚月光浮，最喜追陪长者游。

残雪欲消林外寺，小桃初放水边楼。

翩翩野鹤心同远,薄薄村醪兴自投。

亦足夷犹忘日晚,何须沧海觅丹邱。

(原载康熙《龙游县志》)

雨霁登灵鹫峰

积雨十日不出门,乍晴山色青满轩。

偶登悬岩豁幽抱,清虚绝胜桃花源。

远公素得张仙趣,一笑开樽对芳树。

醉罢白云犹未知,纷纷漫拥峰头路。

(原载《横山张氏谱》)

张文愚,明世宗嘉靖二十年(1541年)进士,任新淦知县。

张羽翔,字仪明,明神宗万历十九年(1591年)举人。性至孝,立身正直。父母早逝,每至讳日,水浆不入口,危坐思慕,至老无异,自号曰有怀。初任蒲州知州,执法不挠,人不敢干以私,凡陋规积弊可充囊橐者,悉屏云,丝毫无所染。大计赐清廉,宴为天下有司第一,旋以忤贵人意,降庙陕西苑马监正。转云南寻甸府通判,迁柳州府同知,摄思恩府及宾州、象州等篆。所至有惠政,锄豪蠹,奸宄敛迹。历官二十年,俸入之外,不赢一钱,家徒四壁,挥弦自娱晏如也,年七十卒。清初知县张昌期者蒲州人也,凤闻其在蒲之德政,既莅任即求拜其遗像,则其清风遗泽之入人心可知矣。(原载康熙《龙游县志》)

张其翼,清初顺治十一年(1654年)举人,山东历城县知县,生平事迹不详。

张光进,雍正十二年(1734年)贡生,生平事迹不详。

婺剧"化石"
——龙游三门源叶氏民居

　　三门源叶氏民居位于龙游县石佛乡三门源村。三门源村是一个古老的小山村,翁、叶是村中两大主要姓氏,已有近千年的历史。最早是翁氏一族约于北宋宣和二年(1120年),为避方腊之乱由寿昌迁来,开启了三门源的村落历史。叶氏一族则于南宋咸淳六年(1270年)由松阳卯山迁来,始祖为宋代著名词人、翰林学士叶梦得五世孙叶文彬。自此,三门源村便一直由翁、叶两姓世居于此,溪流两岸翁叶两族各居一边,整个村子一派"小桥流水人家""世外桃

叶氏民居院门外景

源"般的江南村居景象,近900年来未曾改变。在所有景象中最出彩的是那保存完好的明清古建筑群,而叶氏民居则是建筑群中最为精致出色的。

一、历史沿革

南宋咸淳六年(1270年),三门源叶氏第一世祖叶文彬从松阳卯山迁居而来。叶文彬为宋代著名词人、翰林学士叶梦得五世孙。自此,叶氏一族在此繁衍生息,代代相传。

三门源叶氏民居始建于清代,至于建造者是谁,有两种说法,一说为村中叶鹤天(1793—1862年)于道光二十六年(1845年)中恩贡生后所建,如是这种情况的话,那么始建年代当在道光二十六年(1845年)之后几年间;一说是叶鹤天的伯父贤十九公富商叶庆荣(1740—1814年)耗巨资所建。《叶氏宗谱》载:

> (叶庆荣)事知往来,言慎终始。积阴德以修身,有义方于教子。交游法斋,邦之仲,不谄不骄;居室师卫国之荆,苟完苟美。一时品拟圭璋,千载名闻闾里。

从"居室师卫国之荆,苟完苟美"句看,叶氏民居为叶庆荣所建的可能性是较大的。如是其所建,按照其年龄推算,那么始建时间应在清道光(1821—1850年)之前,具体时间不详。

据说始建共有五幢建筑,工期长达六七年,光牛腿、雀替等的雕刻,就花了三年时间。

清咸丰朝太平天国起义期间(1850—1864年),三门源叶氏民居五幢建筑被烧毁两幢,还剩三幢。

三门源叶氏民居自始建以来未曾有过大的修缮,直到当代被发现以后。

1985年文物普查,三门源叶氏民居被龙游县文物部门发现,并作为重点文物登记备案。

1986年7月, 龙游县人民政府公布三门源叶氏民居为龙游县文物保护单位。

1991年, 对建筑外围排水进行疏通。挖掘建筑排水渠道200米, 经费由龙游县财政补助2 000元。

1997年8月29日, 浙江省人民政府公布三门源叶氏民居为第四批浙江省文物保护单位。

2001年9月, 因该建筑年久失修, 门口照壁砖块脱落, 地面破烂不堪, 两处门厅结构腐朽严重, 濒临倒塌, 龙游县文物部门实施了落架大修工程。2001年11月完工, 维修经费5.8万元, 由浙江省文物局补助, 工程由临海市工程队第六施工队施工。

2006年10月, 因暴雨大风, "芝兰入座" 前厅檐口部分坍塌, 后由户主翻漏维修, 龙游县文物部门补助经费3 000元。

叶氏民居院内建筑景观

2008年4月15日,该建筑门厅由于年久失修,受雪灾影响,局部倒塌,龙游县文物部门进行了抢救性维修,加固基础,复原墙体,梁架进行纠偏复原等,投入维修经费9 500元。

2009年10月,实施全面抢救性维修工程。因之前均是日常局部翻修,未进行整体修缮,出现较严重的安全隐患,威胁到文物建筑的整体安全,急需抢救性修缮。工程于2010年4月竣工,工期6个月,由浙江省文物局补助维修经费约44万元,由广厦东阳古建园林工程有限公司施工。

2013年3月5日,国务院公布三门源叶氏民居为第七批全国重点文物保护单位。

二、建筑特色

叶氏民居的建筑特色主要体现在精美的砖雕、木雕艺术和精巧的结构布局诸方面。

砖雕艺术是叶氏民居建筑群的精华所在。三座正门全以雕花砖砌成,不仅有柱、枋、斗拱等仿木建筑构件,而且砖雕渔樵耕读、亭台楼阁、山

芝兰入座砖雕门楼

水动物、神仙花鸟等装饰图案,石质墙基上也刻有花鸟走兽等浮雕图案。最值得一提的是其中23方戏曲砖,每块长56厘米、宽26厘米,各镌一出戏曲故事,浮雕镂空,鱼贯而列。

"芝兰入座"的9出戏是:《打金枝》《尉迟恭救驾》《分水钗》《紫金关》《赵颜求寿》《过五关》《打花鼓》《金牛岭》《四进士》。

"荆花永茂"的7出戏是:《过江杀相》《虹霓关》《白猿教刀》《长坂坡》《渭

婺剧曲目砖雕——白猿教刀

婺剧曲目砖雕——三气周瑜

婺剧曲目砖雕——打花鼓

婺剧曲目砖雕——回荆州

水访贤》《黄鹤楼》《三气周瑜》。

"环堵生春"的7出戏是:《铁笼山》《刘备招亲》《义释黄忠》《龙凤阁》《雌雄鞭》《雪里访贤》《回荆州》。

这些戏均是婺剧徽派剧目,大多是"列国戏""三国戏",也有部分是"宋明戏"。工艺精湛,造型生动,戏曲人物造型独具一格,头大身小,颇似木偶戏中的戏曲人物,比例虽不相称,却惟妙惟肖。方寸之间,将戏曲情节高度集中地表现出来,人物性格鲜明,音容笑貌逼真,构图造型新颖,是罕见的珍品,也是珍贵的戏曲资料。常有来自北京、上海等地的戏曲研究者来此探访和考察。戏剧研究专家洪波教授称赞:"这不仅是我国砖雕工艺的瑰宝,而且是研究中国戏曲史,特别是婺剧发展史的宝贵资料和科学佐证,堪称婺剧徽戏的'活化石'。"

婺剧曲目砖雕——刘备招亲　　　　　　　婺剧曲目砖雕——紫金关

婺剧曲目砖雕——雪里访贤　　　　　　　婺剧曲目砖雕——长坂坡

除了砖雕以外,叶氏民居建筑内部的木雕艺术也相当突出。木雕装饰主要集中在牛腿、天花藻井、格扇门、格扇窗等处,装饰内容以寓意吉祥幸福的人物、环境、动物、花卉为主。尤其以"芝兰入座"的牛腿木雕工艺娴熟,为传统镂空雕法,称得上是现存民居建筑中最为优秀的代表之一。

叶氏民居结构布局精巧独特。现存的"芝兰入座""荆花永茂""环堵生春"三座主体建筑及附属用房、院门、照壁、池塘、弄堂、鹅卵石通道等,有机组合成一个组群,各主体建筑中的空间独立,布局合理,单体为典型的三进二明堂、"对合屋"和"三间二搭厢"形制特征的民居,为当地民居空间结构的典范作品。如"芝兰入座"在一、二进右次间山柱与山墙间加楼梯通道,二、三进二楼采用走马楼做法,科学合理地充分利用空间;三座主体建筑之间采用弄堂过道互相连接。结构设计精巧独到,建筑梁架、墁地、排水、装修等方面采用传统

芝兰入座一至二进天井前檐右边牛腿

芝兰入座一至二进天井前檐左边牛腿

芝兰入座主厅前廊结构

芝兰入座主厅明间天花装饰

工艺制作施工,建筑稳固耐用,至今保存较好。院墙外设池塘,即可满足建筑排水的需要,又可作消防取水之用,非常科学合理。

三、现存建筑

三门源叶氏民居现存"芝兰入座""荆花永茂""环堵生春"三座主体建筑及庭院、花园、池塘等,占地4 500平方米,是一个既自立门户又互相呼应、结构紧密的建筑群。

主体建筑呈侧"品"字形分布，其中"芝兰入座"是中心建筑，为三进两明堂格局，位于建筑组群的北侧，坐东朝西分布，"荆花永茂""环堵生春"则一前一后分列于该建筑南侧，三建筑之间用侧门、过道、小弄堂等互相连通。建筑组群正立面前为庭院（有古铁树一株）、围墙围护，围墙正对"芝兰入座""荆花永茂"二建筑正门处分别有砖雕照壁，"荆花永茂"前照壁已毁，后复原为砖砌白灰粉刷照壁。大院门坐北朝南，围墙外有荷池一个，鹅卵石铺砌的小路，建筑组群与外界通过坐东朝西的小院门分割界限。具体如下：

庭院内苏铁

（一）小院门

位于过道中，距院门约15米，坐东朝西，建于两建筑之间，单开间，面阔2.6米，进深4米，2001年重修。两缝梁架为三檩穿斗式分心用二柱，小青瓦双坡顶，下用望板，檐口用勾头滴水瓦，椽木截面方形出线。前檐柱牛腿保存状况一般，其中左侧牛腿已缺失，2001年重修时添补，牛腿木雕"和合二仙"，右侧牛腿刻有"道

小门厅后檐牛腿

光""通宝"字样。挑头前端分别为"兰""桂"二字。后檐柱牛腿保存较好,木雕卷草及花鸟,挑头前端分别为"腾""芳"二字,挑头上用栌斗,斗拱出二跳承撩檐枋出檐,额枋与随檩枋间用花格装饰,右侧二柱间有横档,作休息木凳用。用鼓形础,三合土墁地,前后为条石阶沿石。

(二)大院门

位于主体建筑与庭院南侧,坐北朝南,小八字门贴素面青砖做法,单开间,面阔4米,进深5.4米。左右两缝梁架为四檩穿斗式前单步用三柱,前金柱之间设门,右山墙接庭院围墙,用二步马头墙,硬山顶,小青瓦屋面下用望板,檐口用勾头滴水瓦,椽木方形出线,门厅内用平天花(原天花已毁,2001年重修时复原),鼓形础,三合土墁地。

(三)"芝兰入座"

该建筑坐东朝西,三进三开间前厅后楼结构。

正立面砖雕门楼,二柱三楼,大额枋上饰有九块戏曲人物砖雕,分别为九出地方戏曲"婺剧"传统曲目,二层六根倚柱及一层立柱上端有"八仙"人物砖雕,额枋饰"暗八仙"(八仙法器)浮雕图案,三层中有砖雕匾额,上方有阳刻

砖雕——何仙姑

砖雕——吕洞宾

旗杆石

砖雕——风光

行楷"芝兰入座"四字,其余砖雕以花卉、动物为主。门楼出檐一层花砖二层叠涩出檐,二层枋上斗拱三朵一斗三升出一跳,上压青石板承花砖二层叠涩出檐,顶层枋上用斗拱四朵一斗三升出一跳,上压青石板承花砖二层叠涩出檐,墙体砖砌,饰墨绘图案。大门左右各有旗杆石一块,青石质地,呈"亚"字形,大门门框及门楼地栿为青石质地,地栿饰回纹图案,实拼库门。

第一进三开间,明间两缝五架梁前后单步用四柱,后为廊,饰有天花藻井,藻井方形,三层内收,中饰圆形卷草图案木雕。扁作梁,前金柱间有四扇格扇门(现已毁),金柱与前檐柱间设门。金柱鼓形柱础上留有地栿插口向外延伸约10厘米,用于木地栿固定,鼓形础下用覆盆,后檐柱牛腿木雕以亭台楼阁与人物为主,单檐。

次间山缝七檩前后单步分心用五柱,柱间有护壁板,穿枋间编竹夹泥封堵,次间上用天花,中

芝兰入座一至二进天井前檐　芝兰入座一至二进天井后檐
牛腿细部　　　　　　　　牛腿细部

芝兰入座主厅明间额枋牛腿　　　　　　　　芝兰入座主厅明间梁架

有方形一层内收藻井。一进天井青石板铺设。

　　第二进为楼,地平升高约12厘米,明间两缝五架梁前后单步用四柱,扁作梁,鼓形础,下置覆盆,前廊天花饰有"卍"字纹及图形"百鸟朝凤"图案,明间天花中饰双凤图案,四周为双线回纹。

芝兰入座一至二进天井后檐右边牛腿　　　　芝兰入座一至二进天井后檐左边牛腿

次间山缝七檩前后单步分心用五柱,天花中饰双凤。

前檐柱牛腿木雕人物,重檐、楼上檐柱间原有格扇窗,现已毁。一、二进之间廊饰天花,枋间连接处设垂莲柱(现已残损),泥道拱呈"亚"字形,右侧山柱与山墙间增设楼梯间,宽约1.5米。

砖雕照壁

第三进为楼屋,明间两缝七檩前后单步分心用五柱,方格栅;次间山缝五檩前后单步,用五柱;二楼为走马楼。楼檐天井四周用格扇窗;外围美人靠,木雕装饰精致。一楼左右两主房,前有搭厢房,搭厢房向天井一侧上为格扇窗,腰枋下为砖砌墙。天井四周檐柱牛腿构件以木雕人物、花卉图案,廊部左右山墙开门与外界连通。

建筑整体为硬山顶、小青瓦屋面,下用望砖,外墙设马头墙。屋内三合土墁地。正门对面有砖雕照壁,砖雕图案内容丰富,与围墙相连。

(四)"荆花永茂"

该建筑坐东朝西,主体建筑二进三间对合楼屋,楼上为走马楼做法。正立面门楼砖雕二柱二楼,大额枋饰有七块地方戏曲婺剧曲目砖雕,立柱上端饰文武二人物砖雕;二层四根倚柱上饰"渔、樵、耕、读"人物砖雕;中间砖雕匾额一方,上方有阳刻行楷"荆花永茂"四字。二层上方有垂莲柱六根,柱间饰花鸟图案砖雕,平板枋上用砖雕斗拱六朵,出一跳一斗六升,上置青石板承二层花砖叠涩出檐。墙体砖砌,饰墨绘图案,左右次间各设窗一页,上有砖雕窗罩。

一进明间两缝五架梁用三柱,次间山缝五檩分心用五柱。明间前金柱之间有格扇门,保存较好。鼓形础,下置覆盆。

二进明间两缝七檩前后单步分心用五柱,次间山缝七檩前后单步分心用五柱。

天井四周牛腿构件以木雕卷草龙,中饰人物。二楼四周格扇窗,外用花卉

荆花永茂砖雕门楼

荆花永茂天井后廊右边牛腿　　　　荆花永茂天井后廊左边牛腿

格子美人靠。右山柱与山墙间有楼梯间,一、二进均有隔断成四个房间。

建筑整体为硬山顶,小青瓦屋面,下用望砖。屋内三合土墁地。正门前原有砖雕照壁,现存为修复的白灰砖墙照壁。

(五)"环堵生春"

该建筑坐东朝西,主体建筑二进三开间对合楼屋,楼上为走马楼做法。

环堵生春砖雕门楼

正立面砖雕门楼二柱二楼。大额枋饰有七块地方戏曲婺剧曲目砖雕,立柱上端饰"福、寿"二仙,二层四根倚柱饰"渔、樵、耕、读"人物。中有砖雕匾额一方,上方有阳刻行楷"环堵生春"。上方六根垂莲柱,柱间饰有花卉图案砖雕。平板枋上置砖雕斗拱六朵出一跳一斗六升,上

砖雕——福(蝠)禄(鹿)寿(鹤)喜(鹊)

置青石板承二层花砖叠涩出檐。左右次间各有窗一扇,上有砖雕窗罩,青石门框,地栿石雕为八福(蝠)。

砖雕——寿星

砖雕——农夫

砖雕——樵夫

一进明间九檩前后双步分心用三柱,前金柱之间有隔扇门(现已毁),次间山缝九檩前后双步,鼓形础。

二进明间两缝七檩前后单步分心用五柱,次间山缝七檩前后双步分心用五柱,鼓形础。

二楼天井四周设格扇窗(现已损毁),外用格子美人靠。天井边檐柱上牛腿构件

环堵生春天井后廊右边牛腿

环堵生春天井后廊左边牛腿

三门源叶氏民居照壁、地坪全景

以木雕人物、狮子等图案,右侧山墙开门与外界相连。

　　建筑整体为硬山顶。小青瓦屋面,下用望砖。屋内三合土墁地。正门前为"荆花永茂"建筑后墙,以墙为照壁,有菱形素面砖砌框砌,内原书有"福"字,现字迹不清。

　　叶氏民居建筑群布局严谨,造型精致,气势宏大,组合巧妙,保持了清代中晚期江南民居典型风格。厅内的楹柱、栋梁粗壮,梁架结构独特。藻井、梁柱、走马楼及窗棂等无不精雕细刻,描金绘彩。因采用天井调节住宅排水排气、改善室内采光,虽然墙高楼深,但空气流通,舒适明亮。其中"芝兰入座"为三进两明堂格局,尤为精巧。其余两幢均为三间两搭厢式样,规模略小,但用材均十分考究。

　　三门源叶氏民居自1985年被发现登记以来,逐渐为外界所认识,1991年10月,时任国家文物局专家组组长、中国建筑学泰斗梁思成的嫡传弟子罗哲文实地踏看叶氏民居,大为赞叹,认为龙游古代民用建筑的研究价值不可估量。1992年,时任建筑部副部长戴念慈参观三门源村,不但夸奖这儿山水优美,更称赞叶氏民居建筑群艺术性高。

　　三门源村也因叶氏民居及保存较好的明清古建筑群，相继被住建部和国家文物局等部门联合公布为中国历史文化名村、中国传统村落。社会各界对三门源及叶氏民居的研究、宣传、开发也随之越来越多。《中国历史文化名村——三门源》《三门源的民间传说与神话故事》《中日民俗考察报告——浙江山区三门源村》《龙游婺剧砖雕的故事》等一大批书籍编纂出版。从2006年开始，亚太汽车拉力赛（中国汽车拉力赛）连续在三门源举办。三门源作为浙江省级风景名胜和4A旅游景区被政府规划和开发。中央电视台也慕名来三门源村拍摄，有《乡土》《乡约》《记住乡愁——三门源村睦相邻》等陆续播出。

古建大观
——龙游鸡鸣山民居苑

　　古建筑的保护和利用一直是个难题,业界大致有两种意见。一种是原地保护派,认为古建筑与周边的环境融为一体,只有在这样的环境中,才能最大限度地向后人传递出真实的信息。一种是迁移保护派,认为有些古建筑零星散落在各个村庄,不利之处不少,有年久失修的情况,有住户保护意识不强的情况,有在建房热潮冲击下面临拆毁的情况,同时因为分布零星,参观研究极为不便,制约了古建筑价值作用的发挥,从而赞同对零星分布、保护基础不好的古建筑迁移集中保护。两种意见各有其理,从学术上也很难断定孰优孰劣,特别是二三十年前更是迷茫,对第二种方式进行尝试未尝不是积极的探索。龙游鸡鸣山民居苑就是在这样的背景和思路下进行的尝试。

一、历史沿革

(一)建设缘起

　　据1985年文物普查数据显示,龙游县传统民居中有特色的建筑共302座,当时浙江省文物考古研究所所长王士伦先生认为其中有40余座明代建筑、60余座清代建筑,具有较高的文物价值。但是,随着农村经济的飞速发展,农民拆旧建新愿望强烈,有些甚至求财心切,拆除贩卖古建筑,加上江南汛期长,洪涝灾害频繁,而古建筑大多年久失修,这些天灾人祸使得古建筑保护状况十分堪忧,抢救这些古建筑迫在眉睫。浙江省文物考古研究所根据"必须把抢救文物放在首位"的指导思想,根据多年来对浙江古代传统民居的调查研究,决定对龙游古代民居采取"就地保护"和"异地保护"方式进行抢救性保护。凡是文化环境基本完好的,采取"就地保护";文化环境已遭破坏,而古建筑本身的文物价值较高的,则采取"异地保护",搬迁到鸡鸣山集中保护。这个设想得到了国家文物局和浙江省文物局的支持,国家文物局著名古建筑专家罗哲文、杨烈、梁起及浙江省文物局、浙江省文物考古所的有关领导多次前往实地考察。龙游鸡鸣山民居苑应运而生,成为古建筑保护无奈之下的一个创举。

(二)建设选址

鸡鸣山是一座平缓的小山坡,相对高度约20多米,位于龙游县城边,灵山江从山脚而过,折绕处形成一潭。鸡鸣山不但自然景观优美宜人,人文内涵也相当丰富。

鸡鸣山的得名,与北宋龙游人吕防有关。吕防,字大防,北宋熙宁六年(1073年)进士,为龙游县登第的第一人,最初被授饶州刺史兼骠骑尉,赐大中大夫。《龙游县志》载,吕大防曾于嘉祐末年(1063年)设义学于此。有一天登山,听见公鸡在棘丛中不停地叫,便张罗饲之,并发现白银数十镒,遂捐献给官府发展教育事业,后人为纪念吕大防的高尚品质,将此山称为鸡鸣山。书院改为鸡鸣书院,潭改为鸡鸣潭,村也改为鸡鸣村。由此,"鸡鸣秋晓"也成了宋代"龙游八景"之一。

元代,县令达鲁花赤又在鸡鸣潭下游兴建了鸡鸣堰,灌溉鸡鸣村至七都村等8 000多亩田地。元代天文学家赵缘督,字友钦,在鸡鸣山建成观星台,研究小孔成像,其研究成果记载于《革象新书》中,比伽利略的研究成果还早200多年。

明代嘉靖年间,县令陈钺在鸡鸣山上又新建了鸡鸣塔。

清代时,又建起寺庙,明清两代,"鸡鸣秋晓"为龙游十景、龙游十二景之一。

民国时期,浙赣铁路从山脚穿过,鸡鸣山又成为东南方向进城的要地,国民党军队在山上浇铸坚固碉堡,现还存有遗迹。随着城市化的进程,现在山已经与县城连为一体,宛若城市公园,是居民作轻松休闲的理想之地。

之所以选择鸡鸣山作为古民居迁建地，一是其灵山江畔地理位置优越；二是其平缓的山势，可以使建筑错落安置；三是其丰富的人文内涵底蕴，可谓天时、地利、人和兼而有之。

（三）建设过程

民居苑始建于1991年，该工程由时任国家文物局专家组组长罗哲文先生、浙江省考古所所长王士伦先生亲自担任顾问，作专业和技术指导，总体规划由浙江省文物局、浙江省考古所设计。根据建设需要，先后两次共征用土地100亩，迁坟400多座，拆迁民房17户，拆迁面积2 500平方米。到目前为止，已搬迁复建古建筑26幢，并建有门厅、石桥、池塘、水榭、水阁楼、文物库房等配套设施，共投资2 248万元。

1991—1995年，共搬迁复建古建筑6座，其中明代和清代建筑各3座，分别是巫氏厅、邵氏民居、翊秀亭和高冈起凤、汪氏民居、灵山花厅。

1997年8月，浙江省人民政府公布鸡鸣山民居苑为第四批浙江省文物保护单位。

民居苑水阁楼

民居苑外景

2002—2005年，共搬迁复建古建筑20座，其中明代建筑9座：劳氏民居、项氏民居、马氏宗祠、过街楼、槐庭、邵氏卸厅、仁余堂、戴氏民居、照壁墙；清代建筑10座：龚氏民居、滋树堂、聚星堂、雍睦堂、枕溪书屋、陈氏宗祠、傅家大院、杨氏店铺、慎思堂、吴氏民居；民国初期建筑1座：余氏民居。

2003年10月，举行开苑仪式，边建设边开放，成为集文物保护、学术研究、旅游休闲、爱国主义教育为一体的综合体。

2013年3月5日，国务院公布鸡鸣山民居苑为第七批全国重点文物保护单位。

二、布局特色

这些工程宏大、艺术精湛的古代建筑是当地古民居的缩影，既反映了龙游灿烂悠久的姑蔑历史文化，更是"龙游商帮"成功富庶的见证。民居的砖雕、木雕、石雕为古建筑装饰艺术精华，尤其砖雕门楼最具地方特色，气势恢宏，雕刻精细,巧夺天工,为建筑实用与装饰艺术完美的结合。鸡鸣山民居苑尽最大可能恢复龙游地区传统古村落风貌,以鸡鸣山上的明代鸡鸣塔为中心,依山势而建,南、北、东三个方向按不同年代、不同风格的民居展示。

在民居苑的入口处,苑墙外面的"状元""丞相"两座高大牌坊,列队欢迎游客的到来,再往里走是一堵气势不凡的明代照壁,让人心生震撼。

跨过门厅进入苑内,首先进入视线的是典型的江南明清古村落水口景观,以大型砖雕建筑滋树堂为主线,前后掘有水塘,水塘间用小水渠相连,两旁高墙林立。北侧有龚氏民居、余氏民居、杨氏店铺、仁余堂,南侧有吴氏民居和慎思堂;后面连接的有过街楼(龚氏敞门)、聚星堂以及水阁楼、水榭和廊桥。中间自然地形成了大路通道和街道布局。高高的马头墙与大樟树和其他大树,以及周围郁郁葱葱的树林相映成趣,碧绿的水塘中倒映出粉墙黛瓦婀娜多姿的身影。这一部分是整个苑内最平坦的布局。

从水阁楼走过,是气势宏伟的重檐歇山门楼"高冈起凤"厅、巫氏厅和劳

民居苑内景

（南宋）刘章状元石碑坊

（南宋）余端礼丞相木牌楼

民居苑门厅

民居苑水榭

氏民居,还有灵山花厅,从这里开始就逐渐依山势缓缓增高,再翻过山冈,在北坡和北麓以及东侧,祠堂和民居交错排列,有马氏宗祠、雍睦堂、邵氏卸厅、戴氏民居,形成了另一聚落。它们与鸡鸣山及其他建筑和谐呼应,又和东侧的傅家大院、项氏民居、槐亭及陈氏宗祠等建筑连成一体,形成了一幅完整的民居村落图画,而每一座建筑都是一件精美的艺术品。

三、建筑概况

鸡鸣山民居苑共迁建明清以来古建筑26座,加上鸡鸣山原有建筑2座,共28座建筑,其中明代建筑13座,清代建筑13座,民国建筑2座。

(一)明代建筑

13座明代建筑中,12座为迁建建筑,分别为巫氏厅、邵氏民居、翊秀亭、劳氏民居、项氏民居、马氏宗祠、过街楼、槐庭、邵氏卸厅、仁余堂、戴氏民居和照壁墙。鸡鸣山原有建筑1座为鸡鸣塔。

1. 巫氏厅

原建地位于沐尘乡沐尘村,建于明代晚期。1985年迁建民居苑保护。该建筑为第二进主厅,选材考究,柱梁规整,木雕除承袭明初的古朴端庄粗放的风格外,更具有清初时期的细腻和华丽,是龙游地区明清过渡时期建筑的典型实例。

原建筑三进三开间,即三进二明堂,前厅被火灾烧毁,后进仍原地保护,搬迁为第二进。通面宽10.7米,通进深10.3米,占地面积110.21平方米。为厅堂结构。

彻上露明造,明间两缝五架前卷棚后双步用四柱,次间山缝穿斗用五柱。该梁架结构的最大特点是大梁梁头雕成大斗与梁为一整体,然后直接架于金柱上,这一特征是龙游判断明清建筑的分水岭,具有地方土著特征,梁与梁、梁与檩间用斗拱支撑和连接。

硬山顶,用马头墙装饰和封护。椽上覆板瓦,上盖阴阳合瓦,檐口用沟头滴水。

梁作冬瓜梁,劄牵为月梁作虬龙状(俗称猫梁)。檩柱间用斜撑支撑并作

巫氏厅建筑正立面

巫氏厅次间山缝梁架

巫氏厅明间正面结构

巫氏厅前檐牛腿

枫拱装饰，枋上、檩间用一斗六升承托。牛腿镂雕鳌鱼和狮子。柱础为栌形青石凿，下置青石覆盆，三合土墁地。

2. 邵氏民居

原址位于横山镇志棠卸厅村，为元末明初建筑。该建筑属于主厅堂的一个附属建筑，称之为"连厅"或"小厅"。一进三开间，面宽11.9米，进深8.3米，占地面积98.77平方米,内设天井,正面不开大门,设两边门进出。三间皆为厅堂。

厅堂为彻上露明造。明间两缝五架梁前后单步用四柱,次间山缝穿斗用五柱。檐口不设斜撑和牛腿,椽子直接挑出檐口。梁、柱间用丁头拱,梁与梁、与檩之间用斗拱连接和承托。硬山屋顶,用马头墙装饰并封护。椽上覆望砖,上盖小青瓦,檐口用勾头滴水。

该建筑梁架制作古朴,带有浓厚的宋、元风格。梁作月梁,断面矩形呈扁

邵氏民居正立面

邵氏民居山峰
鹰嘴童柱

邵氏民居明间两缝梁架

邵氏民居柱础

状。大梁在立面上用四块木板拼接而成。这种梁的制作工艺在龙游早期建筑中较为普遍。丁头拱作足材,即拱眼实心。次间山缝童柱作鹰嘴,该特征也是龙游地区早期建筑的另一显著特点。檩下花机作蝉肚形。柱础梀形础,材质为石灰岩。天井排水池也用石灰岩砌筑。三合土墁地。

3. 翊秀亭

原址位于湖镇张家埠村衢江北岸的山坡上,依山傍水,景色宜人。该亭为石亭,建于明朝万历辛巳年(1581年),本为上山劳作及过路客人休息之处。"翊秀亭"的本意是在这秀丽的衢江北岸渡口山坡上,建造这座石亭,会使这里景色锦上添花,风景更加美丽。

建筑平面为方形,边长为4米(含滴水);柱中至柱中边长为2.85米,总高6.14米。建筑面积16平方米。

亭为石构仿木建筑,平面呈正方形,四根方柱支撑着庞大且重达数吨的

翊秀亭正立面

《翊秀亭记》碑

青石屋顶,顶部则由数块凿刻有宝瓶葫芦、瓦当、垂兽等构件镶嵌组成,结构紧密无缝。柱础为方形,四根石柱方形讹角,柱间用长方形额枋连接,交接处用雀替,屋顶采用十字形大梁承托,柱头和攀间皆用一组斗拱连接和承托。

亭内镶有《翊秀亭记》石碑一方,有纪年为"明万历辛巳孟夏朔旦"。碑文内容尚未考释。

4. 劳氏民居

原建筑位于溪口镇上街村,建于明代晚期。该建筑原址为坐东朝西,大门开在南侧第一进与卷棚廊间。堂名"务本堂",堂名出自《论语》:"君子务本。孝悌也者,其为人之本欤?"建筑二进三开间,即二进二明堂。

前厅后楼布局。第一进前檐设天井,与之天井相连的是卷棚廊,即第一进的前方,当地人称轿棚,为停放花轿之处。后进为楼屋,三间两搭厢,与第一进间也用天井连接。明间厅堂,两次间为左、右厢房。天井东、西设搭厢房。左右厢房向外各外扩出1.1米左右宽的楼梯间,用以架设板梯。故建筑总平面呈"凸"字形。前进面宽14.4米,进深18.9米,后进面宽16.7米,进深7.9米,占地面积404.09平方米。

前厅为厅堂,彻上露明造,前方设有一卷棚过廊,卷棚廊与一进天井分隔。前厅明间两缝五架梁前后双步用四柱,次间山缝穿斗用五柱。梁与梁、梁与檩之间的撑托和连接用斗拱,柱与檩之间用斜撑支撑。枋与枋,枋与檩间用一斗六升连接和支撑。第二进后楼重檐结构,天井檐口重檐。明间两缝五檩穿斗分心用五柱,一楼前廊扩出一柱,廊顶为天花,次间两缝梁架同,天井四隅出檐柱头用牛腿挑出。

劳氏民居前厅正立面

劳氏民居砖雕门楼

劳氏民居虎首辟邪"泰山石敢当"

硬山屋顶,用马头墙装饰和封护。椽上覆板瓦,上盖阴阳合瓦,檐头用勾头滴水。

建筑空间宽敞、高大、气派、装饰华丽,雕梁画栋,最具特色的是木雕,堪称精品。檐檩、金檩、斜撑、牛腿、雀替皆镂空雕饰。题材广泛,明间檐檩下皮高浮雕透雕狮子,有梅花、喜鹊、大雁、荷花、仙鹤、凤凰、奔马、牡丹等,还有各种款式的中国结等。用材考究,第一进明间四根金柱及前檐二根檐柱皆取材于名贵木材红豆杉。梁为冬瓜梁,剳牵作月梁为虬龙状(俗称猫梁)。柱子披麻捉灰,用黑色漆,柱以上构件斗拱、雀替、檩、椽、梁等皆髹朱红漆。穿枋以下墙用木板护壁,以上用竹编夹泥造。第一进天井四隅柱头牛腿的其中二只镂空雕狮子,另二只为"S"形斜撑状,第二进前廊天花装饰"卍"字纹,天井四隅的檐柱上牛腿挑头前端雕刻篆书"忠、信、孝、悌"四字。额枋为冬瓜状,楼栅方形。天井用青石砌筑。前进天井长6.9米,宽2.4米;后进天井长5.7米,宽2.2米。天井石雕竹节纹和天马行空图。柱础鼓式青石凿,下置青石覆盆。原地面为三合土墁地,现改用方砖铺砌。建筑后外墙镶嵌有一块长条青石,上刻有虎头和楷书双勾"泰山石敢当"五字,当为避邪之石。

5. 项氏民居

原建地位于横山镇项家村。据《项氏家谱》载:"子容,字有光,行忠三。公平生善于操持,有大谋略。于元朝至正十六年迁居墙里,杰构厅堂楼宇,以安其居,创置田地、塘以足其食。"有诗为《杰构大厅》:"秉心协力构新厅,轮换维新不日成。龙骨挂梁祥霭集,鱼鳞袭瓦瑞烟腾。一门圆处增余庆,万代安居享太平。永远殆同灭地老,荣华富贵子传孙。"经查实,项氏民居原生地地名叫墙里,也称圆门里,"一门圆"即指项氏民居的侧圆门。故建筑建造年代较为可靠,即至正十六年(1356年)。建筑能完好保存至今,弥足珍贵,且子容公又是位大商人,代表着"龙游商帮"早期的创业者。家谱又载,子容公生二子,其中一子可又生三子,其中叙杰商于四川大宁井子林遂居四川,叔清则商于湖广,年四十三,生二子。

该建筑二进三开间。二进间檐口排水作为天井。通面宽15.7米,通进深

16.1米,其中第一进9.7米,第二进6.4米。占地面积252.77平方米。

前进为楼上厅结构。一楼无任何斗拱及装饰。楼上为厅堂,彻上露明造。明间两缝五架梁前后双步用四柱,次间穿斗用五柱。次间两缝与山墙东、西各有一弄相隔。后楼梁架较为简单,为楼屋结构。明间次间两缝皆为穿斗用五柱。

项氏民居建筑外观

项氏民居砖雕

项氏民居雀替木雕

项氏民居侧圆门（砖雕门楼）

硬山顶。人字形山墙砖筑博风板。这一特点也是龙游早期民居的标志之一。东、西山墙不用马头墙。椽上覆望砖，上盖小青瓦，檐口用勾头滴水。

东墙设边门，用大青砖砌筑成圆拱门。门楼为牌楼式砖筑仿木结构，斗拱古朴，枋上雕刻祥鹿携仙草及瑞云，雀替亦作卷云纹。原板门上镶嵌方砖及铁泡钉，现已毁。梁作扁月梁，断面呈矩形，且梁的立面和侧面皆为多条木块拼装销入而成，具有鲜明的时代特征。剳牵月梁作虬龙状（俗称猫梁）。梁上斗拱及丁头拱拱眼皆实心。大斗方形。雀替雕饰莲花和牡丹花。梁两端的龙须纹刚露一点点实。后楼童柱下端雕成鹰嘴状。柱披麻捉灰，梁椽斗拱等构件皆髹漆。柱础为櫍形，用材为红砂岩，地栿亦为红砂岩。三合土墁地。

6. 马氏宗祠

原建地位于詹家镇马叶村。始建于明崇祯十六年（1643年）。后厅在清代进行过大修，两廊及前进部分木构件和所有牛腿系民国三年重修。马氏宗祠后进供奉祖宗牌位，举行敬神祭祖等活动。前进设戏台。戏台很有特点，俗称"二面台"，其进门方向面朝衢县（现衢江区），而厅内有一面上对列祖列宗牌位，向着龙游。曾有"站在衢县看龙游做戏"的说法。民国二十八年，著名书画家余绍宋先生在马氏宗祠戏台金柱上亲笔题写戏曲楹联一对"前者欢迎后出席；此方唱罢彼登场"。

建筑平面布局为一四合院式布局。共两进三开间，前厅前檐设檐廊，明

马氏宗祠正立面

马氏宗祠东戏台吊楼

马氏宗祠前檐廊牛腿木雕
"哼"将

马氏宗祠牛腿木雕八仙
"铁拐李"

间为戏台；后进为主厅。二进间用近似方形的大天井连接，天井东西两厢为戏吊楼。通面宽14.4米，通进深28.6米，占地面积411.84平方米。天井排水池长5.27米，宽5.1米。

前厅明间两缝五架梁前双步后卷棚用四柱，次间山缝穿斗用五柱。后厅明间两缝五架梁前后双步用四柱，次间山缝穿斗用五柱。

硬山顶，用马头墙装饰和封护。椽上覆望砖，上盖小青瓦，檐口用勾头滴水。

前进梁架用材粗大，柱子为梭柱，柱头卷杀，明代特征较为明显。前檐、后檐柱皆为青石方柱并讹角。大梁为冬瓜梁，劄牵作月梁为虬龙状（俗称猫梁）。前檐牛腿雕刻大象和狮子。第二进前檐四柱用青石制作为方形并讹角，前檐牛腿雕刻人物"哼""哈"二大将。东、西两厢戏楼石柱系常山石，方形并抹角，楼上作格扇，牛腿雕刻精美，为八仙人物。建筑梁柱髹漆，牛腿彩绘。天井排水池较浅，用青石砌筑。石方柱下柱础亦为方形，其他柱础为梡形础青石凿。室内原为三合土墁地，现改为砖砌地面。

7. 过街楼（龚承荐敞门）

原建地位于横山镇脉元村，为明代早期建筑。该建筑为主体建筑的敞门，主体建筑已毁。建筑后部保持原始结构，前正立面上部斗拱稍加改动，改装后的斗拱等部件年代稍晚。改装的目的是为了挂匾，悬挂的是一方"进士"匾额，主人是明代万历四十年(1612年)进士龚承荐,其父龚世仰为嘉靖三十七年(1558年)举人。龚承荐于《明史》人物传中有载。

为一进三开间。通面宽8.9米,进深7.6米。明间前后廊为通道,两廊间为大门。左右为厢房。

敞门为楼屋重檐结构。明间前廊为卷棚,后廊为天花共用三柱。门梁上设四菊花头门当。后廊天花攀间各施二攒出二跳斗拱承托、转角斗拱也出二跳承托。

硬山顶,用马头墙。椽上覆望砖,上盖小青瓦,檐口用勾头滴水。

斗拱、卷棚等木构件制作工整、精细。丁头拱拱眼实心,制作较为古朴。过廊通道地面由小青砖竖砌呈圆形图案。

8. 槐庭

原址位于横山镇儒大门村。建于明代中期。建筑二进三开间,前进为楼下、楼上厅堂结构,后进设厢房,当地俗称"对合"屋。通面宽11.9米,通进深19.4米。其中第一进进深11.6米,第二进7.8米,占地面积230.86平方米。

龚氏民居砖雕圆敞门

龚氏民居敞门砖雕匾额

第一进楼下、楼上皆为厅堂。楼上厅梁架彻上露明造,明间两缝五架前后单步用四柱,次间山缝穿斗用五柱。后进明间为厅堂,两侧次间设厢房。前后

槐庭砖雕门楼

两进间设天井,天井两侧为过廊。后进楼上也设厢房。

硬山顶,用马头墙。橼上覆望砖,上盖小青瓦。檐口用勾头滴水。

门楼砖筑二柱一楼牌楼式结构。额枋砖雕地纹为四叶纹,中间开光浮雕野猪獾和喜鹊两对,寓意欢欢喜喜。挂落上砖雕用卷草龙组成"福""禄""寿""喜",还有动物鹿、水禽类等图案,风格较为写实。门梁下用铁泡钉固定方砖和装饰。正脊置宝葫芦,两端设吻兽鱼鸱吻。梁为冬瓜梁。雀替木雕风光、动物及花卉。天井为重檐结构,四檐檐柱柱头牛腿呈"S"形,雕饰一蕉叶纹,较为古朴。天井排水池用青石砌筑。柱

槐庭砖雕"双(獾)喜(鹊)"图

础楯形。三合土墁地。

9. 邵氏卸厅

原建地位于横山镇志棠卸厅村，建于元末，为邵氏第二世邵德茂所建。卸厅原建有三进三开间，现仅存后进。面宽11.9米，进深8.3米。

明间两缝五架梁前后双步用四柱，次间山缝穿斗用五柱。梁上用斗拱承托和连接檩和脊梁。柱与梁连接处用丁头拱和丁头重拱，柱与檩连接用斜撑。

硬山顶，用马头墙装饰和封护。椽上覆望砖，上盖小青瓦，檐口用勾头滴水。梁作扁梁断面矩形，劄牵为月梁作虬龙状（俗称猫梁）。梁上斗拱及柱头斗拱用竹节形斜撑并装饰枫拱。丁头拱制作古朴、规整，拱瓣下杀明显。柱为梭柱，柱头卷杀。合墙壁辟有三长方形窗户，用"面包"状青砖叠砌成花格窗。楯形柱础石灰岩凿，下置覆盆。三合土墁地。

10. 仁余堂

原建地位于石佛乡塘边村，建筑年代为明晚期，朱氏所建。原功能作书院，堂名为"仁余堂"。

一进三开间，原建筑设天井。左

邵氏卸厅建筑外观

邵氏卸厅丁头重拱

仁余堂明间眼珠斗拱、牛腿

右带过廊。现天井和过廊未恢复。通面宽11.7米，进深7.4米，占地面积86.58平方米。

为彻上露明造厅堂建筑。明间两缝五架梁前后单步用四柱，次间山缝七檩穿斗用五柱。檐柱柱头用牛腿挑出出檐。

硬山顶，用马头墙封护。椽上覆望砖，上盖小青瓦，檐口用勾头滴水。

大梁为扁梁断面矩形。梁上用一组斗拱与檩结合。雀替雕饰花卉、卷草。牛腿有两种，一种为较为简单的"S"形斜撑，另一种为雕饰卷草龙。斗拱较为古朴。柱础为栯形础，三合土墁地。建筑小巧玲珑，但做

仁余堂建筑外景

工装修甚为讲究。柱间用长方青砖护壁，然后刷上淡黑墨水，穿枋以上则用编竹夹泥造。柱披麻捉灰，髹黑漆，柱以上木构件髹朱砂漆。

11. 戴氏民居

原建地位于沐尘乡梧村村。堂名"知崇堂"，明代晚期建筑。2005年迁入民居苑集中保护。

建筑二进三开间，设二天井，即二进二明堂，为前厅后楼配置。通面宽12.6米，通进深22.9米，其中一进进深12米，二进进深10.9米。占地面积288.54平方米。

前厅为楼屋。明间两缝六檩穿斗用五柱，中柱不落地，一楼前廊扩

戴氏民居主厅檐檩木雕

戴氏民居砖筑门楼

增一柱,次间山缝六檩穿斗用五柱。后楼梁架明间、次间皆六檩穿斗用五柱。

硬山顶。正厅和后楼两山墙均用两节马头墙封护。椽上覆望砖,上盖小青瓦,檐口用勾头滴水。

门楼为砖筑二柱一楼牌楼式结构。牛腿镂空雕刻狮子和鹿,檐檩、斜撑等构件皆镂空雕饰。梁为冬瓜梁,前廊设天花。前厅次间山缝柱间清水砖装饰和封护,穿枋以上用竹编泥造。天井排水池用青石镶边,卵石铺砌。

12. 鲤鱼厅照壁

原地址位于横山镇后徐村,为鲤鱼厅的照壁墙。

照墙三间四柱单檐结构,平面呈八字形,前面宽6.3米,后面宽4.2米,通深2.4米,占地面积12.6平方米。后徐村徐氏家族中有两兄弟在明嘉靖年间双双考上贡生,为光宗耀祖,建造了鲤鱼厅。砖雕门楼匾额上刻有"兄弟贡元"和纪年,建筑主体部分已倒塌,因照壁墙明间主纹砖雕鲤鱼跳龙门,建筑因以而名。龙游县明代此类照壁墙仅存一处。2003年迁入民居苑保护。

照壁墙主要对建筑起到衔接、过渡、遮挡视线和营造空间的作用,同时也

八字形照壁墙

是主人身份、地位的象征。照墙砖雕
主纹为群鹤、双狮戏球和"鲤鱼跳龙
门"。砖雕雕刻精美,代表了明代砖
雕艺术的最高水平。

八字形照壁墙砖雕及斗拱

正脊置宝葫芦,左、右饰鸱吻,盖
阴阳合瓦,砖雕斗拱、木质斗拱组合
出檐,用勾头滴水。

13. 鸡鸣塔

鸡鸣塔为明嘉靖年间知县陈钦所建,在清咸丰年间毁坏较为严重。光绪
十年(1884年)进行一次全面维修,施工期一年。还有一种说法,明万历四十年

鸡鸣塔

(1612年)三月,龙游西门外通和浮桥建好后,将余资用于建塔。

　　该塔六面七层,楼阁式空心砖塔,高度为21.4米。由于此塔年久失修,破损严重,为抢救该塔,1995年,集资人民币20万元对该塔进行了抢救性修缮。2004年塔内安装木梯。

(二)清代建筑

　　13座清代建筑均为迁建建筑,分别是高冈起凤、滋树堂、汪氏民居、灵山花厅、雍睦堂、龚氏民居、枕溪书院、陈氏宗祠、傅家大院、慎思堂、吴氏民居、聚星堂和杨氏店铺。

1. 高冈起凤

　　原建地位于横山镇高山顶村,为张氏宗祠。因其位居高冈,后临凤凰山而得名,又建筑门楼重檐歇山翼角起翘似凤凰翩翩起舞。该建筑始建于元末,遭火灾后,重建于清康熙年间,原来一共有三进,第三进因倒塌无法恢复。1991年搬迁民居苑保护。

高冈起凤正立面

建筑现存二进三开间。通面宽14.6米,通进深26米。占地面积397.6平方米。第一进包括门厅和前廊,门楼设在第一进明间。第二进为主厅,一、二进间设天井,天井两侧为过廊。

第一进明间两缝五架梁前双大步用三柱,次间山缝穿斗用四柱。前双大步明间设门楼,左右两次间为厢房。第二进明间两缝五架梁前后双步用四柱,次间山缝穿斗用五柱。

建筑主体为硬山顶,用马头墙装饰和封护。椽上覆望砖,盖阴阳合瓦,檐头用

高冈起凤抱鼓石

高冈起凤天井四隅牛腿

高冈起凤主厅明间两缝五梁抬梁

勾头滴水。门楼重檐歇山顶,正脊施栏板,莲花望柱,两端置鳌鱼吻兽。门楼重檐歇山顶翼角起翘角度较大。雀替、牛腿木雕以人物及亭台楼阁为主题。过廊上设天花,天花用八攒斗拱承托。金柱和边柱上穿枋和檩间用一斗六升连接。前檐明间两檐柱作抹角方柱,柱础櫍形础,也为方形。明间两金柱间设大门,大门两侧安装抱鼓石。抱鼓石高1.6米。两次间砌矮墙,矮墙以上用格扇装修。

梁为冬瓜梁,劄牵为月梁作虬龙(俗称猫梁)。大梁与脊梁、劄牵和檩用斗拱承托和连接。主厅大梁为冬瓜梁,较直,两端刻成鼓状,柱头不用大斗,大梁直接架于柱上,梁与梁之间用蜀柱连接,无斗拱。用材粗大。天井四隅柱头上牛腿木雕"福""禄""寿""喜"星,雕刻精细。柱础榍形青石凿,下置青石覆盆。三合土墁地。天井原建为青石,康熙年间重建时用红砂岩修补。天井长7.3米,宽2.6米。

2. 滋树堂

原建筑位于模环乡上张村,建于清道光晚期。当地人称为"新大厅",为张氏第18代孙张士堂建造。建筑为砖雕门楼,气势宏伟,共有三进,即三进两明堂。

建筑体量较大,三进三开间。面宽15.5米,通进深34.2米,占地面积530.1平方米。其中第一进进深12.4米,第二进进深9.7米,第三进进深12.1米。前二进为厅堂,一、二进间设天井,两侧为过廊。后进为楼屋,用来祭祀祖宗的享堂,即家庙,明间为过廊,两侧设方形天井。第一进与第二进间天井长5米,宽2.2米;第三进前檐左、右天井皆近似方形,长2.6米,宽2.3米。第三进地面高于第二进0.87米,设五级台阶。

第一进为门厅,明间梁架五檩前双步后卷棚用四柱,次间山缝穿斗用五柱。第二进为主厅,彻上露明造。明间两缝五架梁前卷棚后双步用四柱,次间山缝穿斗用五柱。卷棚上架短柱升高施覆水椽以解决屋顶的排水。一、二进间过廊施天花。第三进系楼屋结构。明间两缝七檩穿斗分心用四柱,中柱不落地;次间山缝七檩穿斗分心用五柱。

硬山顶,马头墙装饰。椽上覆望砖,用阴阳合瓦,檐口上装饰勾头滴水。

砖雕门楼,气势壮观,工艺精湛。门楼为四柱三楼带二翼,为牌楼式仿木砖雕结构。明间镶嵌砖雕匾额行书"世泽绵长",两次间匾额分别为"鸿图""燕禧"。砖雕制作技术炉火纯青、美轮美奂。描写内容丰富:明间大额枋高浮雕九狮醒目,形态逼真,呼之欲出;左、右额枋和明间挂落栏板共塑有九块古代地方戏曲人物砖,其中一块可辨认为戏名"赵颜求寿",其他还有四季花卉图、山

滋树堂四柱三楼牌楼式砖雕门楼

滋树堂天井结构

滋树堂砖雕匾额

滋树堂高浮雕狮子砖雕

水图、鲤鱼跳龙门和"回"字纹、"卍"字纹等图案。正脊置宝葫芦,两侧施吻兽,盖阴阳合瓦,用勾头滴水装饰。

一、二进作冬瓜梁,劄牵作月梁雕为虬龙状(当地俗称猫梁),大斗平面为海棠形。梁与梁及梁与檩之间的连接和承托用斗拱。天井四隅柱头牛腿高达1米,深雕人物、亭台楼阁、人物表情丰富,刻划细腻、传神。内容大多为历史人物故事,其中有"高力士脱靴"和"苏武牧羊"等故事。梁架用材粗大,做工考究。第二进梁断面矩形为扁状。前檐与二进间的明间过廊设天花并施藻井(鸡笼顶),藻井已毁未恢复。两侧设方形天井,天井用青石望柱栏板装饰围护,两次间前檐阶沿石处也设青石望柱栏板围护和装饰,更显庄严肃穆。山缝穿枋以上用竹编泥造,以下用木板壁装饰。柱础为青石鼓墩,下置青石覆盆。地原为三合土,现已改为方砖墁地。一、二进间天井排水池及阶沿石皆为大青石板铺砌。

3. 汪氏民居

原址位于罗家乡席家村,清早期建筑。因主人世家为中医,故堂名称"德重堂"。建筑为三进三开间,即二进二明堂,前厅后楼配置。

前后二进二天井,面阔三间。面宽11米,通进深22.2米。其中第一进进深12.1米,第二进进深10.1米。建筑占地面积244.2平方米。前进天井排水池长4.45米,宽2.15米。后进天井排水池长4.5米,宽2.35米。第一进为厅堂,明间前檐设天井,天井左、右为过廊。第二进为楼屋三间两搭厢布局,明间为中堂,两侧为厢房,天井两侧设搭厢房。

汪氏民居砖雕门楼

前厅彻上露明造，明间两缝五架梁前双步后单步用四柱，次间山缝穿斗用五柱。前廊及东西过廊设天花。天井四隅柱头用牛腿支撑和挑出。后楼明间、次间梁架皆分心穿斗五檩用五柱。天井檐楼为重檐结构，檐柱柱头用牛腿出檐挑出。

硬山顶，用马头墙装饰并封护。椽上覆望砖，上盖小青瓦，檐口用勾头滴水。

门楼砖雕二柱一楼结构，额枋高浮雕凤凰穿牡丹。正脊置宝葫芦，两端设吻兽。门框为青石质地，雀替石雕麒麟和鲤鱼跳龙门。前厅梁为冬瓜

汪氏民居格扇门窗

汪氏民居斜撑木雕

汪氏民居天井池石雕

梁，剳牵雕成虬龙状（俗称猫梁）。前廊和左右过廊天花饰木雕蝙蝠图案，山缝童柱下端雕饰莲花。牛腿镂空木雕狮子和鹿。斜撑皆雕饰菊花和牡丹等花卉。后楼窗户和门作格扇，栏板雕饰花鸟。天井排水池石雕工艺精细，刻有仙鹤、灵鹿、凤凰等祥禽瑞兽。柱础楯形，青石凿，下置青石覆盒。三合土墁地。

灵山花厅正立面

灵山花厅前檐牛腿和斜撑

4. 灵山花厅

原址位于溪口镇灵上村,建筑年代为清晚期,由汪朝钦所建。他原籍安徽,来灵山做生意并定居,成为当地富商。建筑原为三进,因遭受火灾,烧毁前二进,现留最后一进。1995年拆迁民居苑集中保护。

建筑为五开间。通面宽15.3米,进深7.3米,建筑面积111.69平方米。

明间两缝五架梁前卷棚用三柱,次间及稍间穿斗用四柱。脊檩下用垂莲柱,卷棚檩下亦用垂莲柱。

硬山顶,用马头墙装饰和封护,椽上原覆望砖,现改为望板,上盖小青瓦,檐口用勾头滴水。

　　梁断面矩形成扁状,劄牵作月梁并镂空雕饰卷龙。建筑以精美的木雕为装饰,主要以繁缛的蟠螭纹(草叶龙)为主,梁、檩、雀替、牛腿皆刻上了精美的纹饰,因此,当地人称为“花厅”。柱础为鼓形青石凿,三合土墁地。

　　5. 雍睦堂

　　原址位于湖镇镇地圩村。建于清嘉庆,系徐氏宗祠,堂名“雍睦堂”。

　　建筑三进三开间,设两天井。通面宽14.2米,进深34.5米。其中一进深12米,二进深12.3米,三进深10.2米。一进天井排水池长5.2米,宽2.25米,三进天井排水池长4.8米,宽2.15米。

　　第一进明间两缝五架梁前后双步用四柱,次间山缝穿斗用五柱。明间设戏台。第二进明间两缝五架梁前卷棚后双步用四柱,次间山缝穿斗用五柱。第三进为楼屋,重檐结构,下部设天花。明间、次间两缝皆七檩穿斗分心用七柱。

雍睦堂砖雕门楼

雍睦堂砖雕虎头边门

雍睦堂青石天井池

二次间后檐三柱隔为厢房。天井四隅柱头用牛腿挑出出檐。

　　硬山顶，用马头墙装饰和封护。椽上覆板瓦，上盖小青瓦，檐口用勾头滴水。

雍睦堂前厅戏台立面

梁为冬瓜梁，劄牵作月梁为虬龙状（俗称猫梁）。牛腿雕饰人物故事。门楼砖雕二柱三楼。该门楼在20世纪50年代倒塌过，故许多图案和构件残缺。大门为青石门框。前进戏台上方装饰蟠螭纹挂落。天井池用青石砌筑，雕刻精美，有回纹、中国结、莲花、钱纹等。柱础鼓形饰乳钉青石凿，并雕刻花卉。三合土墁地。

6.龚氏民居

　　原地址位于横山镇脉元村，清朝咸丰三年（1853年）由秀才龚海民所建。该建筑二进三开间，前厅后楼配置，建筑还筑有墙垣，墙垣与主体建筑融为一体。

　　前面宽11.9米,后面宽14.3米,通进深18.9米。其中前进进深10.3米,后进进深8.6米。院子长为8.5米,宽为5.7米。后楼地基平面高前厅0.5米,天井至阶沿用三级台阶连接。明间设厅堂,左、右设东、西厢房,左山柱与山墙间设楼梯间,天井两侧系搭厢房。即三间两搭厢平面配置。

　　前厅为楼屋结构,前檐设天井,明间梁架七檩前后单步穿斗用三柱,中柱不落地,前檐明间檐柱为减柱造,设垂莲柱,次间山缝七檩穿斗用五柱。后进亦为楼屋结构,设天井,明间梁架、次间山缝梁架皆六檩穿斗用四柱。

　　屋顶为硬山顶,马头墙结构,椽上覆望砖,阴阳合瓦,用勾头滴水。

　　该建筑最具特色的是梁、枋、雀替和牛腿木雕极为精致。内容大多为历史人物故事,有"郭子仪拜寿"图、"李太白醉酒"图和"推车接父"图等。人物形象雕刻栩栩如生。天井檐楼为单檐结构,并作"工"字形和"亚"字形装饰格扇。梁、枋断面矩形扁状,楼栅为方栅。柱础栀形并雕刻花卉装饰,有鼓形、瓜棱形和莲花形等。建筑地面为三合土墁地。天井排水池用青石砌筑,长4.5

龚氏民居砖雕门楼

龚氏民居门楼砖雕匾额

龚氏民居前厅前廊"咸丰通宝"

龚氏民居木雕太白醉酒图

米,宽1.4米。第一进前廊垂莲柱与金柱间的刽牵镂雕双狮戏球木雕,狮身上刻有二枚古钱币图案,为"咸丰通宝"和"癸丑仲秋",为建筑的建造年代判定提供了有力的证据。

建筑正立面为二柱一楼牌楼式仿木砖雕单檐门楼。设有额枋、挂落、栏板等。挂落施垂莲柱。额枋上砖雕古代戏曲人物,自左到右是《单刀会》《分水钗》《马超追曹》《打花鼓》《临江会》五幅。匾额砖雕行书"日辉云彩"。图案纹饰还有:八仙人物、八宝、鲤鱼跳龙门、莲荷、菊花和"卍"字纹、"回"字纹等。雕刻精细,造型生动。正脊施望柱和栏板,中置宝葫芦,两侧施鳌鱼吻兽。

墙垣设砖筑圆拱门,侧面镶嵌青石。门罩为垂莲柱挂落式仿木砖雕,制作清秀典雅。上嵌砖雕匾额行书"秀抱珠峦"。主纹砖雕福(蝠)禄(鹿)寿(鹤)喜(鹊),还有花卉菊花纹、"卍"字纹和寿字纹等,雕刻精美,垂莲柱头作莲花瓣和荷叶纹。正脊施望柱,栏板镂空朵云纹,两侧置鳌鱼吻兽。

7. 枕溪书院

原址位于溪口镇枫林村下北碓自然村。建于清嘉庆年间,为潘氏族人所建,潘氏迁至上圩头下陈村时卖给黄家。2004年迁建至民居苑保护。建筑原

枕溪书院外观

枕溪书院明间两缝梁架

枕溪书院前廊结构

址时为坐东朝西,前对鲤渊坞,屋后为合坑源溪,室内讲台犹如枕头,故称"枕溪"。书院附近砌有水塘,名"鲤渊",仿效县学泮池所建,也称洗砚池。道光三年,当地知名人士潘锦虹(号云根),聘请本县詹家村人严秉忠执教;道光十六年,秉忠举岁贡始别枕溪。枕溪书院自清嘉庆始创,直至咸丰,历时五十余年,

枕溪书院格扇窗

为龙游培养了一大批人才,余绍宋先生曾有"足征嘉道间先辈风流"及"济济生徒,文采风流三盛"之赞语。

书院原平面布局呈"凹"形,共有九间,现存六间。西厢为厨房和先生宿舍,中间三间作课堂,楼上房间系学生宿舍。屋前为宽敞的庭院,供课余师生活动。原建筑东厢楼屋已毁。现有建筑面宽17.8米,进深12.2米,占地面积217.16平方米。院子长10.6米,宽4.3米。为楼屋结构。一楼厅堂明间两缝六檩穿斗用四柱,中柱及后金柱不落地,次间两缝六檩穿斗用六柱。前檐为重檐,用牛腿挑出出檐。

硬山顶,用马头墙装饰和封护。椽上覆望砖,上盖小青瓦,檐口用勾头滴水。

梁断面矩形,二端雕刻方折蟠螭纹。楼栅为方形。前檐不用墙分隔,全部设格扇门。木雕主纹雕饰卷草、蟠螭纹、八宝、花卉等。柱础鼓式,青石凿,三合土墁地。正堂横楣上现存原生匾额一方,行书"乐寻耕读"四字。

8. 陈氏宗祠

原址位于塔石镇陈家村(又名梨坞村)。堂名"存耕堂"。该建筑始建于清代中期,前进及门楼系民国时重建。

二进三开间,中间设天井。通面宽12.1米,通进深22.9米。占地面积277.09平方米。前进设戏台。

第一进包括门楼。门楼设在明间前廊,作八字门单檐歇山顶。门前置灰岩抱鼓石,石雕精细。明间两缝后五架梁前穿斗四檩,用五柱,次间同。后五架明间、次间皆设天花。前廊明间设天花、两次间为戏吊楼。第二进砌上露明造,明间两缝五架梁前后双步用四柱,次间山缝穿斗用五柱。

陈氏宗祠八字门楼

陈氏宗祠天井立面

除门楼为单檐歇山顶，整座建筑屋顶为硬山顶，马头墙装饰并封护。椽上覆望砖，上盖小青瓦，檐口用勾头滴水。

门楼牛腿雕刻人物故事。天井四隅檐柱上牛腿雕刻狮子和鹿。梁作扁梁断面呈矩形。柱础彭形青石造，三合土墁地。原天井排水池系红砂岩砌筑，现改为青石。

9. 傅家大院

原址位于大街乡大街村，建于清光绪年间，为傅氏所建。傅氏家庭为龙游商帮的杰出代表。建筑于2005年迁建民居苑集中保护。

建筑由敞门、主体建筑和墙垣组成一座封闭式大院，主体建筑三进五开间，坐西朝东，设南北两庑廊，两庑廊皆为楼屋。整体布局在中轴线外复建重廊别院，沿袭前堂后寝的传统格局，尊卑有序，主次分明。占地面积1 070平方米。右廊占地27×26.7米，左廊（含厨房）占地9.4×9.6米。主体建筑面宽18.5米，通进深27米，其中一进进深10.7米，二进进深6.6米，三进进深9.7米。敞门

傅家大院门厅

面宽11.1米，进深7.6米。大院内长22.1米，宽10.5米。

主体建筑前厅明间两缝五架梁前后双步用四柱，次间、梢间两缝九檩穿斗用五柱。梢间为厢房。第二进明间两缝五架梁前后双步用四柱，次间梢间两缝九檩穿斗用五柱。梢间为厢房。第三进为楼屋五间结构，明间为厅堂，左右各设二厢房，天井左右过廊为搭厢房。主体建筑东西二廊除一厨房外，皆为楼屋结构。敞门设在大院西南角，为一进三开间建筑，是直接

傅家大院清水砖门楼

傅家大院东廊楼屋结构

傅家大院主厅天井

进入傅家大院垣墙内的门厅。明间两缝三架前后单步用四柱，次间山缝五檩穿斗用五柱。

硬山顶，用马头墙。椽上覆望砖，上盖小青瓦，檐口用勾头滴水。主体建筑梁作冬瓜梁，劄牵为月梁作虬龙状（俗称猫梁）。一、二进间天井四隅牛腿皆雕饰狮子。柱础鼓形雕饰莲花瓣。天井排水池用青石砌筑。大门用水磨青砖砌筑，大青石门框。石雕精细，有八宝纹、海波纹、"回"字纹和卷草等图案。大

门西侧墙上镶嵌一块虎首"泰山石敢当"避邪石,大院西侧门墙上也嵌有一块"泰山石敢当"避邪石。敞门牛腿雕饰鹿和八宝,雀替和天花未完工,暂缺。三合土墁地。

10. 慎思堂

原址位于沐尘乡沐尘村,为清代晚期建筑。原为小厅,用于敬神祭祖,供奉祖先牌位,后改为居室。建筑为巫氏所建,由于巫、袁联姻,巫家将建筑赠予袁家。拆迁时为袁氏后人居住。于2004年迁建民居苑集中保护。

一进三开间,即三间两搭厢平面配置。通面宽12.9米,进深13米,占地面积167.7平方米。门为八字形结构。

明间两缝梁架九檩穿斗用五柱,次间山墙梁架同。明间中堂设天花,两侧厢房和搭厢房为楼屋。

慎思堂建筑八字形结构

慎思堂门廊及两厢结构

硬山顶,用马头墙。椽上覆望砖,上盖小青瓦,檐口用勾头滴水。

内设天井、天井排水池用青石砌筑。额枋、梁、牛腿、雀替等雕刻图案,以回形蟠螭纹为主,另有喜鹊、蝙蝠、戏曲人物图案等。柱础鼓式。厢房内铺设木地板,其余厅堂及地面皆为三合土墁地。

11. 吴氏民居

原址位于湖镇镇后陈村,原吴氏民居边屋。为清早期建筑。

一进三开间楼屋。明间为中堂,两侧为厢房。两厢房前系过廊,过廊用格扇装修营造多变空间。前檐设天井。通面宽13.7米,进深9米,占地面积123.3平方米。

楼屋为重檐结构。明间两缝五檩穿斗用五柱,次间山缝五檩穿斗用五柱。檐柱上用牛腿挑出。

硬山顶,用马头墙。椽上覆望砖,上盖小青瓦,檐口用勾头滴水。

牛腿雕刻蕉叶纹、卷草龙、八宝等图案。雕刻工艺精细。该建筑中最为引

吴氏民居前檐结构

吴氏民居天井重檐结构

人注目的是天井水池,系用优质青石砌筑,一边靠墙。天井池长4.45米,宽2米。共有六根方形望柱和栏板、枋等构件组成。雕刻十分精美,堪称石雕艺术中的精品。栏板、寻杖、宝瓶皆雕刻精美的图案。有卷草纹、"卍"字纹、钱纹等。两端的吻兽为龙首鱼尾的鳌鱼。柱础鼓式。原建筑地面系三合土,现改用方砖铺砌。

12. 聚星堂

原址位于溪口镇冷水村,为清代早期建筑。由南宋丞相余端礼后裔所建(余端礼为冷水村人),为"巡回堂"三幢建筑中的一幢,其余两幢已毁。该建筑在民国二十五年(1936年)卖给徐家。

建筑二进三开间,设两天井,即二进二明堂,前厅后楼配置。通面宽11米,通进深20.9米,其中一进进深10.7米,二进10.2米。占地面积229.9平方米。

第一进为楼屋厅堂。明间两缝七檩穿斗分心用四柱,中柱不落地,次间山缝七檩穿斗用五柱。第二进为三间两搭厢楼屋结构,明间为中堂,左右厢房和搭厢房。明间、次间两缝五檩,穿斗用五柱。天井檐柱用牛腿挑出出檐。

聚星堂正立面砖雕门楼

聚星堂前厅明间梁架

聚星堂砖雕匾额"福禄祯祥"

硬山顶,用马头墙装饰和封护。椽上覆望砖,上盖小青瓦,檐口用勾头滴水。

门楼为砖雕仿木二柱一楼牌楼式结构。额枋装饰万字纹,匾额亦为砖雕镶嵌,为九曲篆书"福禄祯祥"。门罩挂落饰垂莲柱,栏板上用篆书"寿"字装饰。门框为青石砌筑,雀替石雕麒麟,门梁下皮灯挂雕饰凤凰口衔寿桃。石雕工艺精湛。一进木构大梁为冬瓜梁,楼栅为方栅。柱子侧脚明显。牛腿镂雕山水。二进牛腿雕刻蕉叶纹、"卍"字纹和卷草龙等,雕刻精细。天井排水池用青石砌筑。柱础鼓形青石凿,三合土墁地。

杨氏店铺建筑外观

13. 杨氏店铺

原址位于横山镇杨家村。原功能为杨氏所建的小商铺。建于清晚期。

一进三开间楼屋结构。通面宽11.6米,进深7.6米,占地面积16平方米。

明间两缝五檩穿斗用四柱,中柱不落地,次间山缝五檩穿斗减柱用三柱。前檐柱头用牛腿挑出承托檐楼,檐楼用"工"字花格装修。

硬山顶,用马头墙封护。原建筑椽上不用望砖,仅盖小青瓦。

木雕以"回"字形蟠螭纹和卷草

杨氏店铺双步两结构

为主。柱础鼓形。三合土墁地。

（三）民国建筑

两座民国建筑,其中余氏民居为迁建建筑,碉堡为鸡鸣山原有建筑。

1. 余氏民居

原址位于横山镇龙门桥村。原有三进,即三进两明堂,拆迁复建的为一、二进。建于1912年,为民国初期龙游地区民居的优秀代表。

第一、二进为走马楼结构,三开间,皆为厅堂。通面宽12.5米,通进深16.2米。其中第一进进深9.6米,第二进进深6.6米,一、二进间设天井,左右两侧为过廊。天井长4.65米,宽1.7米。第一、二进为楼屋结构。前进明间梁架八檩穿斗分心用四柱,中柱不落地,次间山缝八檩穿斗分心用五柱。天井檐楼为单檐结构。

余氏民居建筑正立面

余氏民居天井檐楼结构

硬山顶,马头墙结构。椽上覆望砖,阴阳合瓦,用勾头滴水。

该建筑大门为青石门框,砖筑门罩,常山青石镶嵌匾额,匾额行书"水媚山辉"。建筑梁、额枋断面矩形扁状,楼栅为方栅。檐楼栅栏作"工"字形、"中"字形等结构。柱础圆鼓式青石凿,天井用青石砌筑,三合土墁地。该建筑最具特色的是木雕工艺,工艺之精湛代表着当时建筑木雕的最高水平。据主人说,木雕工匠龙游、东阳各一半。凡雀替、梁、额枋皆满雕高浮雕人物戏曲故事,牛腿透雕人物。雕刻繁缛、精细、华丽、人物表情丰富,形态生动。不仅是珍贵的文物资料,也给研究地方戏——婺剧的发展史提供了珍贵的实物资料。

2. 碉堡

1935年,由驻龙游国民党部队建造。由刘英、粟裕率领的中国工农红军北上抗日先遣队,从遂昌路经龙游,袭击了国民党部队把守的龙游火车站,给国民党部队造成了很大的恐慌。国民党军担心再次遭到袭击,于是就在此建造了碉堡,同时在龙游城四周共建了四座碉堡。

碉堡

　　碉堡用进口水泥和大块石建，高4.3米，最厚处有一米，内空直径3.4米，第一层和第二层分别设12只枪眼，原顶部盖有屋，但屋顶在1942年时被日军飞机炸毁。

　　碉堡几经战火，经历创伤，1947年国民党部队进行了重修。中华人民共和国成立初，在这里驻着一个解放军交通排，曾利用碉堡站岗放哨，保护铁路桥的安全。

王氏宗祠
——龙游三槐堂

　　三槐堂位于龙游县东北部的横山镇天池村儒大门、新宅和下店自然村，东与建德县里叶乡、兰溪市双牌乡接壤，南与横山镇翁坞村、腰塘边村相连，西与建德县大店口乡交界，北与建德县航头镇相邻。320国道从南面经过。回源溪从东向西流向建德县。

　　横山镇历史遗存丰富，数量多、质量好，有全国重点文物保护单位3处（6个点），省级文物保护单位4处（6个点），县级文物保护单位20处，县级文物保护点18处。其中以明代宗祠最有代表性，3处全国重点文物保护单位均为明代宗祠，三槐堂就是其中之一。

一、历史沿革

（一）"三槐堂"的来历

　　三槐堂为三槐王氏宗祠，属太原王氏的一支，是当今王氏衍派中最大的一支。三槐王氏，始祖为北宋王祐，《宋史》有王祐祖孙列传：

　　　　祐，尚书兵部侍郎，以文章显于汉、周之际，事太祖、太宗为名臣。尝谕杜重威使无反汉，拒卢多逊害赵普之谋，以百口明符彦卿无罪，世多称其阴德。

　　王祐生有三子：王懿、王旦、王旭，有孙王质、王素等。在三个儿子当中，王旦最为聪敏好学,王祐对他最为器重,觉得他日后必成大器,说"此儿当至公相"。因此"祐手植三槐于庭,曰:'吾之后世,必有为三公者,此其所以志也。'"三槐暗喻三公,在《周礼·秋官·朝士》中有"面三槐,三公位焉"的记载。所谓三公,是当时朝廷中三种最高官衔的合称(相当于宰相),周代时以太师、太傅、太保为三公。相传,周代宫廷外种植槐树3棵,荆棘9株。百官朝见天子之时,三公面对槐树而立,九卿面对荆棘而立。后世便以三槐代指三公一类的高级官员,九棘代指九卿百官。

后果真被王祐言中,其子王旦官至太尉(三公之一),《宋史》中有很大的篇幅记载了王旦的事迹,王旦之子王素也以"三公致仕"。王旦之孙王巩,为纪念先人,遂以"三槐堂"为其堂号。"巩有隽才,长于诗,从苏轼游。"苏轼曾为其撰《三槐堂铭(并序)》:

> 天可必乎?贤者不必贵,仁者不必寿。天不可必乎?仁者必有后。二者将安取衷哉?吾闻之申包胥曰:"人众者胜天,天定亦能胜人。"世之论天者,皆不待其定而求之,故以天为茫茫,善者以怠,恶者以肆。盗跖之寿,孔、颜之厄,此皆天之未定者也。松柏生于山林,其始也,困于蓬蒿,厄于牛羊;而其终也,贯四时,阅千岁而不改者,其天定也。善恶之报,至于子孙,则其定也久矣。吾以所见所闻所传闻考之,而其可必也,审矣。

> 国之将兴,必有世德之臣,厚施而不食其报,然后其子孙能与守文太平之主共天下之福。故兵部侍郎晋国王公,显于汉、周之际,历事太祖、太宗。文武忠孝,天下望以为相,而公卒以直道不容于时。盖尝手植三槐于庭,曰:"吾子孙必有为三公者。"已而,其子魏国文正公,相真宗皇帝于景德、祥符之间。朝廷清明,天下无事之时,享其福禄荣名者,十有八年。

> 今夫寓物于人,明日而取之,有得有否。而晋公修德于身,责报于天,取必于数十年之后,如持左券,交手相付。吾是以知天之果可必也。吾不及见魏公,而见其子懿敏公,以直谏事仁宗皇帝,出入侍从,将帅三十余年,位不满其德。天将复兴王氏也欤?何其子孙之多贤也。世有以晋公

比李栖筠者，其雄才直气，真不相上下，而栖筠之子吉甫、其孙德裕，功名富贵略与王氏等，而忠信仁厚不及魏公父子。由此观之，王氏之福，盖未艾也。

懿敏公之子巩，与吾游。好德而文，以世其家。吾是以录之。

铭曰：呜呼休哉！魏公之业，与槐俱萌。封植之勤，必世乃成。既相真宗，四方砥平。归视其家，槐阴满庭。吾侪小人，朝不及夕。相时射利，皇恤厥德。庶几侥幸，不种而获。不有君子，其何能国。王城之东，晋公所庐。郁郁三槐，惟德之符。呜呼休哉！

由该铭文可见，苏轼与"三槐堂"的创始人王巩交游甚深，知其为人"好德而文"，对其曾祖父晋国公、祖父魏国公、父亲懿敏公的生平功绩了如指掌，并给予了高度评价。从此以后，三槐王氏后人，便以"三槐堂"名其宗祠，沿用至今。

（二）明代始建

龙游"三槐堂"，据民国《龙游县志》卷三《氏族考》中记载：

> 回源王氏于南宋端平元年（1234年），王烽因避乱由萧山县桃源村迁居县北三十七都五图今里，为其始祖。其后有徙儒门者……烽有三子，长子为德元仍居回源，次子德泽生子辉祖卜居四都二图蜈峰下，名之王村。三子德熙，生子承祖，到第三世名文清居下宅，文渊居上宅，族渐繁衍。

龙游县王氏分布较广，按支系可分石院、苇塘、环墙里、槐环王氏，回源、蜈峰、丹山、王家、洪坂王氏，金村、太原、湖镇王氏，街头王氏，西坪王氏和潼溪王氏。其中，除由福建迁来的西坪王氏和潼溪王氏其始祖不知为何人，龙游其他所有王氏始祖均为王祐及其子孙。王氏家族兴旺发达，逐渐析出各个支派，分居几个村落，如石院、新宅、儒大门、槐环、王家、金村等。如今还保存明代祠堂的有三个村，分别是新宅村、下店村、儒大门村，今人为方便区分，便按照溪流的上下游,分别称之为上厅、中厅和下厅。三厅都始建于明万历年间(1573—1620年),其中,儒大门三槐堂始建年代确切,为明万历乙巳年(1605年)。

(三)清代重修

新宅三槐堂,在清代时进行过重修,前厅和正厅的部分构件在维修时有所更换。

除此之外,儒大门和下店三槐堂未见其他相关修缮记录。

(四)当代保护修缮

除新宅三槐堂外,儒大门三槐堂和下店三槐堂自明代始建以来未见进行过大修,直到20世纪80年代文物普查时被文物部门发现后,三槐堂迎来了保护修缮的春天。

1985年4月,文物部门在文物普查时发现儒大门三槐堂和下店三槐堂,并将其作为重点对象登记备案。从此,三槐堂的保护修缮进入了文物部门的视野。

1986年7月,龙游县人民政府分别公布儒大门三槐堂和下店三槐堂为龙游县文物保护单位。

1986年,对下店三槐堂进行了局部修缮。

2003年,对儒大门三槐堂进行修缮。修缮资金由村民和寓外人士捐资及县财政补助,共投入资金7万余元。

2005年3月16日,浙江省人民政府公布儒大门三槐堂为浙江省第五批文物保护单位。

2006年,儒大门三槐堂实施外围排水工程。因东面晒场高于三槐堂地基,影响了三槐堂的外围排水,为确保四周排水畅通,村民集资2万余元进行疏通,共挖泥100多立方米。

2006年,下店三槐堂回购边屋五间,并对建筑进行翻漏,四周排水沟进行清污,确保该建筑排水畅通。投入资金2万余元,由村民和寓外人士捐资及县文物部门补助。

罗哲文先生在拍摄儒大门三槐堂花窗雕刻

2011年3月，实施儒大门三槐堂修缮工程。共投入经费约60万元，由浙江省文物局补助。工程由浙江省东阳市方中古典园林有限公司施工。

2012年4月，龙游县人民政府公布新宅三槐堂为龙游县文物保护单位。

2013年3月5日，国务院合并公布儒大门三槐堂、下店三槐堂和新宅三槐堂为第七批全国重点文物保护单位。

二、建筑特色

回源三槐堂保存较完整，布局对称，时代特征明显，地方特色浓郁，为明代中后期祠堂建筑中不可多得的实例。三槐堂为王氏家族的聚居发展演化而成，集中真实地反映了回源王氏自宋以来到明代氏族聚落型村落发展的历史沿革，体现了明代王氏家族的历史发展，保留了较丰富的历史文化遗产和传统文化。其建筑工艺精美、规模宏大、用材考究，梁架造型美观，木构件雕琢精细，内部装饰华丽，牛腿、雀替皆用透雕、浮雕相间工艺，饰以人物、山水、花草图案，线条流畅，栩栩如生，具有很高的建筑艺术价值。体现了明代中后期地方民居建筑设计施工的高超水平，对研究传统民居建筑具有很高的价值。三槐堂作为王氏族人庆典祭祖等活动的重要场所，至今仍发挥原有的祭祀等功能，对当地王氏祭祀风俗研究具有重要的意义。

三、现存建筑

（一）儒大门三槐堂

建于明万历乙巳年（1605年），整组建筑坐北朝南，主体建筑布局对称，南北走向，呈"丁"字形。建筑延纵轴线进深五进，通面宽15.26米，通进深51.6米，总建筑面积1 036.84平方米。主体建筑前5米外有一水塘，水塘南侧有一门屋与主体建筑呼应。

门屋　坐北朝南，位于主体建筑的南方，为一层单开间传统木结构建筑。

儒大门三槐堂全景

儒大门三槐堂正立面

儒大门三槐堂二进明间

儒大门三槐堂二进檐下木雕

通面宽5.06米,进深5.22米,总建筑面积26.41平方米。该建筑以方砖铺地,前后设条石阶沿石。梁架为抬梁与穿斗混合式,5檩3柱,柱下有鼓墩,柱头立斗拱衬托檩条,月梁双步梁,梁上用斗拱支撑檩条,梁下有木枋穿插,木构件雕刻精美。前檐开敞,其余面均山墙封护,后檐墙开门洞。屋面为硬山顶叠瓦脊小青瓦屋面,瓦面下铺有望砖。

主体建筑 共五进,依次为门厅、前厅、正厅、过厅与后楼。建筑与建筑间以封火山墙封护连接,格局规整,层次清晰。

门厅 坐北朝南,为一层三开间两边带耳房的传统木结构建筑。门厅耳房与前厅相接,后檐有天井,建筑呈"凹"字形。通面宽15.26米,进深7.69米,总建筑面积109.1平方米。明间前檐设条石踏步2级,明、次间地面均为方砖错缝铺设,前后设条石阶沿石。两边耳房素土地面,地坪高度略低于次间。

门厅明间梁架为抬梁穿斗混合式,前后3柱用7檩,柱头均立斗拱衬托檩条,柱下有鼓墩,檐柱鼓墩下有素面覆盆石。前檐月梁双步梁上设翻轩,后檐月梁双步梁上为草架,梁下有木枋穿插,前后出檐均用牛腿衬托挑檐檩,明间梁架时代特征明显,木构件雕刻精美。门厅次间为明间檩条之延续,但前檐未做翻轩,靠墙面未做梁架,檩条直接搁置于墙内。两边耳房梁架为抬梁穿斗混合式,5檩3柱,柱下有鼓墩,柱头立斗拱衬托檩条,双步梁上立短柱支撑檩条,梁下有木枋穿插,耳房构架简洁,构件清素。

门厅明间前后开敞,脊柱间设有大门,门前一对抱鼓石雕刻精美。其余开间前后檐均为墙面,前檐墙面开有窗洞,各开间间以砖墙分隔,隔墙开有门洞彼此连通。东西山墙面风火山墙封护,叠瓦正脊,小青瓦屋面,瓦下铺望砖。

前厅 为一层三开间韵传统木结构建筑。两边次间靠山墙处前檐接门厅耳房,后檐接边廊,前后均有天井。通面宽土5.26米,进深7.18米,总建筑面积109.56平方米。该建筑以方砖斜纹铺地,前后设条石阶沿石,明间梁架为抬梁穿斗混合式,前后4柱用10檩。五架梁前带双步月梁后带双步翻轩,后翻轩上为草架。梁上用斗拱支撑檩条,后檐设挑檐。柱头均立斗拱,柱下有鼓墩,鼓墩下有素面覆盆。次间前后5柱用10檩,同样为抬梁穿斗混合式,柱头均立斗拱,柱下有鼓墩,后檐做双步翻轩其余均做双步梁,梁上用斗拱支撑檩条,梁下有木枋穿插。梁架时代特征明显,圆梁胖柱用材粗硕,木构件雕刻精美。前檐明间开门,两次间砖墙封护,后檐开敞。各开间间无隔断,内部通敞。东西山墙面风火山墙封护,叠瓦正脊,小青瓦屋面,瓦下铺望砖。

儒大门三槐堂抱　　　儒大门三槐堂廊部梁架细部　　　儒大门三槐堂檐下木雕
鼓石

儒大门三槐堂戏台

　　正厅　为一层三开间的传统木结构建筑。厅前有天井，两边次间靠山墙
处前檐接边廊，后檐明间接过厅。通面宽15.26米，进深9.55米，总建筑面积
145.73平方米。该建筑以方砖斜纹铺地，前后设条石阶沿石。明间梁架为抬梁
穿斗混合式，前后4柱用11檩。五架梁前带双步翻轩后带双步月梁，轩上有草

儒大门三槐堂二进山墙梁架　　　　　　儒大门三槐堂二进明间梁架

儒大门三槐堂二进明间梁架局部　　　　　儒大门三槐堂廊部梁架细部

架。梁上用斗拱支撑檩条，前檐设挑檐。柱头均立斗拱，柱下有鼓墩，鼓墩下有素面覆盆。次间前后5柱用10檩，同样为抬梁穿斗混合式，柱头均立斗拱，柱下有鼓墩，次间前檐梁架低于明间，前檐做双步翻轩其余均做双步梁，梁上用斗拱支撑檩条，梁下有木枋穿插。梁架时代特征明显，圆梁胖柱用材粗硕，木构件雕刻精美。前檐开敞，各开间间无隔断，内部通敞，后檐明间开门，两次间砖墙隔断。东西山墙面风火山墙封护，叠瓦正脊，小青瓦屋面，瓦下铺望砖。

　　过厅　为一层三开间的传统木结构建筑，与正厅相连，左右两边均为方形水池。通面宽9.1米，进深7.58米，总建筑面积82.03平方米。该建筑明间为方砖斜纹铺地，次间为方砖平铺，东西两边设条石阶沿石。明间梁架为抬梁穿斗混合式，前后4柱用9檩，东西两边带双步拔。五架梁前后带双步月梁，梁上用

儒大门三槐堂三进明间堂名匾额

儒大门三槐堂三进栌形础

儒大门三槐堂三进山缝梁架

儒大门三槐堂三进前廊梁架局部

斗拱支撑檩条，双步梁下木枋穿插。柱头均立斗拱，柱下有鼓墩，鼓墩下有素面覆盆。梁架时代特征明显，圆梁胖柱用材粗硕，木构件雕刻精美。各开间间无隔断，内部通敞。后檐墙开门洞与后楼相连。叠瓦正脊，小青瓦屋面，瓦下铺望砖。

后楼 为五开间东西带两厢房硬山顶木构二层建筑，通面阔24.44米，通进深为12.8米，总建筑面积529.4平方米。天井台基用方整条石垒砌，明间前出月台，长6.8米，宽1.7米，台面低于明间前廊0.16米，上铺五行条石，通过一级踏步上下台前直抵前厅。后楼室内均为三合土地面。

明间、次间、梢间梁架均为抬梁式，前后6檩用4柱，明间中柱不落地，前加檐廊，两厢房梁架直接搁置砖墙上，略有生起。明间前檐柱上置方形坐斗承拱，纵向出跳，曲梁联系挑檐檩和柱头，下牛腿支撑。月台上置方形坐斗，纵向出跳,撑彩绘天花板,上彩绘花卉、鸟兽等图案,梢间及厢房做法同。明间一层大梁上置七朵隔架斗拱,后步月梁上置二朵隔架斗拱,上支搁栅,二层前檐平梁联系挑檐檩和柱头,下牛腿支撑,二层中柱落地。中柱坐斗承方拱和脊檩,同前后金柱间用单步月梁,双步月梁上置斗拱承金檩及单步梁,下有随梁枋一道,纵向出挑承连机。二层后部结构较简单,明、次月梁连接,梢间仅单步梁连接。次间中柱通长落地,双步梁上三朵隔架斗拱,后步月梁上置二朵隔架斗拱,上支方形搁栅,二层梁架与明间类同,仅月梁下替有不同,梢间梁架较简单,中柱落地,一层平梁上搁圆形搁栅,下有随梁枋一道。中柱坐斗承斗拱和脊檩,同前后金柱间用单步月梁,有随梁枋一道,金柱支于平梁,与前后步月梁相连,下有随梁枋一道。次间、梢间用材明显小于明间,夹弄架楼梯上二楼。

　　厢房与后楼相接,檐口同高,东西两边均为双层,对称。面阔均为二间,通

儒大门三槐堂四进过廊梁架

儒大门三槐堂四进过廊局部

儒大门三槐堂后楼楼上的草龙

儒大门三槐堂檩下木雕

儒大门三槐堂五进前廊部天花彩绘

儒大门三槐堂五进前廊局部

儒大门三槐堂五进楼下局部

儒大门三槐堂五进格扇门

儒大门三槐堂五进天井墨绘

面阔4.4米，通进深5.15米。硬山造，后部砌实墙。梁架三檩用五柱，构件前檐与后楼同。梢间一层平梁上搁方形搁栅，下有随梁枋一道。脊柱支平梁上承斗拱和脊檩，前后柱间用双步梁相连，有随梁枋一道。

（二）下店三槐堂

明万历年间（1573—1620年）建造，后经数次维修。坐北朝南，大门开侧门朝向东，主体建筑共三进，沿中轴线依次为前厅、正厅与后楼。主体建筑通面宽14.8米，通进深35.6米，总建筑面积526.88平方米。栌形础，下置覆盆。用材粗大。天井用青石砌，方砖墁地，

下店三槐堂全景

下店三槐堂正门

下店三槐堂明间梁架

下店三槐堂前厅梁架

硬山顶。

门楼　坐北朝南,前有七步青石台阶。紧靠前厅东面次间,并在东面次间山墙处开设大门。门楼通面宽6.2米,通进深5.4米,总建筑面积为33.48平方米,现已拆。

前厅　为一层三开间传统木结构建筑。通面宽14.8米,进深12.4米,总建筑面积183.5平方米。明间两缝抬梁式前双步后卷棚九檩用四柱,设戏台,后翻轩上为草架。梁上用童柱支撑檩条,后檐设挑檐。柱头均设栌斗,柱下有鼓墩,鼓墩下有素面覆盆。次间山缝抬梁式前单步后卷棚十檩用五柱,柱头均设栌斗,柱下有鼓墩。梁上用童柱支撑檩条,梁下有木枋穿插,后檐接边廊。该建筑以方砖斜纹铺地,前后设条石阶沿石,后有天井。前檐次间开门,两次间砖墙封护,后檐开敞。各开间间无隔断,内部通敞。东西山墙封火山墙封护,叠瓦正脊,小青瓦屋面,瓦下铺望砖。梁架时代特征明显,圆梁胖柱用材粗硕,木构件雕刻精美。

正厅　为一层三开间传统木结构建筑。通面宽14.8米,进深8.9米,总建筑面积131.7平方米。明间两缝抬梁式十一檩前卷棚后双步用四柱,轩上用草架。梁上用斗拱支撑檩条,前檐设挑檐。柱头均设栌斗,柱下有鼓墩,鼓墩下有素面覆盆。次间山缝抬梁式十一檩前卷棚后双步用五柱,柱头均设栌斗,柱下有鼓墩,次间前檐梁架低于明间,梁上用斗拱支撑檩条,梁下有木枋穿插。前檐开敞,各开间间无隔断,内部通敞,后檐明间开门,两次间砖墙隔断。厅前有

下店三槐堂柱础

下店三槐堂正厅梁架

下店三槐堂正厅次间左山墙梁架

下店三槐堂戏台

天井,两边次间靠山墙处前檐接边廊,后檐明间接后楼。东西山墙面风火墙封护,叠瓦正脊,小青瓦屋面,瓦下铺望砖。该建筑以方砖斜纹铺地,前后设条石阶沿石。梁架时代特征明显,圆梁胖柱用材粗硕,木构件雕刻精美。

  后楼 三开间硬山顶木构二层建筑,通面宽14.8米,进深7.5米,总建筑面积111平方米。两次间各有长3米,宽1米的开井,由于蚁害曾二次进行修缮,原来结构大部分已变动过。现为七檩用三柱穿斗抬梁混合式结构,后楼室内均为三合土地面。

  (三)新宅三槐堂

  始建于明万历年间(1573—1620年),清代重修。该建筑坐北朝南,二进三开间结构,主体建筑通面宽15米,通进深24.5米,总面积368平方米。

  前厅 为一层三开间传统木结构建筑。通面宽15米,进深8.5米,总建筑

新宅三槐堂外景

新宅三槐堂梁架

新宅三槐堂柱础

新宅三槐堂牛腿

面积127.9平方米。明间两缝九檩抬梁式前后双步用四柱,次间山缝九檩穿斗式前后双步用五柱,后檐接边廊,后有天井。明间原设戏台,后拆除。明间正门前仍保留明代门槛及抱鼓石基座。

天井及边廊 通面宽15米,进深7.3米,总建筑面积109.5平方米。天井长6米,宽4.4米,两侧为边廊。天井用条石铺砌,天井四周檐柱和过廊檐柱皆石质。

正厅 为一层三开间传统木结构建筑。通面宽15米,进深8.7米,总建筑面积130.5平方米。明间两缝九檩前卷棚后双步用四柱,次间用五柱,梁柱用材粗大,披麻捉灰。楯形础,下置覆盆,硬山顶。

现该建筑整体保存完整,八字门楼、天井四隅石质檐柱均保留明代风格和特征,前厅和正厅因在清代重修时,部分构件维修时有所更换。

杨门之后

——龙游关西世家

　　关西世家为杨氏宗祠，位于龙游县横山镇天池村杨家自然村，距龙游县城约26公里。东与建德县里叶乡、兰溪市双牌乡接壤，南与翁坞村、腰塘边村相连，西与建德县大店口乡交界，北与建德县航头镇相邻。横山镇是明清时期兴

关西世家池塘全景

盛的龙游商帮活动的重要区域,富庶者较多,所以建房也多,所建房屋用材粗大,工艺精湛,至今仍保留较多明清时期的古建筑,其中有全国重点文物保护单位3处(6点),省级文物保护单位4处(6点),县级文物保护单位29处。以明代宗祠最具代表性,关西世家就是其中之一。

一、历史沿革

(一)"关西世家"的来历

关西世家的杨姓始祖往上可追溯至东汉杨震。杨震曾任东汉司徒(相当于宰相),《后汉书》卷五十四《杨震传》载:

> 杨震,字伯起,弘农华阴人也。……震少好学,受欧阳尚书于太常桓郁,明经博览,无不穷究。诸儒为之语曰:"关西孔子杨伯起。"

杨震幼年丧父,从小便辛苦劳作,自食其力,白天劳动,夜晚学习,博览群书,并师从当时的经学大师桓郁。十三四岁就闻名乡里,二十岁时便"隐居教授",立志为社会培养人才。他白手起家,和母亲一起亲手打土坯筹屋料,盖起了三间正堂,一座校书屋,一座影堂。他造屋教书,开馆授徒,学生云集,最多时达3 000余人,颇有孔夫子遗风,"关西孔子杨伯起"之称可能也是由此而来。

据《后汉书》记载,杨震一天在讲学时,一只鹳雀嘴里叼着三条鳝鱼飞到校书堂前丢下,学馆主持把鳝鱼拿给杨震看,并分析:"鳝鱼体黄黑纹正是公卿大夫服饰象征,鳝鱼三条预示着您贵为三公,恭喜您从此要升迁了。"因此,他的校书堂又被称为"三鳝书堂"。正如"三鳝"预言所示,杨震50岁时,安帝永初四年(110年),受召入仕,官至司徒。他为官清廉,任人唯贤,故事不少。如"天知地知我知你知"就出自于其。传他任东莱太守途经昌邑时,故友向他推荐荆州茂才王密为昌邑令。王密当夜带黄金十斤到他下榻处谒见,杨震严厉斥责说:"故人知君,君不知故人,何也?"王密说:"黑夜之中,没有人知道。"杨震说:"天知,地知,我知,你知,怎能说没有人知道!"因此后世有"四知传家""四

关西世家《杨氏宗谱》

知家声"之誉。杨震对子孙学问清廉方面要求很高,亲朋故友劝他为子孙后代置备些产业,他不肯,说:"使后世说他是清官的子孙,把这当做遗产留下,不也很丰厚吗?"其子杨秉、孙杨赐、曾孙杨彪,均官至"三公",《后汉书》对此给予了高度评价:

自震至彪,四世太尉,德业相继,与袁氏俱为东京名族云。……杨氏德载,仍柱世国。震畏四知,秉去三惑。赐亦无讳,彪诚匪忒。

杨氏后裔深以始祖杨震及其子孙为荣,遂以"关西世家""三鳣堂"为宗祠名。

(二)明代始建

据民国《龙游县志》记载:"(杨家杨氏)其先浦城人,元末有名宗明者官于建德,以乱不得返,寻于明永乐间(1403—1424年)徙居寿昌之梅岭,复徙回源今里,至今凡二十二世。"因全村皆以杨姓为主,遂称之为"杨家村"。根据以上记载可知,杨家村的始迁祖杨宗明,为元末福建浦城人,曾在建德为官,因遇战乱,难以返乡,迁居于寿昌梅岭,后又迁至回源。

至于宗祠建造年代,史书上没有相关记载,但据宗祠内纪年石碑记载:

凡人家必有庙,庙必有主,神主安则人宅兴,人宅兴则生财足,太祖仁九朝奉子孙原造前厅一所,后杨富五为首于万历元年八月二十八日造后厅一所,厅柱□廊柱俱礼十九朝奉子孙均出外,富五已多赔银九两,正室邵氏亦多银七钱,中见□厅成俱,不肯还倩工刻石□遗后。

据此可知,宗祠为两次先后建成,第一次为"太祖仁九(1373—1438年)

朝奉子孙原造前厅一所",具体时间不详。第二次为万历元年(1573年)八月二十八日建造后厅,以杨富五为首集资兴建。杨富五及其妻室比其他族人共多出银九两七钱。

(三)当代保护修缮

自明代万历元年扩建后,一直未见有任何修建记录。估计除翻漏等日常保养维护外,未经过大的修缮。直到1985年4月文物普查时,关西世家才被龙游县文物部门发现,作为重点对象登记备案。

1986年7月,龙游县人民政府公布关西世家为龙游县文物保护单位。

1989年,清华大学教授陈志华及其助理李秋香对关西世家进行现场调查、测绘,进一步揭示了关西世家的文物价值。

2005年3月16日,浙江省人民政府公布关西世家为浙江省第五批文物保

关西世家正立面

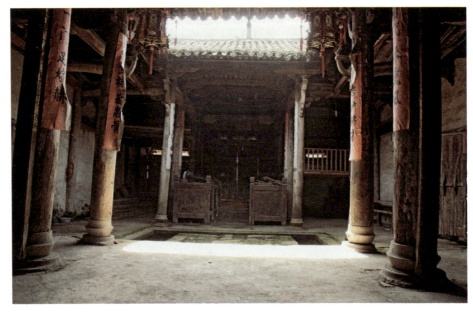

关西世家内景

护单位。

2008年8月,局部维修。因建筑前进部分屋面漏雨导致梁架槽朽,由村民集资1万多元进行翻修。

2011年3月,实施关西世家文物保养及局部加固工程,工程由浙江省东阳市方中古典园林有限公司施工,维修经费20余万元,由浙江省文物局专项补助。

2013年3月5日,国务院公布关西世家为第七批全国重点文物保护单位。

二、建筑特色

杨家村关西世家是较典型的浙西民间宗祠建筑,历史悠久,纪年确切,保存较为完整,布局对称,时代特征明显,地方特色浓郁。建筑格局及建筑构造科学合理,与环境结合紧密。建筑工艺精美、规模宏大,梁架造型美观,用料粗硕,山墙梁架采用砖制仿木结构,从山墙上隐出,整体艺术构件做法精致,装饰内容丰富。木构件雕琢精细,内部装饰华丽所用牛腿、梁垫皆用透雕、浮雕相间工艺、饰刻人物、山水、花草图案,线条流畅。

关西世家建筑坐北朝南,二进三开间,平面呈长方形,占地面积为288平方米,结构较为简单。中轴线正门前有庭院,原有院门一道,向东,现有少量改动,保存大部构件及做法。

第一进为门厅,面阔三间,进深三间,通面阔11.45米,通进深8.30米,正立面明间为正门,门楼木结构,重檐歇山顶,正面悬"关西世家"匾额一方,额枋为月梁,斗拱为一斗六升出两跳,椽有飞椽,上饰朱砂漆,柱为墨漆,天花上饰有彩绘花鸟图案,小青瓦屋面,正脊前方瓦背有神兽一尊,戗脊饰鸥吻,明间两缝九檩抬梁式前双步后为廊,用四柱。次间双缝九檩穿斗式用前后双步用五柱,设覆水椽,楯形础。一进明间设有活动戏台,戏台中部沿中轴线可拆卸移动。戏台宽3.86米,深4.99米,面积为19.26平方米,整个戏台由24根木柱支撑台面,四周台沿有16根木柱,前后柱头雕有莲座、花草、文房四宝等纹饰。前厅

门楼屋面

门楼局部、斗拱

门楼天花彩绘图案

门楼细部

门楼局部

厢房梁架

一进山缝梁架

一进明间梁架

一进右次间梁架

一进后廊梁架

明间檩子等构件大部分都在后世拆换过,但仍可看出明代戏台的风貌,基本保留了明代中期戏台的典型特征:活动戏台,可装可拆,一台多用,面积较小,无藻井,结构简单,式样简朴。

第二进为主厅,面阔11.45米,进深9.60米,明间两缝九檩抬梁式前后双步用四柱,月梁上设猫梁,次间山缝九檩穿斗式前后双步用五柱,上部设猫梁,柱、梁、枋及后檐柱、枋、斗拱均为砖砌,从山墙上隐出,像这种仿木结构砖制梁架的做法较为罕见,是龙游明代建筑的一大特色。梭柱,楯形础,下置覆盆,金檩下设花卉连枝木雕饰纹,明间后墙平板枋上置"三鳣堂"额匾。左山墙中部(厢房后部)嵌有纪年石碑,碑文除详细记载了该建筑的建造情况,还记有以下内容:

二进明间悬挂的堂名匾额

二进山墙梁架,砖砌从山墙中隐出

二进金檩下皮木雕图案

左山墙上的纪年石碑

刻石□遗后,观念以彰勤苦,亲载柏木四根,塘沿樟木一根,合族子孙不许砍伐作践,特立示后。万历十二年七月吉旦。

碑文中记载的"塘沿樟木",位于关西世家南侧池塘边,至今树龄已400余年,枝叶繁茂,古老苍劲,该池塘为半月形,面积千余平方米,常年清水满塘。

三、祭祀活动

"关西世家"作为杨氏族人庆典祭祖等活动的重要场所,至今仍发挥着原有的祭祀等功能。在关西世家祠堂举行的所有活动中,最为隆重的是每年的"迎杨令公"祭祀活动。

杨令公即北宋杨业,民间传说中知名度甚高的"杨家将",《宋史》卷二百七十二《杨业传》中有载:

> 杨业,并州太原人,……忠烈武勇,有智谋。……国人号为"无敌"。其子杨延昭本名延郎,"智勇善战,……遇敌必身先,行阵克捷,推功于下,故人乐为用,在边防二十余年,契丹惮之,目为杨六郎"。其孙杨文广,在范仲淹麾下,跟从狄青南征,得到英宗高度评价:"文广,名将后,且有功。"

北宋著名文学家欧阳修曾写过一篇文章,称赞杨业、杨延昭"父子皆名将,其智勇号称无敌",欧阳修的这篇文章作于杨业死后的第65年,篇名叫《供备库副使杨君墓志铭》。这位供备库副使杨君,是杨家的后人,名叫杨琪,杨业乃其伯祖。另一位名列唐宋八大家的著名人物苏辙也写过一首《奉使契丹二十八首其六过杨无敌庙》:

> 行祠寂寞寄关门,野草犹知避血痕。
> 一败可怜非战罪,太刚嗟独畏人言。
> 驰驱本为中原用,尝享能令异域尊。
> 我欲比君周子隐,诔形聊足慰忠魂。

苏辙也是北宋人,离杨业去世的年代并不算太远,他的诗从另一个侧面证实了杨业在宋代的影响力。南宋、元、明、清历代民间艺人将杨业父子的故事进行了大胆想象和艺术加工,创造出杨宗保、佘太君、穆桂英等人物形象,编成了话本、杂剧、小说、评书等形式的杨家将故事,如《杨家将演义》《杨家将传》《杨家将通俗演义》《四郎探母》《穆桂英挂帅》等,尤其是明清两代,戏曲舞台上以杨家将为题材的剧目多达三百六十余出。因此,杨令公成为家喻户晓,深受爱戴和崇拜的人物形象。杨氏族人以其杨氏先祖为荣也在情理之中了。

抱鼓石

銮驾

每年农历正月初十这一天,杨家村人要去距杨家村五里远的地方"迎神",用满副"杨令公銮驾"开道。该銮驾是民国三年(1914年),杨家村族长请人雕刻的,共64件,现存57件,每件长两米多,其中图案、兵器头长约50厘米,仪仗两面均有镂雕,如"掌扇老头""黄母八仙""天官赐福""魁星点斗""招财进宝"等形象栩栩如生;兵器形式多样,如"梅花枪"(又叫杨滚花枪)、青龙刀、盘龙棍等,金光闪闪,酷似真武器。中间为四人抬着杨令公神像,后面紧跟当地特色稻草龙舞龙队,迎神队伍浩浩荡荡,仪式十分隆重。杨令公神像迎接至关西世家的戏台上,然后,连续演上两天三夜的戏,戏演完后,于农历正月十三即杨令公祭日"送神"归位,仪式与"迎神"一样,仍由銮驾开路。

以前,这副銮驾置放在关西世家进门处,以显示"杨家将"的威仪。2005年,"杨令公銮驾"参加浙江省民间艺术品展览活动,荣获"浙江省民间艺术品保护单位"称号。近年来,因其日显珍贵,为保护文物起见,杨氏族人现已不轻易将该銮驾示人。

双祠双井

——江山南坞杨氏宗祠

　　杨氏宗祠位于江山市凤林镇南坞村（原称南峰），距江山市区约34公里。南坞村地处仙霞山脉支脉中低山区和丘陵交界地，为浙赣边际交界村，东邻凤林镇三十二都村，西与江西省玉山县仙岩镇王坳村相交，西南与江西省广丰县东阳乡竹岩村相连，北接凤林镇游溪村。

内祠门楼背面

外祠一进天井走马楼

南坞村历史悠久,人文底蕴深厚,为省级历史文化名村,这里人文自然景观众多,有始建于明代的峡山寺,又称峡山殿,门前原有二座建于明代的石塔,现存一座。有"绿云海"景观,从峡山之巅的大岩石上往下望,一直可以望到玉山三清山,南坞村和江西玉山的山林一片碧绿,宛如一片绿色的海洋,清乾隆三十年(1765年)杨氏后裔杨永晰曾在岩石上刻"绿云海"三字。古村落格局保存完整,20余幢明清古建筑集中成片,其中杨氏宗祠是南坞村年代最久,保存最好的古建筑。

一、历史沿革

(一)南宋始迁

南坞村始建于南宋时期,由杨氏后裔尹中公始迁肇居于此。杨尹中为南宋端平二年(1235年)进士,曾任河南监察御史。与龙游杨家村的关西世家杨氏一族同为东汉名儒杨震的后裔。杨震,字伯起,时人称其为"关西孔子杨伯起"(事迹详见本书之《杨门之后——龙游关西世家》),官至太尉,其子杨秉、孙杨赐、曾孙杨彪也都是太尉,所谓"四世三公",是当时的"东京巨族",以清廉闻名,被皇帝赐予"清白世家"。据《杨氏外祠家谱》记载:"尹中公择地卜居,见夫南峰挺秀,可以长子孙,成巨族。"遂由邻村杨秀坞迁居于此,至今已有近800年的历史。南坞村的杨氏始迁年代比龙游杨家村的杨氏还要早约100年。

(二)元代始建

元代,杨氏后裔始建杨氏宗祠,具体时间规模不详,后不知毁于何时。

(三)明代新建内外祠

嘉靖至万历年间(1522—1620年),因杨氏后裔的正室和侧室之间发生矛盾,因此,分别建了杨氏宗祠。人们习惯把村北杨氏后裔正室所建的宗祠称为"内祠",村南杨氏后裔侧室所建的宗祠称为"外祠"。

万历四十二年(1614年),杨氏宗祠外祠毁于兵燹。

(四)清代重建外祠

乾隆十七年(1752年),杨氏族人重建外祠,建中堂。

乾隆三十三年(1768年),增建前堂。

乾隆三十六年(1771年),建造后堂。

道光二十三年(1843年),又在宗祠门外建起东壁,西昆大门屋二间,在门前开凿一方半月形池,并建成了一座照壁。至此,历经三代人90余年的努力,杨氏外祠的重建工程终于完成。

(五)当代保护修缮

杨氏宗祠内祠和外祠自重建以后,均未见修缮记载,直到21世纪以后。

2002—2003年,对杨氏外祠进行了抢救性维修。因年久失修,杨氏宗祠内外祠破损较为严重,从2002年8月开始,对杨氏外祠南侧的墙体和整个梁架结构及屋面进行了修缮。工程于2003年下半年竣工,历时近一年。共投入经费30余万元,其中南坞村发动集体和个人捐资,共募集资金20余万元,江山市文化局出资10万元。维修工程由临海市古建筑工程公司施工。

内祠外景

外祠门楼近景

2008年5月至2008年11月,对杨氏内祠和外祠均进行了全面修缮,浙江省文物局下拨修缮经费150万元,工程由广厦东阳古建园林有限公司施工。

2011年5月,对杨氏宗祠进行全面修缮,于2012年6月竣工。

2012年6月,杨氏宗祠内、外祠完成修缮工程后,作为村民文化活动中心对外开放。

2013年3月5日,国务院合并公布南坞杨氏宗祠(含八角井)为第七批全国重点文物保护单位。

二、建筑特色

(一)艺术特色

杨氏内祠现存为明代建筑,坐北朝南,占地约720平方米,为三进四天井,三开间,呈纵长方形,布局合理、建筑风格独特。最具特色的是大型砖式门楼,砌有二十二幅砖雕,砖雕有人物、动物、花草图案。其砖雕精细,人物栩栩如生,动物、花草形象逼真,十分精湛,具有相当高的艺术价值。墙体用大块方正青砖对角斜砌而成,线条十分优美。砖柱砖梁仿制石柱、石梁做功精细,有独到之处,不但有艺术价值,而且具有实用性,充分体现了明代中后期的建筑特点。

南坞杨氏外祠,坐西朝东。占地面积2 000余平方米,是江山市现存最大的宗祠。共三进二天井,歇山顶,开间多样化,呈纵长方形,设多组马头墙,其门楼设计豪华气派,为四柱三层重檐出挑上翘,各层檐角设斗拱,梁、枋雕鹤、

内祠门楼正立面砖雕及门额

内祠门楼正立面砖雕

内祠背面砖雕之一　　　　　　　　　　　　内祠背面砖雕之二

鹿图案,牛腿雕人物,雀替雕花草,精致无比。气势雄伟,用材讲究,雕刻精细,
彩绘精湛。杨氏外祠藻井最具特色,戏台顶上的八角藻井,内设十六攒斗拱,
外檐设十二攒斗拱,藻井内彩绘人物故事图,人物众多,十分逼真,个个栩栩如
生,呼之欲出;二进明间檐廊设藻井,藻井内彩绘人物故事图,其中麒麟图十分
壮观、逼真;后进回廊藻井内有三个圆形图案,中圆置八卦,两边彩绘,寓意深
长,显得大方又精致,质朴而高雅。杨氏外祠的镂雕相当精致,前檐柱牛腿镂
雕双狮滚球、鲤鱼跳龙门,更是活灵活现,惟妙惟肖。由于分几次建造,时间跨
度大,因此又兼具了不同时期的建筑特点。

外祠戏台藻井构造　　　　　　　　　　　外祠第一进戏台前檐柱木雕
　　　　　　　　　　　　　　　　　　　　　　　牛腿

内祠西侧马头墙

（二）现存建筑

1. 杨氏内祠

杨氏内祠现存内祠为明万历四十八年（1620年）重建，建筑坐北朝南，主体建筑为三进四天井，三开间，东西两侧设有厢房，布局独特，每进呈阶梯式，平面呈纵长方形，纵长37米，面宽12.9米，占地约477平方米，东西厢房约200平方米。沿中轴线依次为门楼、前院、前厅、穿堂、祭堂、神寝，东西厢房。两侧设马头墙，歇山顶，整个屋面小青瓦覆盖。

门楼　高约7.75米，宽约9米，五级石台阶拾级而上。门楼四柱三层，青砖柱头科斗拱出挑，檐口二层青砖叠涩，墙体磨制开砖筑砌，棱角分明，小青瓦铺盖屋面。红岩石门柱。整个砖式门楼除用青开砖砌成外，还镶嵌二十二幅砖

内祠门楼正立面

内祠门楼背立面

雕,内容丰富,有的是历史故事,有的是自然风景,雕刻工艺精湛,人物栩栩如生,动物、花草形象逼真。门额正中横书"理学名宗"四字楷书,砖雕而成。门楼正、反两面都有精细的图案,正面以花草图案为主,反面以人物故事为主。门楼前设有八个旗杆石,旗杆石呈正方形,宽80厘米,高70厘米,石质坚硬,正中一个圆形的洞,直径约20厘米,为家族立功名庆典、集会插旗所用。

进入砖式门楼是前院,前院为一个大天井,东西横向长方形天井由条石砌成。天井东、西、南三面是围墙。围墙承接门楼,墙体用大块方正青砖对角斜砌而成。前院至前厅设三步石阶。

前厅为三开间,五架梁,前后单步梁设回廊,三合土地面,面宽12.9米。歇山顶。明间抬梁式,三架梁前后置月梁,明间柱础石为莲花瓣型,金柱直径约50厘米,梁、枋彩绘,雀替雕花草,牛腿雕鹤、鹿等吉祥物。次间砖砌柱、梁,仿抬梁式,五柱七檩,檩条直接搭承山墙之上,面宽3.65米,脊檩高6.92米。

穿堂为三开间,左右为东西厢

内祠门前旗杆石

内祠第一进天井

内祠明间柱础

内祠明间前檐柱单步梁

内祠次间梁架构造

房。明间五架梁,抬梁式,梁架同前厅,次间各设小天井用来采光,天井四周条石筑砌,做工精湛。天井内原有二只水缸盛水作消防之用。穿堂次间两侧各开有一道边门进入两厢房,厢房均建单间简易抬梁式建筑。

祭堂二台阶拾级而上,三开间,五架梁单步梁设回廊,面宽与前厅相同,通进深6.65米。明间为五架抬梁式,次间七架穿斗式。梁、枋、雀替雕花草及彩绘,前檐的格扇门也颇有特色,既美观又便于采光。祭堂宽敞,便于人员聚集。

进入神寝是个大天井,天井用条石铺设,天井上砌有五步台阶,通过大天井,进入神寝。神寝为三开间,明间五架梁前双步梁回廊,抬梁式,后单步穿斗式,次间设中柱、金柱、檐柱,七檩,穿斗式。后壁设龛台神位。神寝十分宽敞,梁架结构独特,月弓梁造型精美。

内祠穿堂明间梁架构造

内祠明间梁架与檩条构造

内祠祭堂梁架构造

内祠神寝明间梁架

内祠神寝明间前檐单步廊

内祠神寝明间柱础

2. 杨氏外祠

现存为清代建筑,除半月形池和照壁已毁,其余尚存。杨氏外祠坐西朝东,占地面积约2 000平方米,共三进二天井,歇山顶,开间多样化,主体建筑面阔30米,进深50米,呈纵长方形,马头墙,小青瓦盖面。沿纵轴线方向依次为门楼、戏台、中院(天井)、祀堂、后院(天井)、神寝。前、后天井两侧为厢房,北侧为文昌阁。

外祠立面

外祠门前天井

门楼面阔九间,设计豪华气派,主体建筑为四柱三层重檐出挑上翘,各层檐角设斗拱一攒,梁、枋雕鹤、鹿图案,牛腿雕人物,雀替雕花草,十分精致,门额书"大宗祠"三字。立面设六扇门,大门左右设小厅,各厅约25平方米。

戏台为抬梁式,八角藻井,天花藻井内设十六攒,外设十二攒斗拱,藻井内彩绘人物故事图,人物众多,十分逼真,个个栩栩如生,个性鲜明。戏台前檐柱牛腿镂雕双狮滚球、鲤鱼跳龙门,梁、枋彩绘人物故事图,雀替雕花草。

外祠戏台

外祠戏台藻井构造

外祠戏台藻井彩绘

外祠戏台化妆间抬梁

中院天井四周用条石砌成,内用河卵石铺成有规律的图案,十分精美。天井二侧设东、西厢房,厢房梁架为穿斗式,阁楼式单檐出挑上翘,天井边设回廊,二层楼,"卍"字栅栏。与门楼第二层相通,作看台用。

外祠戏台檐角

祀堂为三开间,左右设东、西轩。祀堂明间五架前双步梁加单步梁,后双步梁,抬梁式,明间前后单檐出翘,左右二侧设五重马头墙,明间檐廊设藻井,藻井彩绘人物故事图及麒麟图。藻井四沿设斗拱。柱础石特大,最宽处直径有78厘米,高50厘米,柱础石雕花鸟。柱直径52厘米,柱头粗壮气派,可见当时用材讲究。抬梁彩绘花草等图案,色彩艳丽。次间为抬梁式,五架九檩前双步单步后单步梁,设有中柱、金柱、内檐柱、外檐柱。左右设东、西轩,轩房三开间,穿斗式,内设各小天井,小水池。

外祠第一进门额木雕构造

外祠第一进天井内香炉

外祠第二进明间抬梁彩绘

外祠第三进明间立面

后院后天井四周用条石砌成,中间河卵石铺砌,二边各有一棵古树。二侧配设东、西厢房,厢房三开间,穿斗式。后天井北侧设有五步台阶拾级至神寝。

神寝五开间,五架梁前后单步梁,后设神位。前檐柱单檐出翘,左右二侧设卷棚式山墙,明间为抬梁式,次、梢间为穿斗式;天井沿设回廊,回廊藻井内有三个圆圈形图案,中圆置八卦,两边彩绘,寓意深长。檐柱牛腿雕草龙等,该进主要放置祖先的牌位,为祭祖之用。两侧后东、西跨院建筑规整,南侧建有一小天井,后西跨院已倒塌。

外祠前檐回廊藻井

外祠二进与第三进之间天井

外祠第三进前檐回廊藻井

外祠第三进厢房台阶

文昌阁位于外祠北侧,约300平方米,文昌阁南侧与外祠合墙,为三开间三进三天井格局。门厅灰土地面,土青瓦两坡顶子孙瓦脊压顶,土青砖硬山墙封护。前沿封砖墙,明间开二扇大门,后檐开敞,梁架结构,明间抬梁式五架前后用二柱,次间中柱分心用三柱。前殿明间七架后单步廊用三柱,次间穿斗式,七架山柱分心前后单步廊用五柱,穿堂歇山顶屋面,叠十字脊。后殿穿斗式梁架结构,五架用五柱,简洁朴素无雕刻。

三、八角井

杨氏内祠和外祠门前均有"八卦井",又称"八角井",迄今一直为村民饮用水源。

内祠门前的八角井,据《杨氏族谱》记载,始建于南宋定居此地时。后经历代修缮,现存的井栏石柱上镌有"清道光四年重整"字样。该井占地面积45平方米,井壁用河卵石堆砌,井深3.1米,直径1.8米,井面细条石砌筑,外沿呈方形,全长5.8米,井栏为八角形。边长为0.75米,井栏设八根立柱,八面置栏板,立柱上镌仰覆莲花,井边四周筑有排水沟,平面均用条石铺砌。其井水流量大,终年不竭,井水甘甜,为江山市的一口名井,是江山市清代四绝"新塘边糕礼贤饼,官溪祠堂南坞井"中的一绝。

杨氏外祠门前右侧80米处也建有八角井,始建于清代,形状仿内祠八井角,井的内壁也用鹅卵石砌筑,

内祠门楼与八角井

内祠门前八角井护栏石柱石刻

外祠八角井

井口上沿用八块条石铺设,因年久失修,井栏已毁坏。井水长年不涸,清澈见底。

杨氏宗祠,明至民国时期,均属宗族所有,用于集会、祭祖。如今属村集体所有,平时用作村民文化活动场所,同时,也用作村里的重大集会和祭祀场所。如每年的农历三月三祭祖活动。据古老传说,三月三上巳节这一天是伏羲、女娲造人的日子,至今很多地方仍保留着三月三祭祖的习俗。而在南坞村,据说杨氏始迁祖杨尹中公的生日也恰逢农历三月三,杨氏族人一直不忘先祖,每年都要举行隆重的祭祀活动。各地的杨氏族人都要回村寻根问祖。这一天,村内人流如织,锣鼓喧天、炮仗齐鸣、彩旗招展,活动富有特色、热烈庄重,成为当地一道亮丽的人文风景。"南坞三月三庙会"已被衢州市政府公布列入市级非物质文化遗产代表性项目名录。

参考资料

一、论文

1. 柴福有、汤春山、陈昌华、张云土、潘三古:《孔氏南宗府第遗址发掘报告》,《南方文物》,2001年第1期。

2. 慧一:《见舍利如见佛陀:揭谜湖镇舍利塔的千年真身》,发表于"龙商行"微信平台,2016年6月10日。

3. 吴吉培:《衢州钟楼修复始末》,载《衢州日报》2011年8月29日人文地理版。

4. 姜江来:《浅谈江山三卿口古窑村落的价值及其保护与开发》,《浙江文物》,2004年第3期。

5. 姜江来:《江山古窑址调查》,《东方博物》,2006年第20期。

6. 牟永抗:《江山县峡口三井(卿)口碗厂调查散记》,《浙江省文物考古所学刊》(1981年)。

7. 朱海滨:《江南周宣灵王信仰的发生及其演变》,《史林》,2008年第2期。

二、今人专著

1. 崔铭先、庄月江、徐寿昌:《衢州南孔祭典》,浙江摄影出版社,2015年。

2. 林伟民:《衢州记忆》,浙江人民出版社,2012年。

3. 高文、范小平:《中国孔庙》,成都出版社,1994年。

4. 钱穆:《论语新解》,生活·读书·新知三联书店,2002年。

5. 徐映璞:《两浙史事丛稿》,浙江古籍出版社,1988年。

6.《历史文化名城衢州》,浙江人民出版社,2004年。

7. 王霄冰:《南宗祭孔》,浙江人民出版社,2008年。

8. 徐宇宁:《衢州简史》,浙江人民出版社,2008年。

9.《礼制建筑》,中国建筑工业出版社,2010年。

10. 黄韬:《巍巍千年——衢州城墙》,商务印书馆,2016年。

11. 徐宇宁:《衢州简史》,浙江人民出版社,2008年。

12. 衢州市民间文艺家协会:《衢州民俗大观》,吉林文史出版社,2004年。

13. 王俊:《中国古代城墙》,中国商业出版社,2015年。

14. 汪筱联、叶裕龙:《峥嵘山志》,中国文史出版社,2010年。

15. 丘光明:《中国历代度量衡考》,科学出版社,1992年。

16. 洪波、洪明骏、张晖:《中国龙游婺剧文化》,中国戏剧出版社,2007年。

17. 陆民:《解读龙游石窟》,浙江古籍出版社,2006年。

三、历史文献

1.《衢州孔氏南宗家庙志》,浙江人民出版社,2001年。

2. 弘治《衢州府志》。

3. 嘉靖《衢州府志》。

4. 天启《衢州府志》。

5. 康熙《衢州府志》。

6. 民国《衢县志》。

7. 1994年版《衢州市志》。

8.《衢州历史文献集成》(方志专辑),中华书局,2010年。

9.《衢州历史文献集成》(文集专辑),中华书局,2013年。

10.《后汉书》,中华书局,1999年。

11. 脱脱等:《宋史》,中华书局,1999年。

12. 宋濂等:《元史》,中华书局,1999年。

13. 张廷玉等:《明史》,中华书局,1999年。

14. 赵尔巽等:《清史稿》,中华书局,1999年。

15. 余绍宋:《龙游县志》,龙游县政协文史委点校重印,语丝出版社,1999年。

后　记

　　我们都曾经是小学老师，在偏远的衢江区太真乡中心小学共事10年，并成为一家人。后来，我们先后考入区政府所在地不同的学校任教，从此不再是同事。之后，又分别经历了几次单位和岗位的变换。是机缘巧合，后来又同在文化部门供职，算又是同事了。之所以会再度共事，更多的还是基于相同的人生理念："工作、学习、兴趣和生活合而为一，可能是最好的。"

　　幸逢衢州市文化广电新闻出版局实施《衢州区域文化集成》编撰工程，承蒙局长王建华先生和编委会信任，鼓励支持我们系统梳理衢州的全国重点文物保护单位，结集出版。这正是工作、学习、兴趣与生活相结合的一个良好载体，我们欣然接受，有了合作的机会。

　　年初决定写作，本想将该书写成融文学性与学术性为一体的较高水准的普及性大众读物，但真正开笔动手之后，才发现其中的难度是多么巨大，平时自以为是的一点零星片断的夸夸其谈是多么"势单力薄"，由此对那些好书的作者更是增添了敬意。我们进一步认识到自己的才疏学浅，只好恶补历史文化、文物专业、民俗和地方史志等诸多方面的知识，"纸上得来终觉浅，绝知此事要躬行"，也尽量去实地考察、测量等。这些学习与写作绝大多数是在业余时间进行的，所以，从年初以来，几乎所有的晚上、清晨和双休日，都泡在这上面了。晚上查阅史籍、搜集资料，清晨写作整理，双休日实地考察、拍照，也忙得不亦乐乎。

　　但终因时间匆忙和水平所限，完成后的书稿，更多的可能还是以资料性为主，虽然兼顾了一定的研究性与可读性，但与理想中的相比还是差距较大。错误缺漏之处,谨请有识之士批评指正。

衷心感谢衢州文史研究的先贤前辈,在本书编撰过程中,都是站在他们的肩膀上,借助他们的研究成果所作的一点整理生发。如为编民国《衢县志》而致双目失明的前辈郑永禧,写《衢州记忆》的老领导林伟民,写《巍巍千年——衢州城墙》的衢州市文化广电新闻出版局副局长黄韬,编写《衢州简史》《南孔家庙志》的衢州图书馆馆长占剑研究员,还有原文物处长吴吉培等。衷心感谢全市文物战线的战友们,他们日常扎实的工作,积累了大量的基础性资料,为本书的成稿提供了最厚实的素材。如市孔管会的盛雄生主任,龙游县博物馆雷栋荣馆长和陈兰军老师,江山市文化广电新闻出版局文物科科长毛建强,江山市博物馆副馆长钱华等。得到的惠泽之处还有很多,难以尽列,一并致谢!

傅振　赵世飞

2016年11月24日